用友ERP系列丛书

U1001146

财务管理系统原理与应用
（用友ERP-U8V8.72）

徐丽君　杜　珊　主　编

鲁　敏　李少云　副主编

電子工業出版社

Publishing House of Electronics Industry

北京·BEIJING

内 容 简 介

本书以一个主体企业典型经济业务为导引，以用友 ERP 财务管理系统为信息化管理平台，理实结合介绍了不同类型业务的处理流程和操作要点。

本教程共分 8 章。第 1 章对用友 ERP 及其财务管理系统做了简单概述，并引领读者认识本书的整体结构，熟悉本书提供的教学资源；第 2 章至第 8 章分别介绍了企业建账和企业财务管理环节中最重要的初始设置、总账管理、财务报表、薪资管理、固定资产管理和应收款管理。除第 1 章之外的每个单元都是首先对系统功能、工作原理和业务流程进行介绍；随后通过实战演练部署应知应会的典型业务；每章最后用复习思考题和实验题对本章理论要点和实务操作进行再回顾，达到理实一体的学习目标。

本书可作为应用型本科、高等职业院校教材,也可供在职人员作为学习 ERP 财务管理的参考用书。

图书在版编目（CIP）数据

财务管理系统原理与应用：用友 ERP-U8V8.72 / 徐丽君，杜珊主编. —北京：电子工业出版社，2015.8

ISBN 978-7-121-26176-3

Ⅰ. ①财… Ⅱ. ①徐… ②杜… Ⅲ. ①会计信息－财务管理系统－高等学校－教材
Ⅳ. ①F232

中国版本图书馆 CIP 数据核字（2015）第 116094 号

策划编辑：张云怡
责任编辑：郝黎明
印　　刷：三河市双峰印刷装订有限公司
装　　订：三河市双峰印刷装订有限公司
出版发行：电子工业出版社
　　　　　北京市海淀区万寿路 173 信箱　邮编 100036
开　　本：787×1092　1/16　印张：14.25　字数：365 千字
版　　次：2015 年 8 月第 1 版
印　　次：2015 年 8 月第 1 次印刷
印　　数：3 000 册　定价：35.00 元

凡所购买电子工业出版社图书有缺损问题，请向购买书店调换。若书店售缺，请与本社发行部联系，联系及邮购电话：（010）88254888。

质量投诉请发邮件至 zlts@phei.com.cn，盗版侵权举报请发邮件至 dbqq@phei.com.cn。

服务热线：（010）88258888。

前　　言

1979 年至今，从会计电算化到会计信息化已经走过三十年时间。电算化时代，信息技术是工具，是会计人员手脑功能的延伸。信息化时代，信息技术不仅是工具，更是企业经营管理的环境，信息技术和其他环境因素相互影响和适应，共同决定着不同的会计方法、流程、组织结构，因此应把会计信息化放在企业整体经营管理环境中，站在企业全局的高度理解和认识财务管理工作。新形势下，不掌握新的管理平台将会影响财务人员未来的职业发展。

本书从企业实际应用出发，理论结合实际。原理简明、逻辑清晰；关注应用；配套完备的教学资源。

本书共分 8 章，以用友 ERP-U8.72 为平台，以一个单位的经济业务贯穿始终，分别介绍了企业建账和企业财务管理环节中最重要的基础设置、总账管理、财务报表、薪资管理、固定资产管理和应收款管理。除第 1 章之外的每个单元都是首先对系统功能、工作原理和业务流程进行介绍；随后通过实战演练部署应知应会的典型业务；每章最后用复习思考题和实验题对本章理论要点和实务操作进行再回顾，达到理实一体的学习目标。

本书配套资源包括三部分内容：用友 ERP-U8V8.72 安装程序、实验账套和教学课件。用友 ERP-U8V8.72 安装程序为演示版，读者安装后每个账套可连续做 3 个月的业务；实验账套为每章的实战演练提供了基础环境。全部配套资源可登录华信教育资源网（www.hxedu.com.cn）免费下载。

本书既可以作为与用友 ERP 认证配套的教学用书，也可以作为《会计信息系统》课程的参考用书。

本书由烟台汽车工程职业学院徐丽君老师和天津中德职业技术学院杜珊老师担任主编，吉林工商学院鲁敏老师和天津中德职业技术学院李少云老师担任副主编。徐丽君编写了第 1、2、4 章，杜珊编写了第 3、5 章，鲁敏编写了第 6 章，李少云编写了第 7、8 章。天津财经大学王新玲老师也参与了本书的编写工作，并编制了本书的配套资源。

由于编者水平有限，书中难免存在错误和不足之处，恳请广大读者批评指正。

编　者

2015 年 1 月

目　　录

ONE

第 1 章 导论

本章学习目标

- 了解 ERP 相关概念，明确学习该课程与个人职业发展的关联
- 了解课程目标，明确学习目的和学习方法
- 了解用友 ERP 财务管理系统的总体结构、功能、系统运行环境要求

1.1 ERP 概述

1.1.1 认识 ERP

ERP（Enterprise Resource Planning）是企业资源计划系统。具体地说，ERP 是建立在信息技术基础上，以市场和客户需求为导向，进行企业内外资源的优化配置，消除生产经营过程中的无效劳动和资源浪费，实现企业整体的信息流、物流、资金流、价值流和业务流的有机集成。ERP 将企业的所有资源，包括人力、资金、信息、物料、设备、时间等，充分调配和平衡优化，为企业加强财务管理、提高资金运营水平、建立高效率供应链、减少库存、提高生产效率、降低成本、提高客户服务水平等提供保障，同时为企业管理者提供科学决策的依据。

1.1.2 用友 ERP 概览

用友软件股份有限公司是亚太本土最大的管理软件、ERP 软件、小型企业管理软件及服务提供商，其产品覆盖了不同的企业规模和不同的行业类型，按企业规模划分用友企业信息化解决方案如图 1-1 所示。

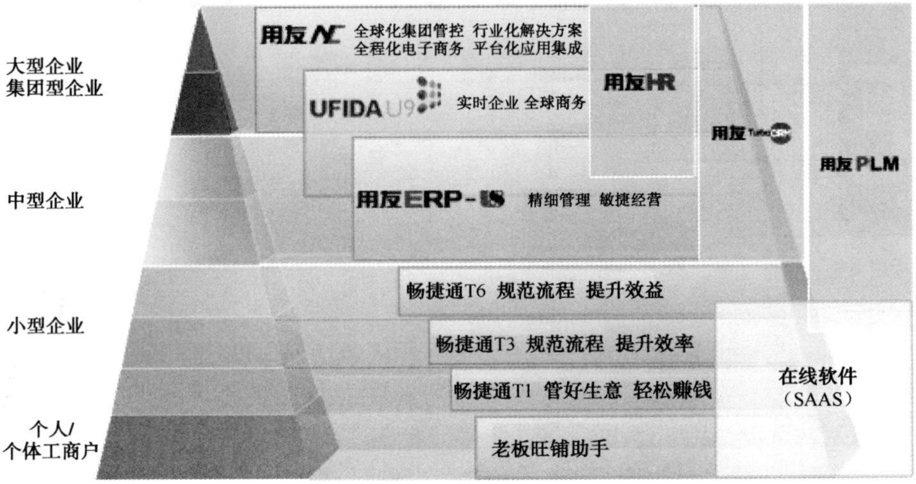

图 1-1　面向不同规模的企业信息化解决方案

面对快速多变的市场和日益激烈的竞争环境，提升管理水平、提高内外部协同效率，是中型及中小型企业保证企业持续盈利和不断成长的基础。用友 ERP-U8 以集成的信息管理为基础，以规范企业运营、改善经营成果为目标，充分适应中国企业高速成长且逐渐规范发展的状态，帮助企业实现“优化资源，提升管理”。用友 ERP-U8 满足企业各级管理者对不同信息的需求：为高层经营管理者提供决策信息，以衡量收益与风险的关系，制定企业长远发展战略；为中层管理人员提供详细的管理信息，以实现投入与产出的最优配比；为基层管理人员提供及时准确的成本费用信息，以实现预算管理、控制成本费用。

本书以 ERP-U8V872 为蓝本。根据业务范围和应用对象的不同，ERP-U8 可划分为财务会计、管理会计、供应链管理、生产制造、客户关系管理、人力资源、集团应用等功能组，如图 1-2 所示，各系统之间信息高度共享。

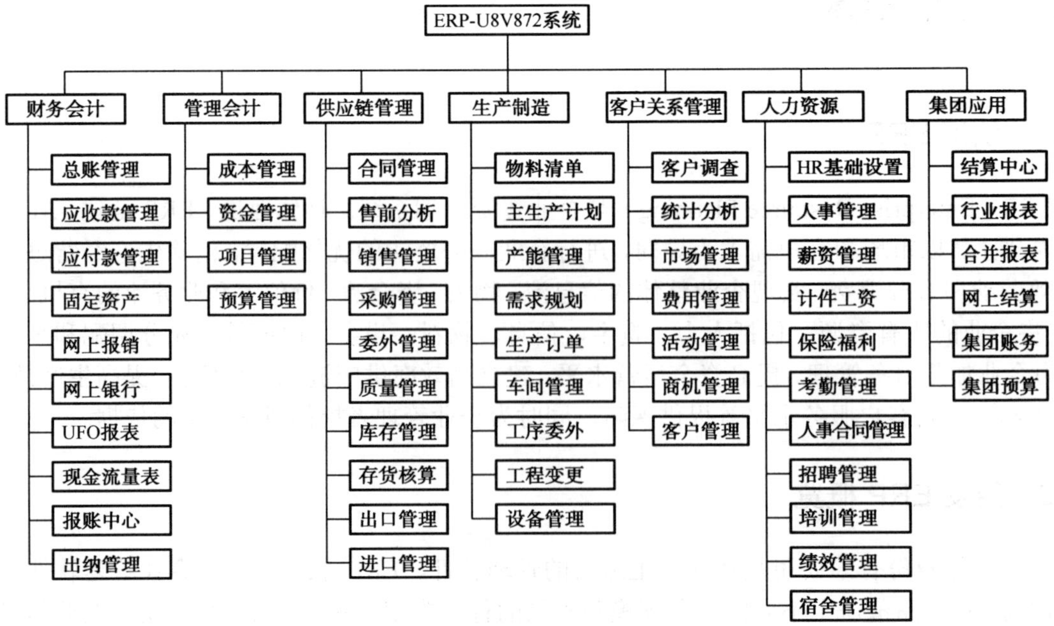

图 1-2　ERP-U8V872 系统总体构成

1.1.3 ERP 财务管理简介

财务管理是指企业为实现良好的经济效益，在组织企业的财务活动、处理财务关系过程中所进行的科学预测、决策、计划、控制、协调、核算、分析和考核等一系列企业经济活动过程中管理工作的全称，其主要特点是对企业生产和再生产过程中的价值运动进行的管理。

1. ERP 财务管理功能概要

用友 ERP-U8 财务管理划分为财务会计和管理会计两部分。财务会计解决会计核算问题，主要是记录、核算、反映和分析资金在企业经济活动中的变动过程及其结果；针对财务管理的功能方面，主要是基于会计核算的数据，再加以分析，进而进行相应的预测、管理和控制活动。它侧重于财务会计、控制、分析和预测，强调事前计划、事中控制和事后反馈。在 ERP 系统中，财务管理是不可缺少的重要组成部分，它与企业的产、供、销业务活动密切结合，企业的任何行为都会以价值的形式在财务系统中反映出来，使企业能够真正做到事前预算、事中控制和事后分析。

2. 数据关联

用友 ERP-U8 财务管理各子系统高度集成，数据共享，有机地形成一个整体，满足用户经营管理的整体需要。各子系统之间的数据关联如图 1-3 所示。

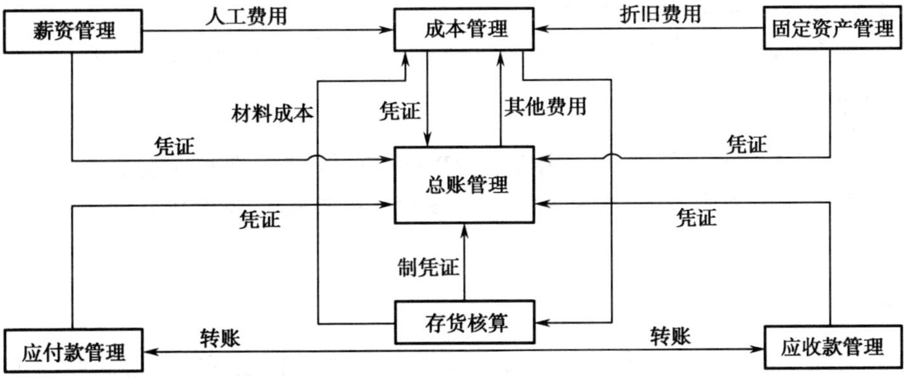

图 1-3 财务管理各子系统之间的数据关联

1.2 学习导航

1.2.1 课程目标

会计是一门实践性很强的学科，今天的财务实践和 10 年前最大的不同就是 ERP 的导入和发展。在这样一个时代背景下，如果不能将现代信息技术与会计工作相融合，了解新形势、新环境下如何更好地发挥会计的作用，无疑将影响到其未来的职业发展。

通过本课程的学习，能够达到以下目标。

1）理解 ERP 系统中财务管理的职能及覆盖的功能范围。
2）理解财务管理各子系统的工作原理与手工会计的区别。
3）熟悉财务管理各子系统的数据关联关系。
4）能够运用财务管理系统处理企业日常发生的各种类型的实际业务。
5）通过会计业务处理理解企业业务流程。
6）能够根据企业实际需求设计信息化财务管理解决方案。

1.2.2 体系结构

从本书目录结构中可以看出，除每一章外，其余介绍财务管理系统的各个章节采用统一的展开逻辑，每章第一节先介绍系统工作原理，阐述子系统的功能、子系统的工作流程、该子系统与其他子系统的数据关联；每章核心部分是实战演练，全书用一个企业案例贯穿起来；常用功能放在实战演练中介绍，其他功能放在拓展应用中。每章后面附复习思考题和实验题，以增强对本章系统工作原理的理解和系统操作的熟悉水平。

1.2.3 学习资源

ERP-U8 财务管理中蕴含了企业优秀管理实践和管理流程，建议读者在学习时从服务企业管理的高度出发理解财务管理工作，增强实践环节，不仅会操作系统，而且要理解系统业务逻辑，进而理解财务管理系统的工作原理。

为了帮助读者提高学习效率，达成学习目标，本书提供以下辅助学习手段。

1. 配书资源

配书资源中提供了两部分内容：用友 ERP-U872 管理软件和实验账套。其中，用友 ERP-U872 管理软件作为本书所附案例的实验平台，实验账套为书中每个章节后的实验提供了准备数据。

2. 学习课件

为方便广大师生学习，本书创作团队制作了与教材内容相配套的学习课件，希望能助力大家的学习进程。

1.2.4 实验平台

1. 系统运行环境

用友 ERP-U8 管理软件采用 3 层架构体系，即逻辑上分为数据服务器、应用服务器和客户端。在个人计算机上，相当于把数据服务器、应用服务器和客户端全部安装在同一台机器上。

用友 ERP-U8 管理软件属于应用软件范畴，需要按表 1-1 中的要求配置硬件环境准备系统软件。

表 1-1　用友 ERP-U8 要求的软硬件环境

分类 / 对象	硬件环境		系统软件
	最低配置	推荐配置	
客户端	内存 512MB 以上、CPU P3 800MHz 以上、安装盘（U872 所安装的盘符）空间 10GB 以上，系统盘（操作系统所安装的盘符）有 2G 以上的空间	内存 1GB 以上、CPU P4 1.8GHz 以上、磁盘空间 10GB 以上；系统盘有 2G 以上的空间	Windows XP + SP2 或 Windows 2000 Server/ Professional + SP4 或 Windows 2003 Server+SP2 或 Windows NT + SP6a
数据服务器	内存 1GB 以上、CPU 频率 1.8GHz 以上、磁盘空间 40GB 以上	内存 2GB 以上、CPU 2.4GHz 以上多 CPU、磁盘空间 40GB 以上	Windows 2000 Server+ SP4 Windows 2003 Server+SP2 Windows NT + SP6a
应用服务器	内存 1GB 以上、CPU 1.8GHz 以上、磁盘空间 40GB 以上	内存 1GB 以上、CPU 1.8GHz 以上多 CPU、磁盘空间 10GB 以上	Windows XP + SP2 Windows 2000 Server+ SP4 Windows 2003 Server+SP2
网络协议	IE6.0+SP1，TCP/IP，Named Pipe		

2．SQL Server 2000 数据库的安装

用友 ERP-U8 管理软件要求以 SQL Server 2000 作为后台数据库。SQL Server 2000 有个人版、标准版、企业版、专业版等多个版本，建议服务器上安装 SQL Server 2000 标准版；客户端视其安装的操作系统安装 SQL Server 2000 标准版或个人版。下面以安装 SQL Server 2000 个人版为例介绍安装过程。其操作步骤如下。

1）双击 SQL Server 2000 安装文件“Setup”，进入 SQL Server 2000 安装界面，选择“安装 SQL Server 2000 组件”选项，进入“安装组件”界面。

2）选择“安装数据库服务器”选项，打开“欢迎”对话框。单击“下一步”按钮，打开“计算机名”对话框。点选“本地计算机”单选按钮，单击“下一步”按钮，打开“安装选择”对话框。

3）点选“创建新的 SQL Server 实例，或安装客户端工具”单选按钮，单击“下一步”按钮，打开“用户信息”对话框。输入姓名，单击“下一步”按钮，打开“软件许可证协议”对话框。阅读后，单击“是”按钮，打开“安装定义”对话框。

4）点选“服务器和客户端工具”单选按钮，单击“下一步”按钮，打开“实例名”对话框，采用系统默认，单击“下一步”按钮，打开“安装类型”对话框。点选“典型”单选按钮，并选择文件安装路径，单击“下一步”按钮，打开“选择组件”对话框。采用系统默认，单击“下一步”按钮，打开“服务账户”对话框。

5）点选“对每个服务使用同一账户。自动启动 SQL Server 服务”和“使用本地系统账户”单选按钮，单击“下一步”按钮，打开“身份验证模式”对话框。

6）为了加强系统安全性，点选“混合模式（Windows 身份验证和 SQL Server 身份验证）”单选按钮，选中“空密码（不推荐）”复选框，单击“下一步”按钮，打开“开始复制文件”对话框。

7）单击“下一步”按钮，打开“Microsoft Data Access Components2.6 安装”对话框，按

系统提示关闭列表中的任务，单击“下一步”按钮，打开安装“软件”对话框，单击“完成”按钮开始安装。

8）稍候片刻，系统安装结束，打开“安装结束”对话框，单击“完成”按钮，结束 SQL Server 2000 安装。

9）安装 SP4 数据库补丁。

3. 用友 ERP-U8 管理软件安装

为确保系统安装成功，提醒大家在安装之前注意以下问题。

1）计算机在安装过操作系统和必要的补丁后最好没有安装过任何其他软件。

2）安装前，请用系统管理员或具有同等权限的人员登录（用户 ID 属于 Administrators 组），进行安装。

3）若系统中未默认安装 IIS（Internet Information services，互联网信息服务），则需要安装该组件。可通过“控制面板”|“添加/删除程序”|“Windows 组件”|“添加 IIS 组件”来安装。安装过程中需要用到 Windows XP 安装盘。

下面以单机安装用友 ERP-U8 管理软件为例。系统安装操作步骤如下。

1）以系统管理员“Administrator”的身份注册进入系统，打开用友 ERP-U8 管理软件，双击“Setup”应用程序文件，运行安装程序。

2）根据提示单击“下一步”按钮进行操作，直至进入选择安装类型界面。

3）系统提供了几种安装类型，建议选择“标准”安装，单击“下一步”按钮，进行系统环境检查，看系统配置是否已经满足系统安装条件。

注意：

如果不满足安装条件，系统会列出哪些项目未满足，单击未满足的项目链接，系统会自动定位到组件所在位置，让用户手动安装。

4）单击“安装”按钮，即可进行安装。安装过程较长，请耐心等待。

5）安装完成后，单击“完成”按钮，重新启动计算机。

6）重新启动计算机进入 Windows 操作平台，系统提示“正在完成最后的配置”，稍候打开“数据源配置”对话框。

7）在“数据库”文本框中输入数据库服务器的机器名或 IP 地址，再输入数据库管理员 SA 的密码（安装 SQL Server 时所设置的口令），单击“测试连接”按钮，系统提示“连接串测试成功”，表示数据源配置成功。

8）系统提示是否初始化数据库，单击“是”按钮，系统提示“正在初始化数据库实例，请稍候……”。数据库初始化完成后，会打开“登录”对话框。单击“取消”按钮退出。

如果安装成功，在右下角任务栏显示 SQL Sever 数据服务管理器图标和应用服务管理器图标。

安装完成之后，执行“开始”→“程序”→“用友 ERP-U872”→“系统服务”→“系统管理”命令，启动系统管理。

注意：

用友 ERP-U872 安装完成后系统内没有安装演示账套。

复习思考题

1．什么是 ERP？
2．用友 ERP-U8 财务管理包括哪些子系统？
3．用友 ERP-U8 财务管理各子系统间的数据关系是怎样的？
4．安装用友 ERP-U8 之前需要准备好哪些环境？
5．尝试安装用友 ERP-U8 管理软件。

TWO

第 2 章 企业建账

本章学习目标

- 了解企业建账的原理，理解与手工会计建账的区别
- 了解企业建账的程序
- 熟悉在用友 ERP-U8 中建立企业账套的操作

2.1 企业建账原理

2.1.1 如何理解企业建账

用友 ERP-U8 安装完成之后，只是在计算机中安装了一套可以用来管理企业业务的程序，其中没有任何数据。无论企业原来是用手工记账，还是用其他软件管理业务，都需要把既有的数据建立或转移到新系统中，即在用友 ERP 系统中建立企业的基本信息、核算方法、编码规则等，这称为建账。

在用友 ERP-U8 中，每一个企业的完整数据称为一个账套，可以为多个企业（或企业内多个独立核算的部门）分别立账，各账套间相互独立，互不影响，系统最多允许建立 999 个企业账套。

2.1.2 企业建账的工作过程

为了快速、准确地完成企业账套的创建过程，本书提供了企业建账的工作流程供参考，如图 2-1 所示。

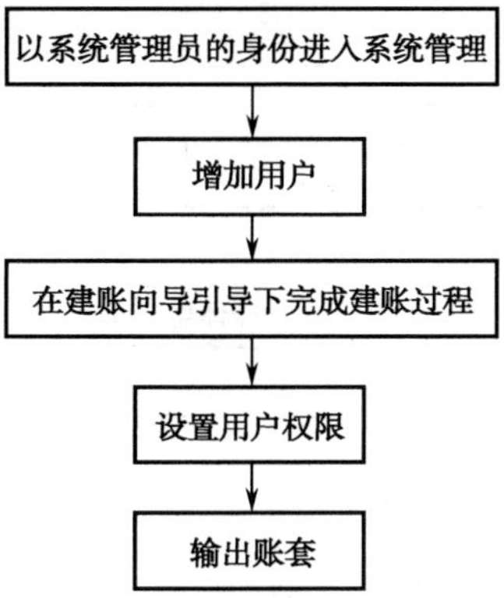

图 2-1　企业建账的工作流程

2.1.3　模拟企业简介

菲尼电器有限公司是一家中型小家电制造企业，创建于 2008 年 4 月，主打产品是电热水壶。2013 年 1 月购买了用友 ERP-U8 管理软件的总账、应收款管理、应付款管理、采购管理、销售管理、库存管理、存货核算几个子系统，并准备于同月开始在用友 ERP-U8 中进行建账，因此专门成立了信息化项目实施小组，财务主管于静任组长。实施的过程就是将软件中的功能与软件蕴含的管理模式与企业现有业务相结合的过程，因此，项目小组成员首先需要熟悉软件的功能。于静向用友公司实施顾问提议，先分模块对小组成员进行系统功能的培训，在全体成员对系统功能深入理解的基础上，再按照实施的工作流程进行项目实施，以达成预期效果。

1. 企业基本信息

菲尼电器有限责任公司（以下简称菲尼电器）位于北京市昌平区跃进路 64 号，法人代表为徐杰，企业纳税登记号为 110114473287215。

该企业属于工业企业，从事小家电生产及销售业务，采用 2007 年新会计制度科目核算，记账本位币为人民币，于 2013 年 1 月采用计算机系统进行会计核算及企业日常业务处理。

企业只有几个主要供应商，不用分类，但客户很多，最好分类管理，有外币业务。

编码规则：科目编码级次为 4222；客户分类编码级次和存货分类编码级次均为 122；部门编码级次、地区编码级次、结算方式编码级次和收发类别编码级次均为 12。核算时数量和单价均精确到两位小数。

2. 企业组织结构

企业组织机构是由一个个职位组合而成的。从这个意义上讲，企业组织结构也是企业的职位系统。每个职位都有权利和责任，所以，企业组织结构可以看成企业的权责系统。

菲尼电器有限公司目前的机构设置如图 2-2 所示。

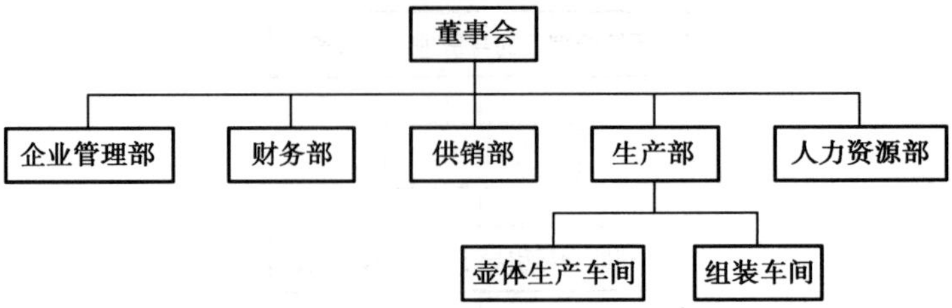

图 2-2　菲尼电器有限公司机构设置

企业内部岗位分工情况如表 2-1 所示。

表 2-1　企业内部岗位分工

编　　号	姓　　名	角　　色	职　　责	需要增加的用户权限
800	于静	账套主管	负责系统日常运行管理，具有全部权限	
801	马群	财务主管、总账会计、资产管理	负责总账、固定资产管理	
802	姜楠	应收会计、应付会计、材料会计	负责往来管理、材料成本核算	
803	蒋雨	出纳	对收付款凭证进行出纳签字，管理现金日记账、银行日记账、资金日报及银行对账	出纳签字
804	徐乐	仓库主管	管理成品出入库	
805	李咏	仓库主管	管理材料出入库	
806	王曼	采购主管、销售主管	管理企业采购、销售工作	

注：为操作简便起见，只设“于静”口令为 1，其他操作员口令为空。

3．企业产品

菲尼电器有限公司是专业从事电热水壶、电饭煲和豆浆机等小家电及其配件的研发、生产、加工、销售一体化的电器公司。产品畅销全国各地，为消费者带去便捷、时尚、健康的生活方式。

电热水壶目前主打产品为不锈钢电热水壶。电热水壶的产品结构如图 2-3 所示。

图 2-3　电热水壶的产品结构

2.2　企业建账演练

2.2.1　以系统管理员的身份登录系统管理

实战演练：以系统管理员的身份进入系统管理

1）执行“开始”→“程序”→“用友 ERP-U872”→“系统服务”→“系统管理”命令，进入“用友 ERP-U8[系统管理]”窗口。

2）执行“系统”|“注册”命令，打开“登录”对话框。

3）“登录到”文本框中默认为本地计算机名称。

4）在“操作员”文本框中显示用友软件默认的系统管理员“admin”，系统默认管理员密码为空，如图 2-4 所示。

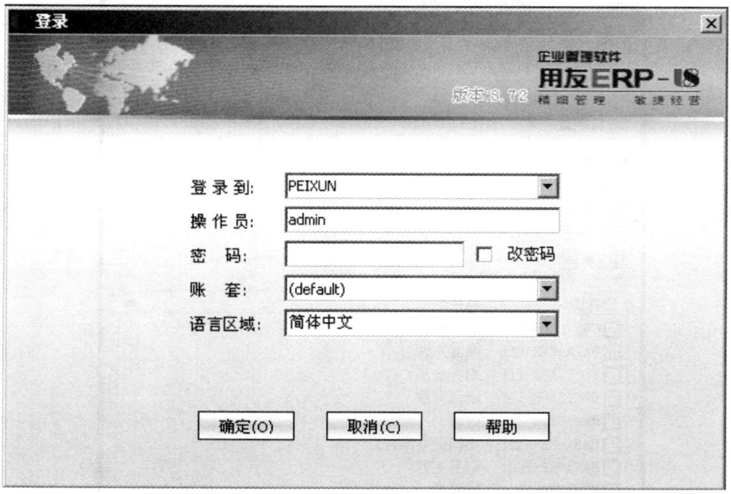

图 2-4　以系统管理员的身份进入系统管理

5）单击“确定”按钮，进入系统管理，系统管理窗口最下行的状态栏中显示当前操作员“[admin]”。

注意：

- 为了保证系统的安全性，在“登录”对话框中，可以设置或更改系统管理员的密码。如设置系统管理员密码为“super”的操作步骤是：选中“改密码”复选框，单击“确定”按钮，打开“设置操作员密码”对话框，在“新密码”和“确认”文本框中均输入“super”，最后单击“确定”按钮，返回系统管理。
- 一定要牢记设置的系统管理员密码，否则无法以系统管理员的身份进入系统管理，也就不能执行账套数据的输出和引入。考虑实际教学环境，建议不要设置系统管理员密码。
- 用友软件默认系统操作员为“admin”，不区分大小写。

2.2.2 增加用户

用户通常也称操作员，是指有权登录系统并对系统进行操作的人。

实战演练：增加用户

1）以系统管理员的身份进入系统管理，执行“权限”→“用户”命令，进入“用户管理”窗口。

2）单击“增加”按钮，打开“操作员详细情况”对话框。

3）按表 2-1 所示的资料输入操作员信息，增加“800 于静”用户，如图 2-5 所示，单击“增加”按钮增加下一位用户。

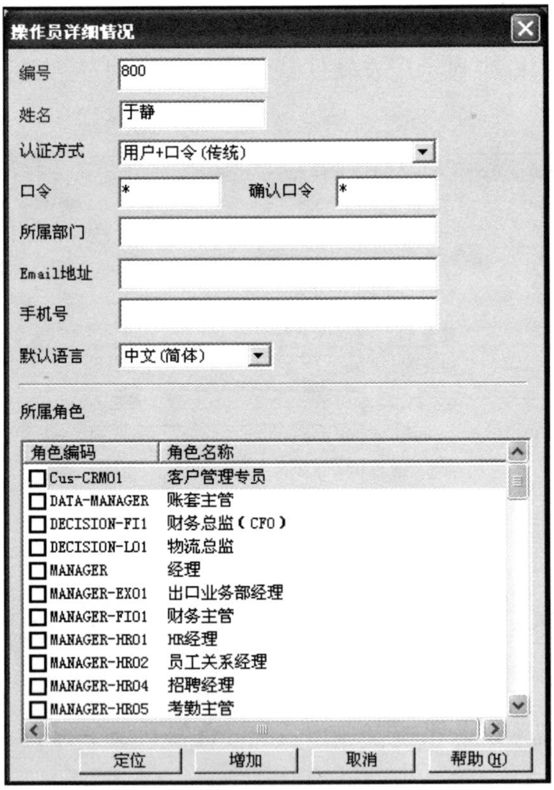

图 2-5 增加用户

4）在增加其他用户时，按指定用户所属的角色增加，如图 2-6 所示。每增加一个用户完成后，单击“增加”按钮增加下一位用户，全部完成后，单击“取消”按钮返回。

注意：

- 未使用的用户可以通过“删除”功能从系统中删除。
- 已使用过系统之后又调离本企业的用户可以通过“修改”功能“注销当前用户”，状态为“注销”的用户此后不允许再登录本系统。

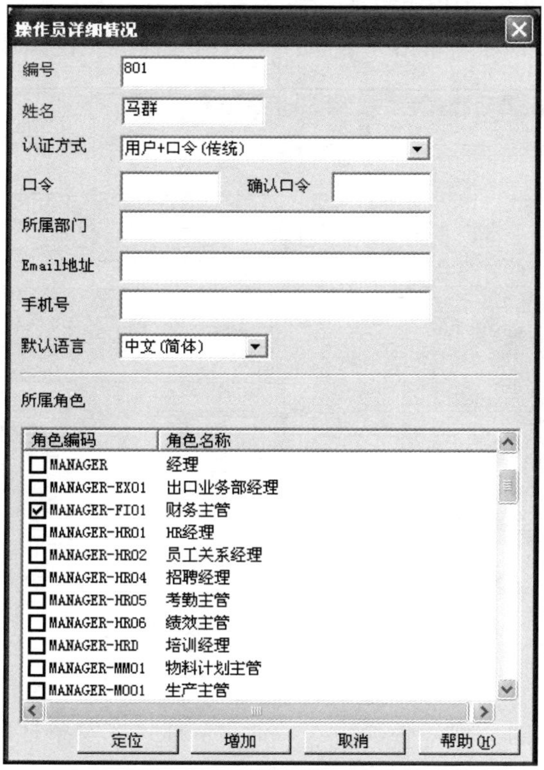

图 2-6　按角色增加用户

2.2.3　在建账向导的引导下完成建账过程

为了方便操作，ERP 系统中大都设置了建账向导，用来引导用户的建账过程。

实战演练：为菲尼电器公司建账

（1）登录系统

以系统管理员的身份进入系统管理，执行“账套”→“建立”命令，打开“创建账套——账套信息”对话框。

（2）账套信息

已存账套：系统将已存在的账套以下拉列表的形式显示，用户只能查看，不能输入或修改，目的是避免重复建账。

账套号：账套号是该企业账套的唯一标识，必须输入，且不得与机内已经存在的账套号重复。可以输入 001～999 的 3 个字符，本例输入账套号“102”。

账套名称：账套名称可以输入核算单位的简称，必须输入，进入系统后它将显示在正在运行的软件的界面上。本例输入“菲尼电器”。

账套路径：用来确定新建账套将要被放置的位置，系统默认的路径为“C:\U8SOFT\Admin”，用户可以人工更改，也可以利用 ... 按钮进行参照输入。

启用会计期：指开始使用计算机系统进行业务处理的初始日期，必须输入。系统缺省为计算机的系统日期，更改为“2013 年 1 月”。

输入完成后，如图 2-7 所示。单击“下一步”按钮，打开“创建账套——单位信息”对话框。

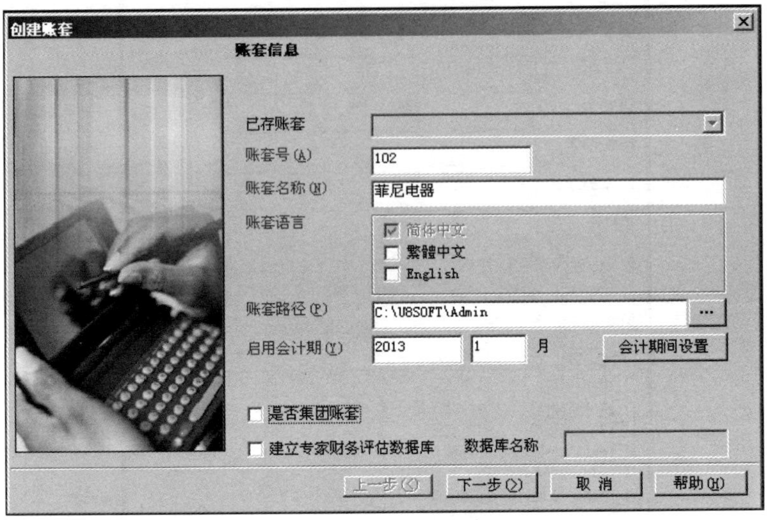

图 2-7　创建账套——账套信息

（3）单位信息

单位名称：用户单位的全称，必须输入。企业全称只在发票打印时使用，其余情况全部使用企业的简称。本例输入“菲尼电器有限责任公司”。

单位简称：用户单位的简称，最好输入。本例输入“菲尼电器”。

其他栏目都属于任选项，参照所给资料输入即可。

输入完成后，如图 2-8 所示。单击“下一步”按钮，打开“账套信息——核算类型”对话框。

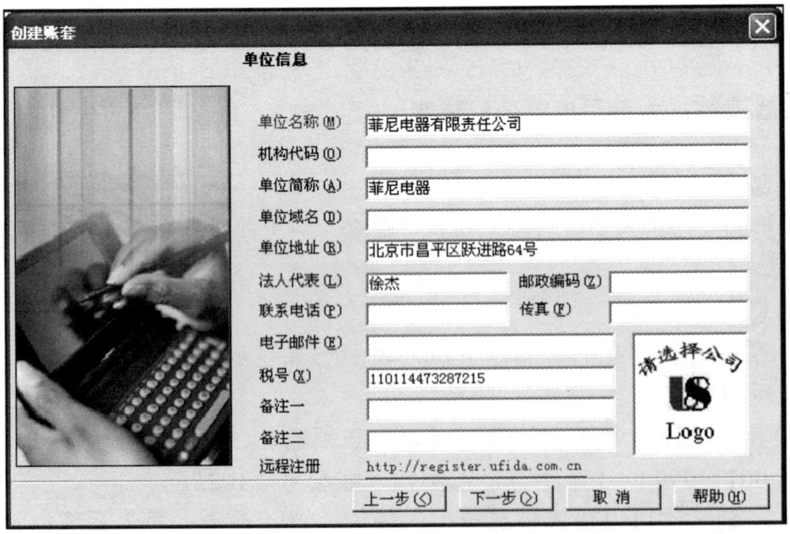

图 2-8　创建账套——单位信息

（4）核算类型

本币代码：必须输入。本例采用系统默认值“RMB”。

本币名称：必须输入。本例采用系统默认值“人民币”。

企业类型：用户必须从下拉列表中选择输入。系统提供了工业、商业两种类型。本例采用系统默认“工业”。

行业性质：用户必须从下拉列表中选择输入，系统按照所选择的行业性质预置科目。本例采用系统默认“2007 年新会计制度科目”。

账套主管：从下拉列表中选择输入。本例预设“[800] 于静”。

按行业性质预置科目：如果用户希望预置所属行业的标准一级科目，则选中该复选框。本例选中“按行业性质预置科目”复选框。

输入完成后，如图 2-9 所示。单击“下一步”按钮，打开“创建账套——基础信息”对话框。

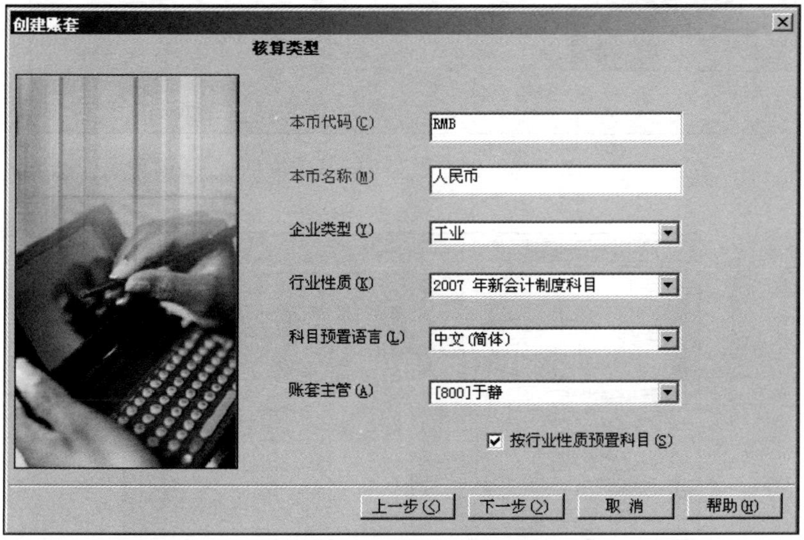

图 2-9　创建账套——核算类型

（5）基础信息

如果单位的存货、客户、供应商相对较多，可以对他们进行分类核算。如果此时不能确定是否进行分类核算，也可以建账完成后由账套主管在“修改账套”功能中设置分类核算。

按照本例要求，选中“存货是否分类”、“客户是否分类”、“有无外币核算”复选框，如图 2-10 所示。单击“完成”按钮，系统提示“可以创建账套了么？”，单击“是”按钮，系统按输入信息要求建立企业数据库，完成后打开“编码方案”对话框。

注意：

系统建账时间比较长，需要耐心等候。

（6）分类编码方案

为了便于对经济业务数据进行分级核算、统计和管理，系统要求预先设置某些基础档案的编码规则，即规定各种编码的级次及各级的长度。

按资料所给内容修改系统默认值，如图 2-11 所示，单击“确定”按钮，再单击“取消”按钮，打开“数据精度”对话框。

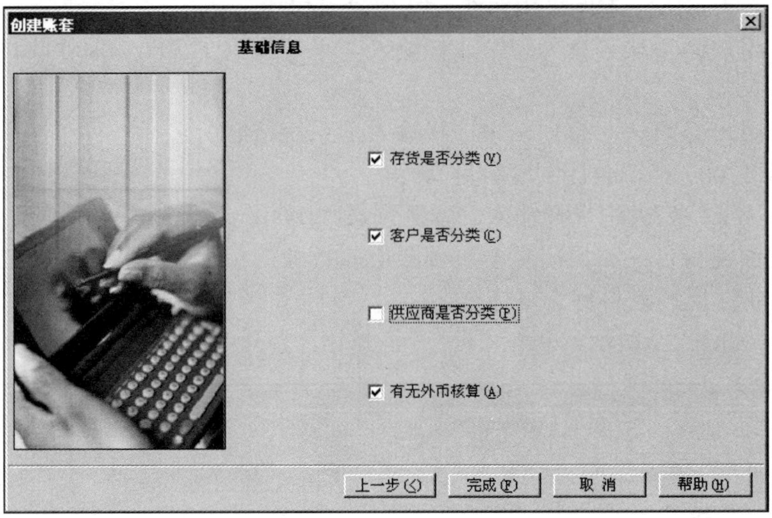

图 2-10　创建账套——基础信息

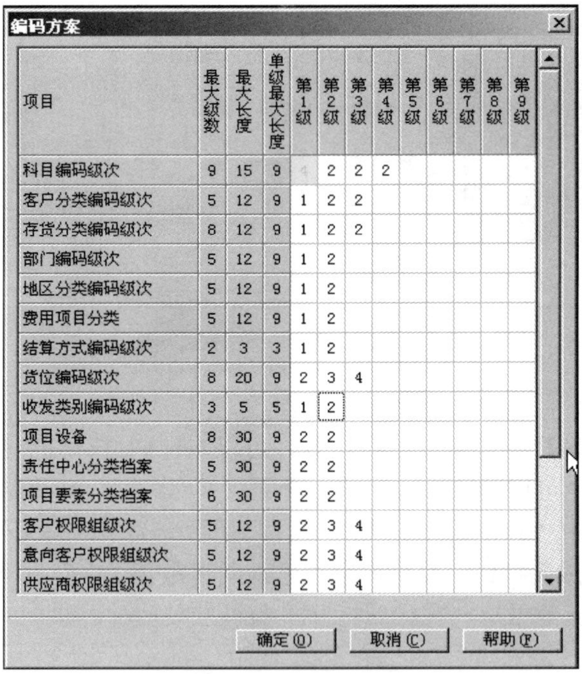

项目	最大级数	最大长度	单级最大长度	第1级	第2级	第3级	第4级	第5级	第6级	第7级	第8级	第9级
科目编码级次	9	15	9	4	2	2	2					
客户分类编码级次	5	12	9	1	2	2						
存货分类编码级次	8	12	9	1	2	2						
部门编码级次	5	12	9	1	2							
地区分类编码级次	5	12	9	1	2							
费用项目分类	5	12	9	1	2							
结算方式编码级次	2	3	3	1	2							
货位编码级次	8	20	9	2	3	4						
收发类别编码级次	3	5	5	1	2							
项目设备	8	30	9	2	2							
责任中心分类档案	5	30	9	2	2							
项目要素分类档案	6	30	9	2	2							
客户权限组级次	5	12	9	2	3	4						
意向客户权限组级次	5	12	9	2	3	4						
供应商权限组级次	5	12	9	2	3	4						

图 2-11　定义编码方案

（7）数据精度定义

数据精度涉及核算精度问题。涉及购销存业务环节时，会输入一些原始单据，如发票、出入库单等，需要填写数量及单价，数据精度定义是确定有关数量及单价的小数位数的。本例采用系统默认。单击“确定”按钮，系统提示“菲尼电器：[102]建立成功！您可以现在进行系统启用的设置，或以后从[企业门户-基础信息]进入[系统启用]功能。”并提示“现在进行系统启用的设置？”，单击“否”按钮，系统提示“请进入企业应用平台进行业务操作！”，单击“确定”按钮，返回系统管理。

2.2.4　设置用户权限

在系统中增加用户后，还需要给用户设定权限，以限制用户的操作范围，将企业的内部控制制度内化在系统中。用友 ERP-U8 中有 3 种不同意义的权限：功能权限、数据权限和金额权限。功能权限在系统管理中进行设置。

1．指定账套主管

可以在两个环节中确定企业账套的账套主管。一个是在建立账套环节，如图 2-6 所示；一个是在权限设置环节。只有系统管理员能够指定账套主管。

实战演练：指定/取消账套主管

1）以系统管理员的身份进入系统管理，执行“权限”|“权限”命令，进入“操作员权限”窗口。

2）从账套列表下拉列表中选择“[102]菲尼电器” 选项。

3）在操作员列表中选择“800 于静”选项，发现于静已经是 102 账套的账套主管。选中“账套主管”复选框，系统提示“取消用户：[800]账套主管权限吗？”，单击“是”按钮，确定，取消了于静的账套主管权限。

4）选中“账套主管”复选框，系统提示“设置用户：[800]账套主管权限吗？”如图 2-12 所示。

5）单击“是”按钮，确定，于静拥有了账套主管权限。

注意：

- 一个账套可以设定多个账套主管，但只有一个系统管理员。
- 账套主管自动拥有该账套的所有权限。

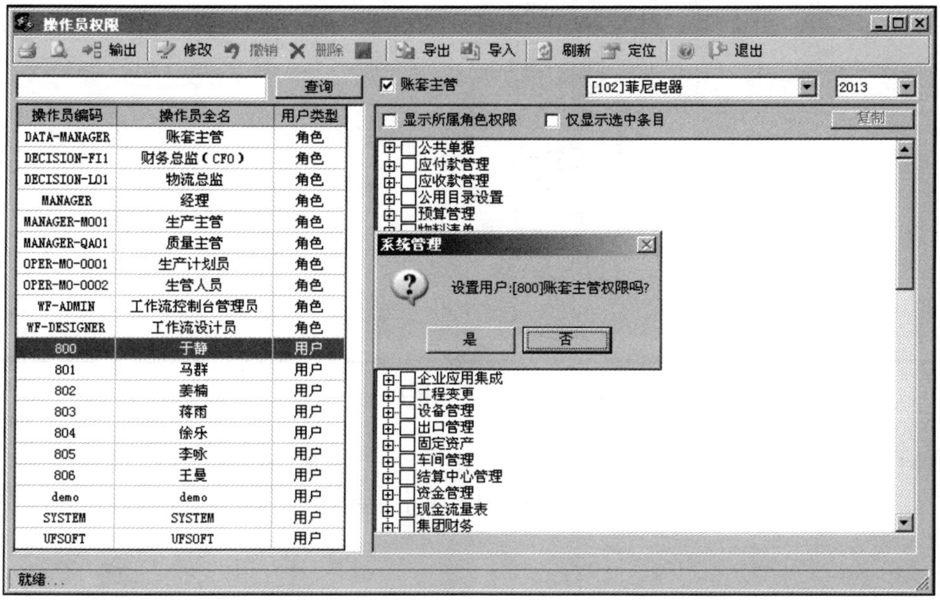

图 2-12　指定账套主管

2. 给操作员赋权

系统管理员和账套主管都可以给操作员赋权。在建立用户时，已经给蒋雨赋予了“出纳”角色，但出纳角色中不含“出纳签字”功能，下面为蒋雨赋予“出纳签字”功能。

实战演练：为蒋雨增加出纳签字权限

1）在“操作员权限”窗口中，选择“[102]菲尼电器”账套，再从操作员列表中选择“803 蒋雨”选项，选中“显示所属角色权限”复选框，展开“总账”节点，可以查看此角色的权限，如图 2-13 所示。

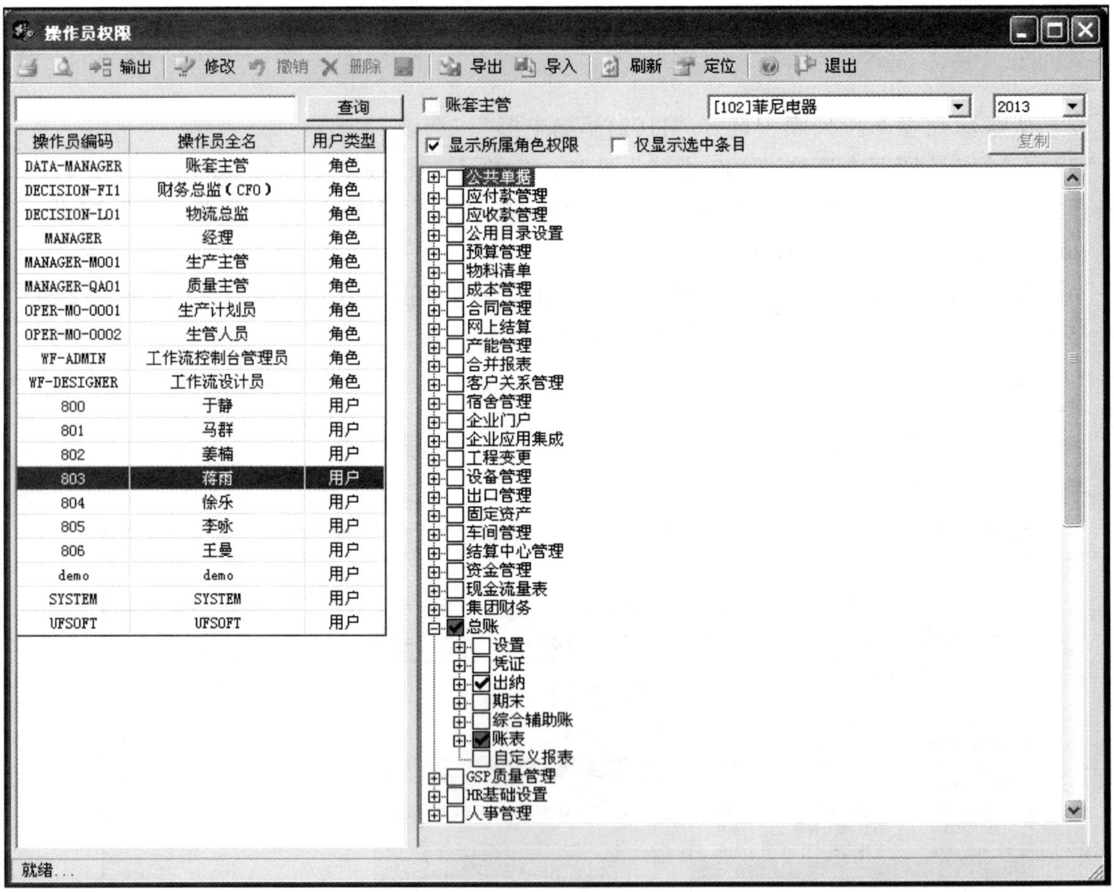

图 2-13 查看角色权限

2）取消选中“显示所属角色权限”复选框，单击“修改”按钮。依次展开“总账”、“凭证”节点，选中“出纳签字”复选框，如图 2-14 所示，单击“保存”按钮。

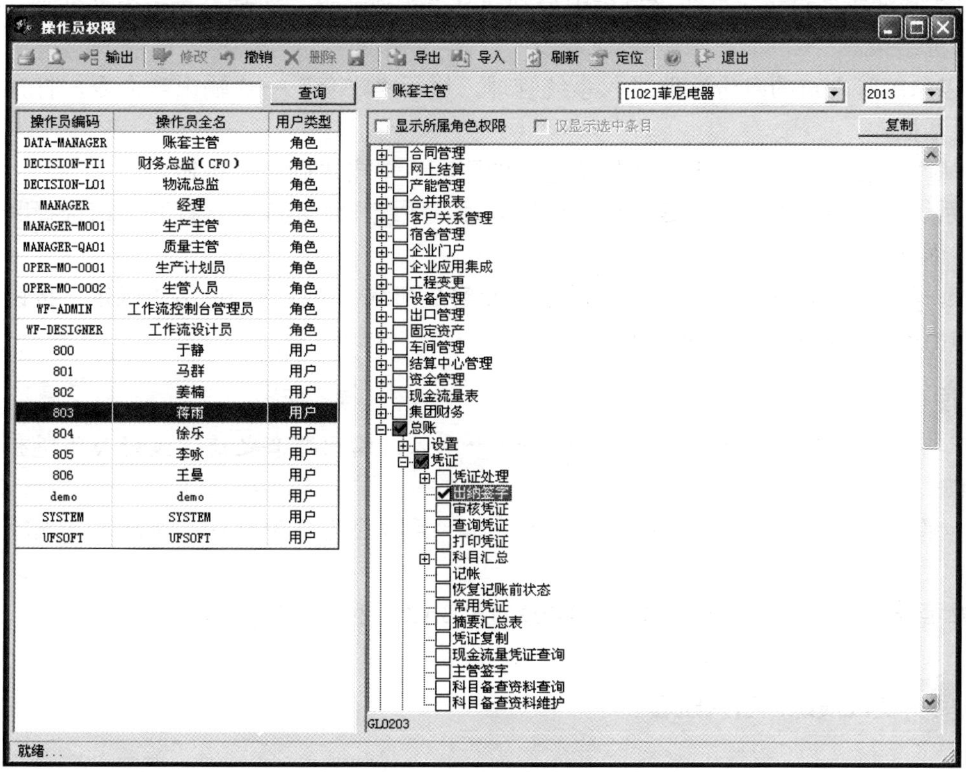

图 2-14　为操作员赋权

2.2.5　输出和引入账套

账套输出是将系统产生的数据备份到硬盘或其他存储介质，备份的作用体现在以下几个方面。

1．保证数据安全

任何使用计算机系统的企业，均会视安全性为第一要务。威胁来自众多的不可预知因素，如病毒入侵、硬盘故障、自然灾害等，这些都会造成数据丢失，对企业的影响是不可估量的。因此，应定期将系统中的数据进行备份并保存在另外的存储介质上。一旦数据损坏，可以通过引入最近一次备份的数据及时恢复到上一次备份的水平，从而保证企业日常业务的正常进行。

2．解决集团公司数据合并问题

子公司的账套数据可以定期输出并被引入母公司计算机系统中，以便进行有关账套数据的分析和合并工作。如果需要定期将子公司的账套数据引入到总公司系统中，最好预先在建立账套时就进行规划，使各公司的账套号不一样，以避免引入子公司数据时因为账套号相同而覆盖其他账套的数据。

实战演练：输出账套

假设将本书每章的实战演练结果存储于“D:\实战演练”文件夹中，则首先需要在“D:\”

中建立“实战演练”目录，再在该目录中分别建立“实战一”、“实战二”……文件夹，用于存放各章备份结果。

1）以系统管理员的身份注册进入系统管理，执行“账套”→“输出”命令，打开“账套输出”对话框。

2）从“账套号”下拉列表中选择要输出的账套，单击“确认”按钮。

3）系统对所要输出的账套数据进行压缩处理，系统压缩完成后，打开“请选择账套备份路径”对话框。

4）选择存放账套备份数据的文件夹为“D:\实战演练\实战一”，单击“确定”按钮，系统提示“输出成功！”，单击“确定”按钮。

注意：

- 只有系统管理员有权限进行账套的输出和引入。输出账套之前，最好关闭所有系统模块。
- 如果选中了“删除当前输出账套”复选框，系统会先备份数据，然后进行删除确认提示，最后删除当前账套。
- 账套输出的结果形成两个文件“UFDATA.BAK”和“UfErpAct.Lst”。

实战演练：引入账套

通过输出账套输出的账套数据必须通过引入账套引入系统才能使用，因此引入账套是输出账套的对应操作。引入账套功能是指将系统外某账套数据引入本系统中。在计算机环境中，系统及数据安全性是企业首要关注的。无论是计算机故障或病毒侵犯，都会致使系统数据受损，这时利用账套引入功能，恢复备份数据，可以将损失降到最小。另外，这一功能为集团公司的财务管理提供了方便。子公司的账套数据可以定期被引入母公司系统中，以便进行有关账套数据的分析和合并工作。

1）以系统管理员的身份进入系统管理，执行“账套”→“引入”命令，打开“请选择账套备份文件”对话框。

2）选择要引入的账套数据备份文件，系统输出的备份文件为“UfErpAct.Lst”，单击“确定”按钮，系统提示请求确认账套引入的目录，单击“确定”按钮，系统提示“此项操作会覆盖[102]当前账套的所有信息，继续吗？”，单击“是”按钮，系统进行账套数据的引入，完成后提示“账套[102]引入成功！”，单击“确定”按钮返回。

2.3 拓展应用

2.3.1 系统管理功能概述

用友 ERP-U8 财务管理包括总账管理、报表管理、固定资产管理等，各个子系统服务于企业的不同层面，为不同的管理需要服务。子系统本身既具有相对独立的功能，彼此之间又具有紧密的联系，它们共用一个企业数据库，拥有公共的基础信息、相同的账套和年度账。系统管理是用友 ERP-U8 管理软件为各个子系统提供了一个公共管理平台，用于对整个系统的公共任务进行统一管理，如企业账套及年度账的建立、修改、删除和备份，角色和用户的建立及权限的集中管理、系统安全运行的管理及控制等，其他任何产品的独立运行都必须以此为基础。

系统管理中具体包括以下几个方面的管理功能。

1．账套管理

账套是一组相互关联的数据。每一个独立核算的企业都有一套完整的账簿体系，把这样一套完整的账簿体系建立在计算机系统中就称为一个账套。每一个企业都可以为其每一个独立核算的下级单位建立一个核算账套。换句话讲，在企业管理系统中，可以为多个企业（或企业内多个独立核算的部门）分别立账，且各账套数据之间相互独立，互不影响，使资源得以最大程度的利用。

账套管理功能一般包括建立账套、修改账套、删除账套、引入/输出账套等。

2．年度账管理

年度账与账套是两个不同的概念，一个账套中包含了企业所有的数据，把企业数据按年度进行划分，称为年度账。年度账可以作为系统操作的基本单位，因此设置年度账主要是考虑到管理上的方便性。

年度账管理包括年度账的建立、引入、输出和结转上年数据，清空年度数据。对年度账的管理只能由账套主管进行。

3．系统操作员及操作权限的集中管理

为了保证系统及数据的安全与保密，系统管理提供了操作员及操作权限的集中管理功能。通过对系统操作分工和权限的管理，一方面可以避免与业务无关的人员进入系统，另一方面可以对系统所包含的各个子产品的操作进行协调，以保证各负其责，流程顺畅。

操作权限的集中管理包括设置角色、用户及为用户分配功能权限。

4．设立统一的安全机制

对企业来说，系统运行安全、数据存储安全是必需的，为此，每个应用系统都无一例外地提供了强有力的安全保障机制。例如，设置对整个系统运行过程的监控机制、清除系统运行过程中的异常任务、设置系统自动备份计划等。

2.3.2　系统管理员与账套主管

鉴于系统管理模块在整个 ERP 系统中的地位和重要性，因此，对登录系统管理的人员做了严格界定。系统只允许以两种身份进入系统管理：一是以系统管理员的身份，二是以账套主管的身份。

1．系统管理员

系统管理员负责整个系统的安全运行和数据维护。以系统管理员的身份进入，可以进行账套的建立、引入和输出，设置操作员和权限，监控系统运行过程，清除异常任务等。具体来说主要负责以下几项工作内容。

1）按岗位分工要求设置系统操作员，分配其对应权限。

2）按已确定的企业核算特点及管理要求进行企业建账。

3）随时监控系统运行过程中出现的问题，清除异常任务、排除运行故障。

4）保障网络系统的安全，预防计算机病毒侵犯。

5）定期进行数据备份，保障数据安全、完整。

2．账套主管

账套主管负责所辖账套的管理，其工作任务为确定企业会计核算的规则，对企业年度账进行管理，为该账套内操作员分配权限，组织企业业务处理按既定流程运行。对所管辖的账套来说，账套主管是级别最高的，拥有所有模块的操作权限。

由于账套主管是由系统管理员指定的，因此第一次必须以系统管理员的身份进入系统管理，建立账套和指定相应的账套主管之后，才能以账套主管的身份进入系统管理。

2.3.3 账套与年度账

在 ERP 系统中，用户不仅可以建立多个账套，而且每个账套中可以放不同年度的会计数据，不同年度的数据存放在不同的数据库中，称为年度账。采用账套-年度账两级管理，系统的结构清晰、含义明确、可操作性强，而且由于系统自动保存了不同会计年度的历史数据，对利用历史数据的查询和比较分析也显得特别方便。

1．修改账套

账套建立完成后，在未使用相关信息的基础上，可以根据业务需要，对某些已设定的内容进行调整。

注意：

- 只有账套主管有权修改账套。
- 部分信息无法修改，如账套号、启用会计期。

2．删除账套

如果企业初始建账时数据错误很多或某些情况无须再保留企业账套，可以将机内账套删除，账套删除会一次将该账套下的所有数据彻底清除，因此执行此操作时应格外慎重，为数据安全起见，系统一般提供账套删除前的强制备份，并且只授权于系统管理员。

在“输出账套”对话框中，选中“删除当前输出账套”复选框即可。

2.3.4 角色与用户

1．角色管理

角色是指在企业管理中拥有某一类职能的组织，这个角色组织可以是实际的部门，也可以是由拥有同一类职能的人构成的虚拟组织。例如，实际工作中最常见的会计和出纳两个角色（他们既可以是同一个部门的人员，也可以分属不同的部门但工作职能是一样的）。在设置了角色后，就可以定义角色的权限，当用户归属某一角色后，就相应地拥有了该角色的权限。设置角色的方便之处在于可以根据职能统一进行权限的划分，方便授权。

角色管理包括角色的增加、修改、删除。

2．用户管理

用户是指有权登录系统，并对系统进行操作的人员，即通常意义上的“操作员”。每次登录系统，都要进行用户身份的合法性检查。用户和角色的设置可以不分先后顺序，但对于自动传递权限来说，应该首先设定角色，然后分配权限，最后进行用户的设置。这样在设置用户的时候，选择其归属哪一个角色，则其自动具有该角色的权限包括功能权限和数据权限。一个角色可以拥有多个用户，一个用户也可以分属于多个不同的角色。

用户管理包括用户的增加、修改和删除。

本章演练完成后，请将账套输出保存，以备今后使用。

复习思考题

1．系统管理的主要功能有哪些？
2．系统管理员与账套主管的区别是什么？
3．账套的含义是什么？怎样建账？
4．为什么要输出和引入账套？
5．年度账管理包括哪些内容？
6．账套和年度账的关系是怎样的？
7．操作员权限管理的作用是什么？
8．角色、用户、操作员是一回事吗？
9．分类编码方案的意义是什么？
10．系统运行安全管理包括哪些内容？

实验一　企业建账

【实验目的】
1．理解 ERP 系统中企业账的存在形式。
2．掌握 ERP 系统中企业账的设立过程。
3．理解系统用户及权限的含义及设置方法。
4．理解账套输出及引入的作用。
【实验内容】
1．增加操作员。
2．建立企业账套。
3．进行财务分工。
4．输出/引入账套数据。

【实验资料】

1．企业相关信息

北京新锐科技有限公司（以下简称新锐科技）位于北京市海淀区中关村大街 11 号，法人代表为郝佳，企业纳税登记号为 110108473287215。

该企业属于工业企业，从事软硬件及相关产品生产及销售，采用 2007 年新会计制度科目核算，记账本位币为人民币，于 2013 年 1 月采用计算机系统进行会计核算及企业日常业务处理。

企业只有几个主要供应商，但客户很多，最好分类管理，有外币业务。

编码规则：科目编码级次为 4222；客户分类编码级次和存货分类编码级次均为 122；部门编码级次、地区编码级次、结算方式编码级次和收发类别编码级次均为 12。核算时数量和单价均精确到两位小数。

2．企业内部岗位分工

企业内部岗位分工情况如表 2-2 所示。

表 2-2　企业内部岗位分工

编号	姓名	角　色	职　责	需要增加的用户权限
330	贾涛	账套主管	负责系统日常运行管理，具有全部权限	
331	任志刚	财务主管、总账会计、资产管理	负责总账、固定资产管理	
332	姜小雨	应收会计、应付会计、材料会计	负责往来管理、材料成本核算	
333	侯爱华	出纳	对收付款凭证进行出纳签字，管理现金日记账、银行日记账、资金日报及银行对账	出纳签字
334	徐乐	采购主管	负责企业的材料采购	
335	宋广利	销售主管	销售一部负责人，管理一部销售工作	
336	孟斐	销售主管	销售二部负责人，管理二部销售工作	
337	康贝贝	仓库主管	负责管理产品出入库	
338	李春	生产主管、仓库主管	负责生产计划、生产管理；负责管理材料出入库	

注：为操作简便起见，只设“贾涛”口令为 1，其他操作员口令为空。

THREE

第 3 章 基础设置

本章学习目标

- 理解基础档案设置的意义，掌握基础档案设置的方法
- 了解企业应用平台在用友 ERP-U8 管理软件中的地位及作用
- 掌握在企业应用平台中如何进行系统启用设置

3.1 基础设置的意义

3.1.1 为什么要进行基础设置

在系统管理中建立企业账套之后，只是在计算机系统中设立了能够存放企业数据的一个标准数据库，其中没有任何数据。在企业正式开始业务处理之前，需要按照本企业具体情况启用 ERP-U8 中的相应模块、整理并录入业务处理所需要的基础档案信息、设置符合企业自身条件的单据格式等，这些工作都属于基础设置的范畴。

3.1.2 如何进行基础设置

基础设置主要包括基本信息设置、基础档案设置、单据设置 3 项。

1. 基本信息

在基本信息中可以进行系统启用设置，还可以对建账时设定的分类编码方案和数据精度进行修改。

系统启用是指设定在用友 ERP-U8 管理软件中各个子系统开始使用的日期。用友 ERP-U8 管理软件分为财务会计、管理会计、供应链、生产制造、人力资源、集团应用、决策支持和企业应用集成等产品组，每个产品组中又包含若干模块，它们中大多数既可独立运行，又可以集成使用，但两种用法的数据流程是有差异的。一方面企业可以按照企业信息化规划及本身的管理特点选购不同的子系统；另一方面企业也可能采取循序渐进的策略有计划地先启用一些模块，一段时间之后再启用另外一些模块。系统启用为企业提供了选择的便利，它可以表明企业在何时点、启用了哪些子系统。只有设置了系统启用的模块才可以登录。

系统启用有两种方法。一是由系统管理员在系统管理中创建企业账套完成时进行系统启用设置；如果在建立账套时未设置系统启用，则由账套主管在企业应用平台中进行系统启用的设置。

2．基础档案设置

一个企业账套是由若干个子系统构成的，这些子系统共享公用的基础档案信息，基础信息是系统运行的基石。企业在启用新账套之初，应根据本单位的实际情况及业务需求，进行基础档案的整理工作，以确保初始建账的顺利进行。

设置基础档案的前提是先确定基础档案的分类编码方案。基础档案的设置必须要遵循分类编码方案中所设置的级次及各级编码长度的规定。按照基础档案的用途不同，系统将基础档案划分为机构人员、客商信息、财务信息、结算信息等类。

根据系统对基础档案的要求，由菲尼电器相关部门整理基础档案，形成以下资料。

（1）部门档案

部门档案如表 3-1 所示。

表 3-1　部门档案

部门编码	部门名称	负责人
1	企业管理部	
2	财务部	于静
3	供销部	王曼
4	生产部	徐乐
5	人力资源部	

（2）人员类别

企业在职人员分为以下几类，如表 3-2 所示。

表 3-2　人员类别

人员类别编码	人员类别名称
1001	企业管理人员
1002	经营人员
1003	车间管理人员
1004	生产工人

（3）人员档案

人员档案如表 3-3 所示。

表 3-3　人员档案

人员编号	人员姓名	性　别	人员类别	行政部门	是否业务员	是否操作员
100	高峰	男	企业管理人员	企业管理部	是	是
101	于静	女	企业管理人员	财务部	是	
102	马群	男	企业管理人员	财务部	是	
103	姜楠	男	企业管理人员	财务部	是	
104	蒋雨	女	企业管理人员	财务部	是	
105	徐乐	男	车间管理人员	生产部	是	
106	李咏	男	车间管理人员	生产部	是	
107	张庆龙	男	车间管理人员	生产部	是	
108	王曼	女	经营人员	供销部	是	
109	薛志强	男	生产工人	生产部		
110	董佩佩	女	企业管理人员	人力资源部	是	

（4）地区分类

地区分类如表 3-4 所示。

表 3-4　地区分类

地区分类编码	地区分类名称	地区分类编码	地区分类名称
1	北方区	3	华南区
2	华东区	4	西部区

（5）客户分类

客户分类如表 3-5 所示。

表 3-5　客户分类

客户分类编码	客户分类名称
1	批发商
2	代理商

（6）客户档案

客户档案如表 3-6 所示。

表 3-6　客户档案

客户编号	客户名称	客户简称	所属分类码	所属地区码	税号	开户银行	账号	分管部门	专管业务员
001	北京唯品贸易城	唯品	1	1	110115348985499	工行北京分行	11015892349	供销部	王曼

续表

客户编号	客户名称	客户简称	所属分类码	所属地区码	税号	开户银行	账号	分管部门	专管业务员
002	山东鲁阳经贸有限公司	鲁阳	1	1	370102388432285	工行山东分行	22100032341	供销部	王曼
003	福建银泰贸易有限责任公司	银泰	2	2	350111348792851	工行福建分行	44210499852	供销部	王曼

（7）供应商分类

本企业只有几个主要供应商，长期稳定，不需要分类管理。

（8）供应商档案

供应商档案如表 3-7 所示。

表 3-7　供应商档案

供应商编号	供应商名称	供应商简称	所属分类码	所属地区码	税号	开户银行	账号	分管部门	分管业务员
001	北京天翼不锈钢有限公司	天翼	00	1	110115000102972	工行北京分行	01099888890	供销部	王曼
002	上海鸿飞科技有限公司	鸿飞	00	2	360403348792851	工行上海分行	24318792378	供销部	王曼

（9）外币设置

本企业采用固定汇率核算外币，外币只涉及美元一种，美元币符假定为$，2013 年 1 月初汇率为 6.36。

（10）会计科目

本企业常用会计科目及期初余额如表 3-8 所示。

表 3-8　常用会计科目及期初余额

科目名称及编号	辅助核算	方向	币别/计量	期初余额	备注
库存现金（1001）	日记账	借		13 622.20	修改
银行存款（1002）	日记账、银行账	借		189 285.02	修改
中行存款（100201）	日记账、银行账	借		189 285.02	新增
人民币户（10020101）	日记账、银行账	借		189 285.02	新增
美元户（10020102）	日记账、银行账	借	美元		新增
应收票据（1121）	客户往来	借			修改
应收账款（1122）	客户往来	借		407 600.00	修改
预付账款（1123）	供应商往来	借			修改
其他应收款（1221）	个人往来	借		8 500.00	修改
坏账准备（1231）		贷		4 000.00	
材料采购（1401）		借		-15 000.00	
原材料（1403）		借		411 890.00	

续表

科目名称及编号	辅助核算	方　向	币别/计量	期初余额	备　注
钢材（140301）	数量核算	借	张	109 420.00	新增
			数量	740	
温控器（140302）	数量核算	借	个	6 000.00	新增
			数量	250	
手柄（140303）	数量核算	借	个	2 400.00	新增
			数量	320	
底座（140304）	数量核算	借	个	17 500.00	新增
			数量	250	
加热底盘（140305）	数量核算	借	个	4 320.00	新增
			数量	290	
自制半成品（140306）	数量核算	借	个	272 250.00	新增
			数量	3 700	
库存商品（1405）		借		701 160.00	
固定资产（1601）		借		8 955 000.00	
累计折旧（1602）		贷		960 397.22	
无形资产（1701）		借		485 000.00	
应付票据（2201）	供应商往来	贷			修改
应付账款（2202）	供应商往来	贷		63 080.00	修改
预收账款（2203）	客户往来	贷			修改
应付职工薪酬（2211）		贷		291 471.26	
应付工资（221101）		贷		204 855.16	新增
应付福利费（221102）		贷			新增
社会保险费（221103）		贷		46 006.3	新增
住房公积金（221104）		贷		26 704.8	新增
工会经费（221105）		贷		13 905	新增
职工教育经费（221106）		贷			新增
应交税费（2221）		贷		120 040.34	
应交增值税（222101）		贷			新增
进项税额（22210101）		借		-390 767.68	新增
销项税额（22210105）		贷		495 203.96	新增
转出未交增值税（22210106）		贷		-104 436.28	新增
未交增值税（222102）		贷		104 436.28	新增
应交个人所得税（222105）		贷		3 071.71	新增
应交城市维护建设税（222106）		贷		7 310.54	新增
应交教育费附加（222107）		贷		5 221.81	新增
长期借款（2501）		贷		600 000.00	

续表

科目名称及编号	辅助核算	方向	币别/计量	期初余额	备注
实收资本（4001）		贷		6 000 000.00	
本年利润（4103）		贷		1 632 546.06	
利润分配（4104）		贷		2 236 271.2	
未分配利润（410415）		贷		2 236 271.2	新增
生产成本（5001）		借		750 748.86	
直接材料（500101）	项目核算	借		713 932	新增
直接人工（500102）		借		36 816.86	新增
制造费用（500103）		借			新增
折旧费 （500104）		借			新增
其他 （500105）		借			新增
制造费用（5101）		借			
工资（510101）		借			新增
折旧费（510102）		借			新增
其他（510103）		借			新增
主营业务收入（6001）	项目核算	贷			修改
其他业务收入（6051）		贷			
主营业务成本（6401）	项目核算	借			修改
营业税金及附加（6403）		借			
其他业务成本（6402）		借			
销售费用（6601）		借			
薪资（660101）		借			复制
福利费（660102）		借			复制
办公费（660103）		借			复制
差旅费（660104）		借			复制
招待费（660105）		借			复制
折旧费（660106）		借			复制
其他（660107）		借			复制
管理费用（6602）		借			
薪资（660201）	部门核算	借			新增
福利费（660202）	部门核算	借			新增
办公费（660203）	部门核算	借			新增
差旅费（660204）	部门核算	借			新增
招待费（660205）	部门核算	借			新增
折旧费（660206）	部门核算	借			新增
其他（660207）		借			新增
财务费用（6603）		借			新增

续表

科目名称及编号	辅助核算	方　向	币别/计量	期初余额	备　注
利息支出（660301）		借			新增
手续费（660302）		借			新增

利用增加、修改、成批复制等功能完成对会计科目的编辑，最后指定现金、银行存款会计科目。

（11）凭证类别

凭证类别如表 3-9 所示。

表 3-9　凭证类别

凭证分类	限制类型	限制科目
收款凭证	借方必有	1001,1002
付款凭证	贷方必有	1001,1002
转账凭证	凭证必无	1001,1002

（12）项目目录

项目目录如表 3-10 所示。

表 3-10　项目目录

项目大类 / 项目分类 / 项目 / 核算科目	产品			
项目分类	电热水壶		…	
项目	轻巧型电热水壶	豪华型电热水壶	…	…
500101 直接材料	是			
6001 主营业务收入	是			
6402 主营业务成本	是			

（13）结算方式

结算方式如表 3-11 所示。

表 3-11　结算方式

结算方式编码	结算方式名称	票据管理
1	现金结算	否
2	支票结算	否
201	现金支票	是
202	转账支票	是
3	银行汇票	否
4	商业汇票	否
401	商业承兑汇票	否
402	银行承兑汇票	否

由于企业基础数据之间存在前后承接关系（如必须在设置客户分类的基础上再设置客户档案），因此，基础档案的设置应遵从一定的顺序。

3. 单据设置

不同企业各项业务处理中使用的单据可能存在细微的差别，用友 ERP-U8 管理软件中预置了常用单据模板，而且允许用户对各单据类型的多个显示模板和多个打印模板进行设置，以满足企业个性化的单据格式需求。

3.2 基础设置演练

3.2.1 启用系统

实战演练：由账套主管启用总账系统

1）执行“开始”→“程序”→“用友 ERP-U872”→“企业应用平台”命令，打开“登录”对话框。输入操作员“800”或“于静”；输入密码“1”；从“账套”下拉列表中选择“102 菲尼电器”选项；更改“操作日期”为“2013-01-01”；单击“确定”按钮，进入“UFIDA ERP-U8”窗口。

2）在“基础设置”模块中，执行“基本信息”→“系统启用”命令，打开“系统启用”对话框。

3）选择“GL 总账”选项，打开“日历”对话框，选择“2013-01-01”，如图 3-1 所示。

图 3-1　以账套主管的身份进行系统启用设置

4）单击“确定”按钮，系统提示“确实要启用当前系统吗？”单击“是”按钮返回。

5）启动其他系统，包含“应收款管理”、“应付款管理”、“固定资产”，“库存管理”、“存货核算”、“薪资管理”等。

注意：

- 只有账套主管才有权在企业应用平台中进行系统启用。
- 各系统的启用时间必须大于等于账套的启用时间，账套启用时间在“系统启用”对话框中的右上角显示。

3.2.2 录入基础档案

按照以上整理的基础资料，以账套主管于静的身份登录将以上基础资料录入系统。以下仅针对其中部分档案录入进行说明，未做说明的档案自行录入即可。

1. 设置部门档案

这里的部门是指与企业财务核算或业务管理相关的职能单位，不一定与企业设置的现存部门一一对应。设置部门档案的目的在于按部门进行数据汇总和分析。

实战演练：录入部门档案

1）在企业应用平台“基础设置”模块中，执行“基础档案”→“机构人员”→“部门档案”命令，进入“部门档案”窗口。

2）单击“增加”按钮，输入部门编码、部门名称信息，单击“保存”按钮。

注意：

在未建立职员档案前，不能选择输入负责人信息。待职员档案建立完成后，通过“修改”功能补充输入负责人信息。

2. 建立人员类别

人员类别与工资费用的分配、分摊有关，工资费用的分配及分摊是薪资管理系统的一项重要功能。人员类别设置的目的是为工资分摊生成凭证设置相应的入账科目做准备，可以按不同的入账科目需要设置不同的人员类别。

实战演练：录入人员类别

1）在“基础设置”模块中，执行“基础档案”→“机构人员”→“人员类别”命令，进入“人员类别”窗口。

2）在左侧窗口中选择“在职人员”人员类别，单击“增加”按钮，按实验资料在在职人员下增加人员类别。

3. 设置人员档案

人员档案的作用是设置企业的全体员工，对参与业务活动的员工标注为“业务员”，对可以使用系统的人员标注为“操作员”。

实战演练：录入人员档案

1）在“基础设置”模块中，执行“基础档案”→“机构人员”→“人员档案”命令，进入“人员列表”窗口。

2）在左侧窗口中选择“部门分类”下的“企业管理部”选项。

3）单击“增加”按钮，按实验资料输入人员信息。

注意：

- 此处的人员档案应该包括企业所有员工。
- 如果该员工需要在其他档案或其他单据的“业务员”项目中被参照，需要选中“是否业务员”复选框。

4. 建立地区分类

如果需要对客户或供应商按地区进行统计，就应该建立地区分类体系。（操作步骤略）

5. 建立客户分类

当企业的往来客户较多时，可以按照某种分类标准对客户进行分类管理，以便分类汇总统计。可以根据合作时间将客户分为长期客户、中期客户和短期客户；也可以按信用等级分类，或按客户所属行业分类。

客户档案必须建立在最末级客户分类之下。（操作步骤略）

6. 建立客户档案

客户是企业的重要资源。手工方式下，客户详细信息掌握在相应业务员手中，一旦业务员工作变动，就会遗失大量客户信息，给企业带来损失。建立计算机管理系统时，需要全面整理客户资料并录入系统，以便有效地管理客户、服务客户。

客户档案按客户信息类别分为“基本”、“联系”、“信用”、“其他”几个选项卡存放。“基本”选项卡中主要记录客户的基本信息，如客户编码、客户名称、客户简称、税号等。客户名称与客户简称的用法有所不同，客户名称要输入客户全称，用于销售发票的打印；客户简称主要用于录入业务单据时屏幕上的参照显示。如果企业为一般纳税人，还要输入税号，否则专用销售发票中的税号栏为空。“联系”选项卡中几乎包括了企业的各种联系方式，还可以记录该客户默认的发货地址、发货方式和发货仓库。“信用”选项卡中有关客户信用的相关数据，有些数据是根据本企业的信用政策，结合该客户往年的销售量及信用情况评定计算的，如扣率、信用等级；有些数据与应收账款系统直接相连，如应收余额、最后交易日期、最后交易金额、最后收款日期、最后收款金额，它们反映了该客户的当前信用情况。“其他”选项卡中记录了客户的专管部门、专管业务员等信息。

建立客户档案时，客户开户银行及账号需要在增加完客户档案后单击“银行”按钮，打开“客户银行档案”对话框录入。分管部门和专管业务员在“联系”选项卡中录入。

7. 建立供应商档案

操作步骤略。

8. 外币设置

企业如果有外币核算业务，需要事先进行外币及汇率的设置。此后，在填制凭证时如果使用了外币核算科目，系统会自动调用在此处设置的汇率，避免了用户重复录入汇率的工作量，也可有效避免差错的发生。

外币设置时需要定义以下项目。

1）币符及币名：定义外币的表示符号及其中文名称。

2）汇率小数位：定义外币的汇率小数位数。

3）折算方式：分为直接汇率与间接汇率两种。直接汇率即“外币*汇率=本位币”，间接汇率即“外币/汇率=本位币”。

4）外币最大误差：在记账时，如果外币*（或/）汇率-本位币>外币最大误差，则系统给予提示，系统默认最大折算误差为 0.000 01，即不相等时就提示。

5）固定汇率与浮动汇率：对于使用固定汇率（即使用月初或年初汇率）作为记账汇率的用户，在填制每月的凭证前，应预先在此录入该月的记账汇率，否则在填制该月外币凭证时，将会出现汇率为零的错误，对于使用变动汇率（即使用当日汇率）作为记账汇率的用户，在填制凭证的当天，应预先在此录入该天的记账汇率。

注意：

- 这里的汇率管理只提供录入汇率的功能，对于制单时使用固定汇率还是浮动汇率仅取决于总账系统选项的定义。
- 如果使用固定汇率，则应在每月月初录入记账汇率（即期初汇率），月末计算汇兑损益时录入调整汇率（即期末汇率）；如果使用浮动汇率，则应每天在此录入当日汇率。

实战演练：录入外币

1）在企业应用平台“基础设置”模块中，执行“基础档案”→“财务”→“外币设置”命令，打开“外币设置”对话框。

2）输入币符“$”，币名“美元”，其他项目采用默认值，单击“确认”按钮。

3）输入“2013.01”月份的记账汇率“6.36000”，按回车键确认，如图 3-2 所示。

4）单击“退出”按钮，完成外币设置。

9. 会计科目

设置会计科目是会计核算方法之一，它用于分门别类地反映企业经济业务，是登记账簿、编制会计报告的基础。用友 ERP-U8 管理软件中预置了现行会计制度规定的一级会计科目和部分二级会计科目；企业可根据本单位实际情况修改科目属性并补充明细科目。

（1）设置会计科目的原则

设置会计科目时，应该注意以下问题。

1）会计科目的设置必须满足会计报表编制的要求，凡是报表所用数据，需从系统取数的，必须设立相应科目。

2）会计科目要保持相对稳定。

3）设置会计科目要考虑各子系统的衔接。在总账系统中，只有末级会计科目才允许有发生额，才能接收各个子系统转入的数据，因此，要将各个子系统中的核算科目设置为末级科目。

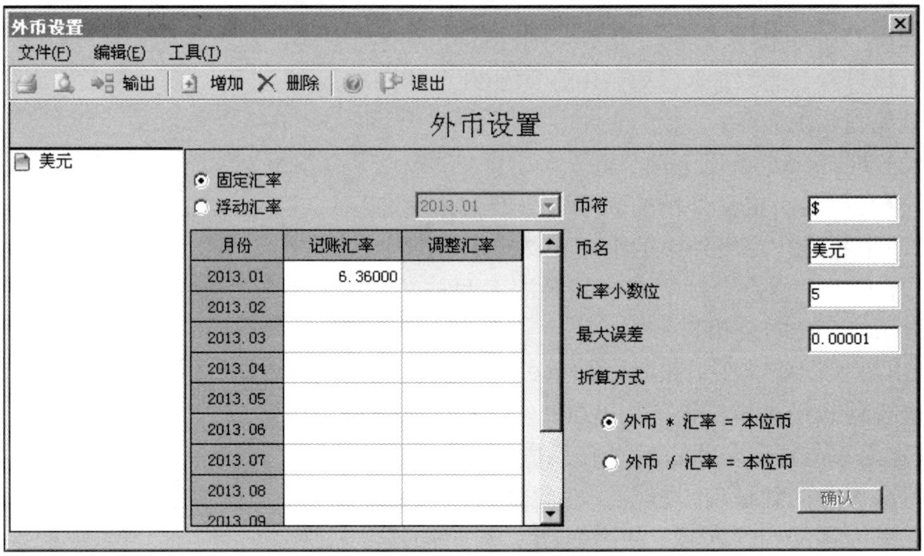

图 3-2　外币设置

一般来说，为了充分体现计算机管理的优势，在企业原有的会计科目基础上，应对以往的一些科目结构进行优化调整，而不是完全照搬照抄。例如，当企业规模不大，往来业务较少时，可采用和手工方式一样的科目结构及记账方法，即将往来单位、个人、部门、项目通过设置明细科目来进行核算管理；而对于一个往来业务频繁，清欠、清理工作量大，核算要求严格的企业来说，应该采用总账系统提供的辅助核算功能进行管理，即将这些明细科目的上级科目设为末级科目并设为辅助核算科目，并将这些明细科目设为相应的辅助核算目录。一个科目设置了辅助核算后，它所发生的每一笔业务将会登记在总账和辅助明细账上。

例如，未使用辅助核算功能，科目设置如表 3-12 所示。

表 3-12　未使用辅助核算功能的科目设置

科目编码	科目名称
1122	应收账款
112201	北京石化公司
112202	天津销售分公司
…	
1221	其他应收款
122101	差旅费应收款
12210101	王坚
12210102	李默
122102	私人借款
12210201	王坚
12210202	李默
…	

续表

科 目 编 码	科 目 名 称
1401	材料采购
140101	甲材料
140102	乙材料
…	
1604	在建工程
160401	工程物资
16040101	A 部门
16040102	B 部门
…	
6602	管理费用
660201	办公费
66020101	A 部门
66020102	B 部门
…	

启用总账系统的辅助核算功能进行核算时，可将科目设置成表 3-13 所示的样式。

表 3-13　启用辅助核算功能的科目设置

科 目 编 码	科 目 名 称	辅 助 核 算
1122	应收账款	客户往来
1221	其他应收款	
122101	差旅费应收款	个人往来
122102	私人借款	个人往来
1401	材料采购	项目核算
1604	在建工程	
160401	工程物资	部门项目
6602	管理费用	
660201	办公费	部门核算

（2）增加会计科目

由于系统内已预置了行业一级科目，因此企业需要增加的主要是明细科目。增加会计科目时需要输入以下内容。

1）科目编码。科目编码就是按科目编码方案对每一科目进行编码定义。对科目进行编码便于反映上下级会计科目间的逻辑关系；便于计算机识别和处理，将会计科目编码作为数据处理的关键字，便于检索、分类及汇总；减少输入工作量，提高输入速度；促进会计核算的规范化和标准化。设置会计科目编码时应注意：一级会计科目编码要符合会计制度的统一要求，明细科目编码要满足建账时设定的编码规则。

2）科目名称。分为科目中文名称和科目英文名称，两者不能同时为空。科目汉字名称是证、账、表上显示和打印的标志，必须意义明确、用语规范、尽量避免重名。

3）科目类型。按会计科目性质对会计科目进行划分。按照会计制度规定，科目类型分为五大类，即资产、负债、所有者权益、成本、损益。由于一级科目编码的首位数字与科目类型有直接的对应关系，即科目大类代码“1=资产”，“2=负债”，“3=共同”，“4=所有者权益”，“5=成本”，“6=损益”，因此，系统可以根据科目编码自动识别科目类型。

4）账页格式。规定了查询和打印时该科目的会计账页形式。账页格式一般分为金额式、外币金额式、数量金额式、数量外币式几类。一般情况下，有外币核算的科目可设为外币金额式，有数量核算的科目可设为数量金额式，既有外币又有数量核算的科目可设为外币数量式，既无外币又无数量核算的科目可设为金额式。

5）外币核算。该科目是否核算外币，如果是，需要选择外币种类。一个科目只能核算一种外币。

6）数量核算。用于设定该科目是否有数量核算，以及数量计量单位。计量单位可以是任何汉字或字符，如千克、件 、吨等。

7）汇总打印。在同一张凭证中当某科目或有同一上级科目的末级科目有多笔同方向的分录时，如果希望将这些笔分录按科目汇总成一笔打印，则需要将该科目设置为“汇总打印”，汇总到的科目设置成该科目的本身或其上级科目。

8）封存。被封存的科目在制单时不可以使用。

9）科目性质。增加登记在借方的科目，科目性质为借方；增加登记在贷方的科目，科目性质为贷方。只能在一级科目设置科目性质，下级科目的科目性质与其一级科目的相同。已有数据的科目不能再修改科目性质。

10）辅助核算。也叫辅助账类，用于说明本科目是否有其他核算要求，系统除完成一般的总账、明细账核算外，还提供以下几种专项核算功能：部门核算、个人往来核算、客户往来核算、供应商往来核算、项目核算。

辅助核算是 ERP 财务管理系统的优势特色之一。在传统的手工处理方式下，一般是采用设置明细科目的方式来满足特殊的细化核算要求。如管理者需要了解每月各职能部门各项费用的发生情况，在手工方式下通常这样设置科目，如表 3-14 所示。

表 3-14　手工方式下的科目设置

<table>
<tr><th>科 目 名 称</th><th>科 目 级 别</th></tr>
<tr><td>管理费用</td><td>一级科目</td></tr>
<tr><td>办公费</td><td>二级科目</td></tr>
<tr><td>一部门</td><td rowspan="5">三级科目</td></tr>
<tr><td>二部门</td></tr>
<tr><td>三部门</td></tr>
<tr><td>…</td></tr>
<tr><td>十部门</td></tr>
<tr><td>差旅费</td><td>二级科目</td></tr>
</table>

续表

科目名称	科目级别
一部门	三级科目
二部门	
三部门	
…	
十部门	
招待费	二级科目
一部门	三级科目
二部门	
三部门	
…	
十部门	
报刊费	二级科目
…	

假定管理费用下分设了 10 个费用项目，企业内设了 10 个职能部门，那么就要设置 100 个明细科目。月末如果领导需要“部门费用明细表”，还要查询 100 个明细账才能提供准确的数据。ERP 管理软件借助辅助核算功能采用了全新的设计思路，它保留了一级科目和按费用项目设置的二级科目，共 11 个，将这些科目设置为“部门核算”；将部门提取出来设置为部门目录。待业务发生填制凭证时，只要用到部门辅助核算的科目，系统自动提示输入部门信息，将业务发生数据记入部门。查账时，系统提供部门辅助账，以部门为对象归集相关费用，简单方便。可见，采用辅助核算方式可以简化科目设置，方便信息查询。

一般地，收入或费用类科目可设部门辅助核算，日常运营中当收入或费用发生时系统要求实时确认收入或费用的部门归属，记账时同时登记总账、明细账和部门辅助账；其他应收款可设为个人往来核算，用于详细记录内部职工的借款情况；与客户的往来科目，如应收账款、应收票据、预收账款可设成客户往来核算；应付账款、应付票据、预付账款可设成供应商往来核算；在建工程及收入成本类科目可设成项目核算，用于按项目归集收入或费用。

一个科目可同时设置两种专项核算，如主营业务收入既想核算各部门的使用情况也想了解各项目的使用情况，那么，可以同时设置部门核算和项目核算。个人往来核算不能与其他专项一同设置，客户与供应商核算不能一同设置。辅助账类必须设在末级科目上，但为了查询或出账方便，有些科目也可以在末级科目和上级科目同时设辅助账类。但若只在上级科目设辅助账核算，系统将不承认。

注意：

- 银行存款科目要按存款账户设置，需进行数量、外币核算的科目要按不同的数量单位、外币单位建立科目。
- 只有会计科目修改状态才能设置汇总打印和封存。只有末级科目才能设置汇总打印，且汇总到的科目必须为该科目本身或其上级科目。当将该科目设成汇总打印时，系统登记明细账仍按明细登记，而不是按汇总数登记，此设置仅供凭证打印输出。

11）日记账。手工核算下，只对现金和银行科目记日记账，计算机环境下，突破了记账速度这个瓶颈，企业可以根据管理需要设置对任意科目记日记账。

12）银行账。对银行科目需要设置银行账。填制凭证时如果使用设置了银行账的科目需要输入结算方式辅助核算信息，以方便今后进行银行对账，也可以进行支票登记。

注意：

- 增加会计科目时，应先建立上级科目，再增加下级科目。
- 如果某科目已经使用，又需要在该科目下增设下级科目，则系统自动将该科目中数据自动转入在其下增设的第一个明细科目上。

实战演练：增加会计科目

1）在企业应用平台“基础设置”模块中，执行“基础档案”→“财务”→“会计科目”命令，进入“会计科目”窗口。

2）单击“增加”按钮，打开“新增会计科目”对话框，如图 3-3 所示。

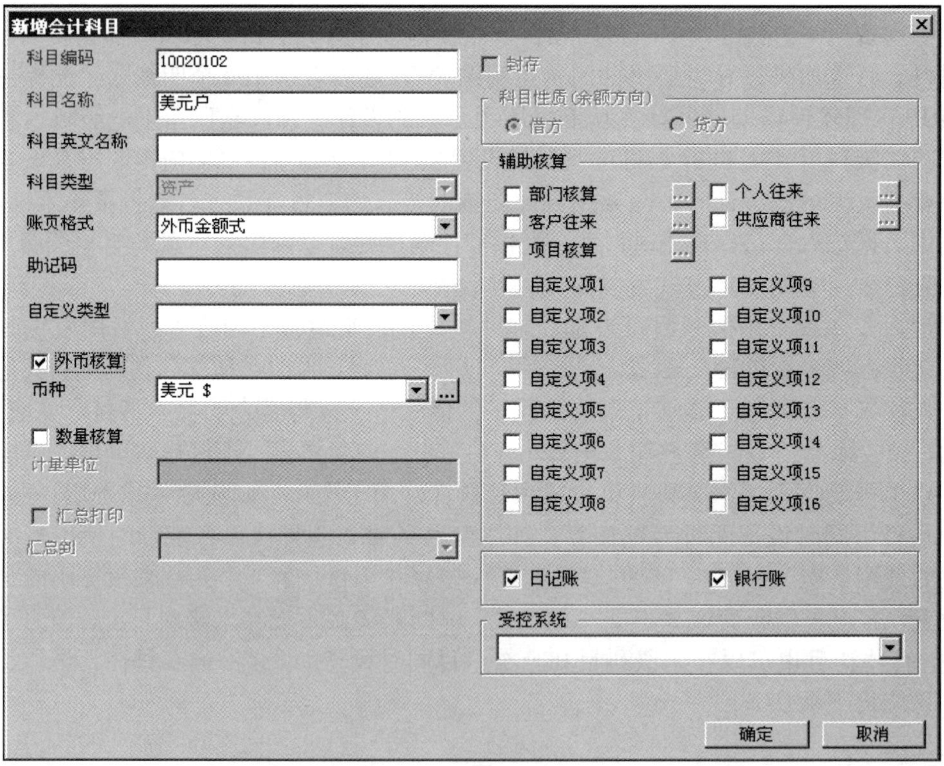

图 3-3　增加会计科目

3）按实验资料输入各个项目，单击“确定”按钮保存。

注意：

销售费用下的明细科目用“成批复制”功能增加。

（3）利用“成批复制”功能增加会计科目

当完成管理费用下明细科目的增加后，可以利用系统提供的“成批复制”功能增加销售费用下的明细科目，以减轻增加科目的工作量。

实战演练：复制会计科目

1）在“会计科目”窗口中，执行“编辑”→“成批复制”命令，打开“成批复制”对话框。

2）输入复制源科目编码“6602”和目标科目编码“6601”，取消选中“辅助核算”复选框，如图 3-4 所示。

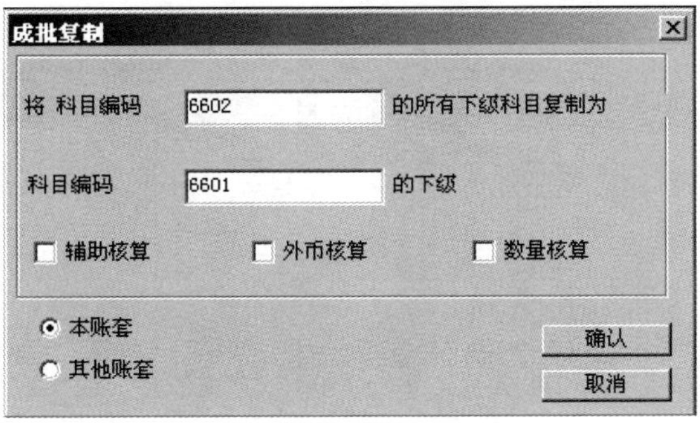

图 3-4　成批复制会计科目

3）单击“确认”按钮，保存。

（4）修改或删除会计科目

系统预置的科目中没有指定科目的辅助核算内容，如现金科目未设置日记账核算、应收账款未指定客户往来核算，因此需要对实验资料中标注了辅助核算的科目进行修改，以补充指定科目的辅助核算内容。

如果需要对已建立会计科目的某些属性进行修改，如账页格式、辅助核算、汇总打印、封存标识等，可以通过系统提供的“修改”功能来完成。

如果会计科目未经使用，也可通过“删除”功能来删除。删除会计科目时应遵循“自下而上”的原则。

注意：

- 如果科目已录入期初余额或已制单，则不能删除。
- 非末级会计科目不能删除。
- 被指定为“现金科目”、“银行科目”的会计科目不能删除；如想删除，必须先取消指定。
- 科目一经使用，即已输入凭证，不允许修改或删除。

（5）指定会计科目

指定会计科目是指定出纳的专管科目，一般指现金科目和银行存款科目。指定科目后，才能执行出纳签字，从而实现现金、银行管理的保密性，才能查看现金、银行存款日记账。

实战演练：指定会计科目

1）在“会计科目”窗口中，执行“编辑”→“指定科目”命令，打开“指定科目”对话框。

2）点选“现金科目”单选按钮，从“待选科目”列表中选择“1001 库存现金”选项，单击“>”按钮，将“1001 库存现金”科目添加到“已选科目”列表中。

3）同理，将银行存款科目设置为银行总账科目，如图 3-5 所示。

4）单击“确定”按钮，保存。

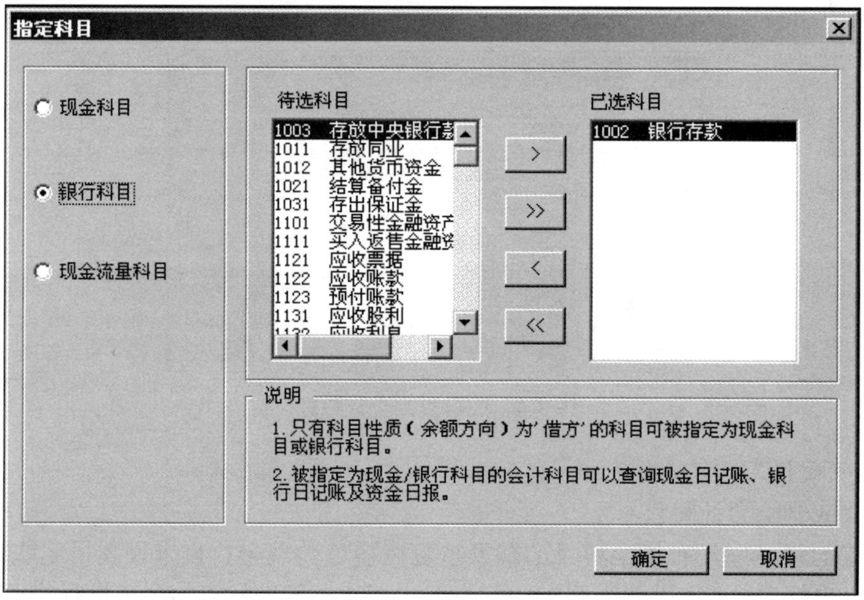

图 3-5 指定科目

10. 凭证类别

在手工环境下，企业多采用收、付、转 3 类凭证或银、现、转 3 类凭证，还有划分为银收、银付、现收、现付、转 5 类凭证的，当然，还有更复杂的分类。为什么要对凭证分类呢？其深层原因有两个：一是不同类别的凭证可以印制成不同的颜色，有些凭证只需要填写对方科目，节省书写的工作量；另一个原因是便于分类统计汇总。仔细探究这样两个原因不难看出，转换到计算机环境后，以上两个问题已经不是问题了，因此，对凭证进行分类已经不再需要了。

在信息化环境下，如果有多种凭证分类，为了防止填制凭证时将凭证类别选错，系统一般都会提供限制类型及限制科目功能，如借方必有、贷方必有、凭证必有、凭证必无、借方必无、贷方必无等。对于收款凭证可以设置为“借方必有 1001、1002”；付款凭证可以设置为“贷方必有 1001、1002”；转账凭证可以设置为“凭证必无 1001、1002”；现金凭证可以设置为“凭证必有 1001”；银行凭证可以设置为“凭证必有 1002”。

实战演练：设置凭证类别

1）在企业应用平台“基础设置”模块中，执行“基础档案”→“财务”→“凭证类别”命令，打开“凭证类别预置”对话框。

2）点选“收款凭证 付款凭证 转账凭证”单选按钮。

3）单击“确定”按钮，打开“凭证类别”对话框。

4）单击“修改”按钮，双击“限制类型”，出现下拉箭头，在下拉列表中选择“借方必有”选项，选择或输入限制科目“1001,1002”，如图 3-6 所示。

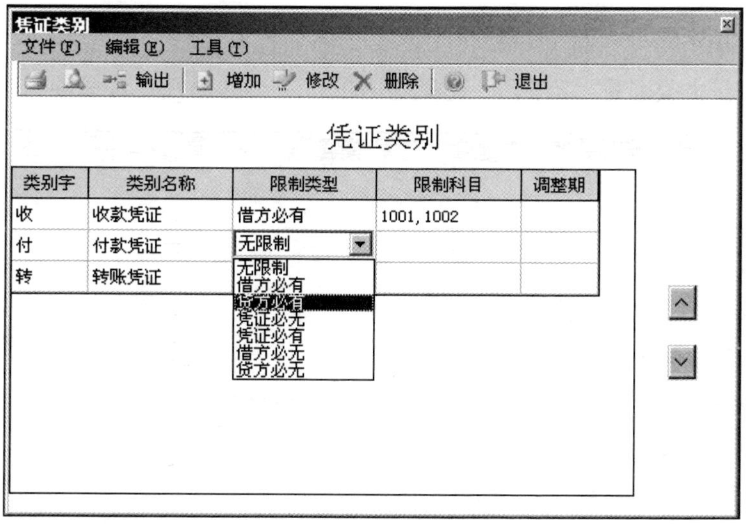

图 3-6　凭证类别设置

注意：

限制科目之间一定为半角符号。

5）同样，设置其他限制类型和限制科目。

11. 项目目录

项目可以是工程，可以是订单，也可以是产品，总之，我们可以把需要单独计算成本或收入的这样一种对象都视为项目。在企业中通常存在多种不同的项目，对应地在软件中可以定义多类项目核算，将具有相同特性的一类项目定义为一个项目大类，为了便于管理，对每个项目大类还可以进行细分类，在最末级明细分类下再建立具体的项目档案。为了在业务发生时将数据准确归入对应的项目，需要在项目和已设置为项目核算的科目间建立对应关系。这是不是有些复杂呢？其实，只要遵循以下的提示就可以快速建立项目档案。

1）定义项目大类。定义项目大类包括指定项目大类名称、定义项目级次和定义项目栏目 3 项工作。项目级次是确定该项目大类下所管理的项目的级次及每级的位数。项目栏目是针对项目属性的记录。例如，定义项目大类“工程”，“工程”下又分了一级，设置 1 位数字即可，“工程”要记录的必要内容如“工程号”、“工程名称”、“负责人”、“开工日期”、“完工日期”等可作为项目栏目。

2）指定核算科目。指定设置了项目辅助核算的科目具体要核算哪一个项目，建立项目与核算科目之间的对应关系。

3）定义项目分类。例如，将“工程”分为“自建工程”和“外包工程”。

4）定义项目目录。定义项目目录是将每个项目分类中所包含的具体项目录入系统。具体每个项目录入哪些内容取决于项目栏目的定义。

实战演练：建立项目目录

1）在企业应用平台“基础设置”模块中，执行“基础档案”→“财务”→“项目目录”命令，打开“项目档案”对话框。

2）单击“增加”按钮，打开“项目大类定义增加”对话框。

3）输入新项目大类名称“产品”，选择新增项目大类的属性“普通项目”，如图 3-7 所示。

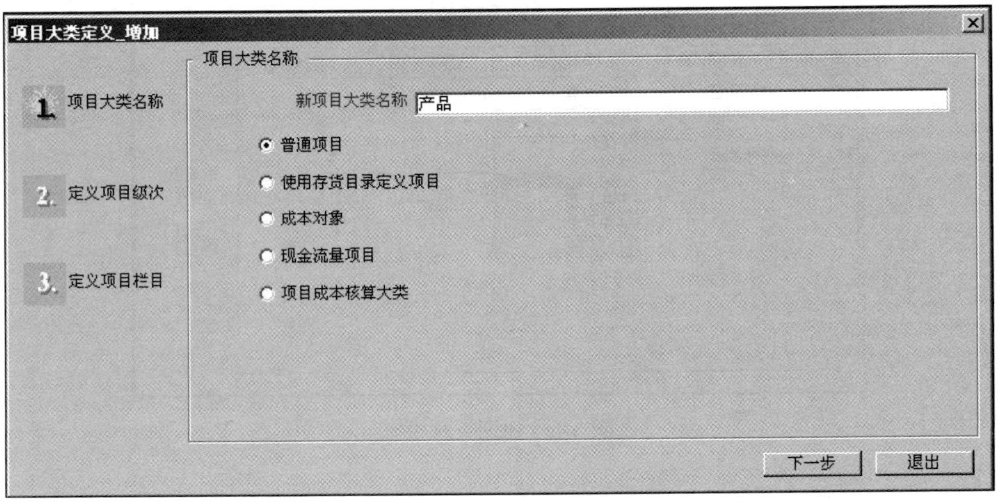

图 3-7　新增项目大类

4）单击“下一步”按钮，设定项目级次：一级 1 位，如图 3-8 所示。

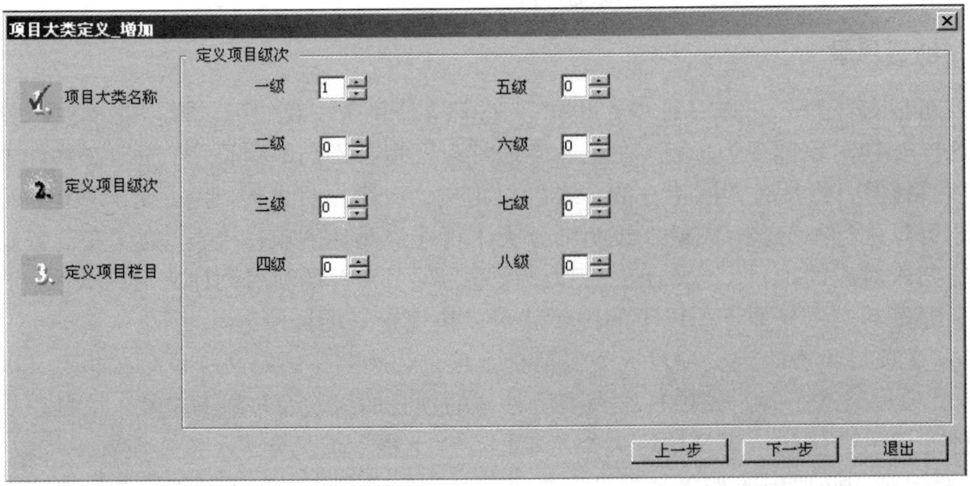

图 3-8　定义项目级次

5）单击“下一步”按钮，定义项目栏目，取系统默认，不做修改。

6）单击“完成”按钮，返回“项目档案”对话框。

7）从“项目大类”下拉列表中选择“产品”选项，选择“核算科目”选项卡，单击 >> 按钮将全部待选科目选择为按产品项目大类核算的科目，单击“确定”按钮保存，如图 3-9 所示。

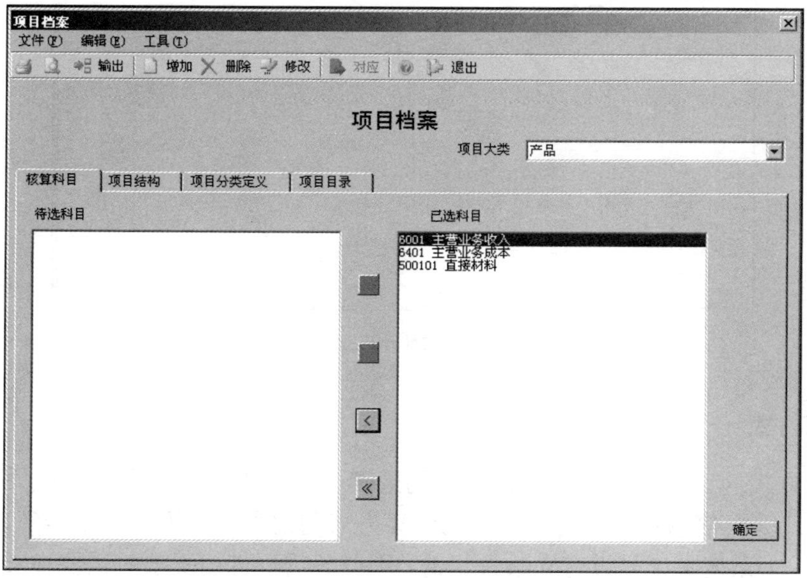

图 3-9　选择项目核算科目

8）选择“项目分类定义”选项卡，输入分类编码“1”，分类名称“电热水壶”，单击“确定”按钮。同理，输入其他项目，如图 3-10 所示。

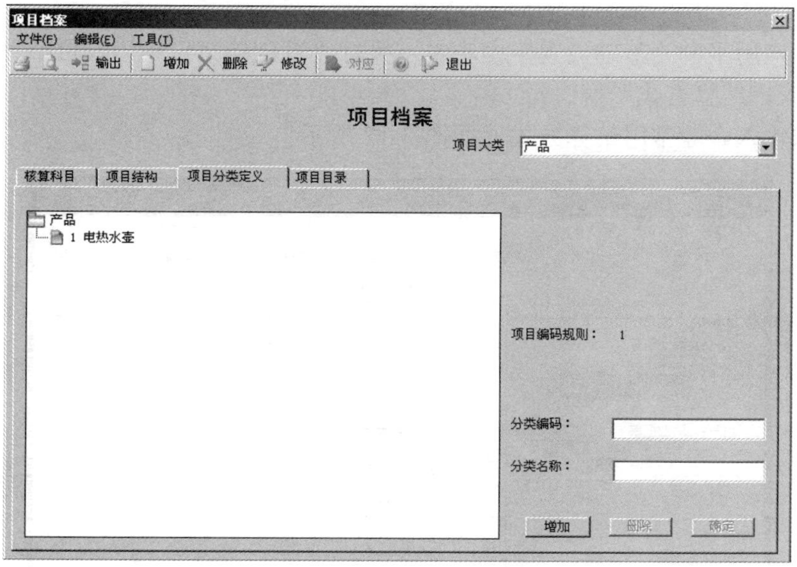

图 3-10　项目分类定义

9）选择“项目目录”选项卡，单击“维护”按钮，进入“项目目录维护”窗口。

10）单击“增加”按钮，输入“轻巧型电热水壶”等项目，如图 3-11 所示。

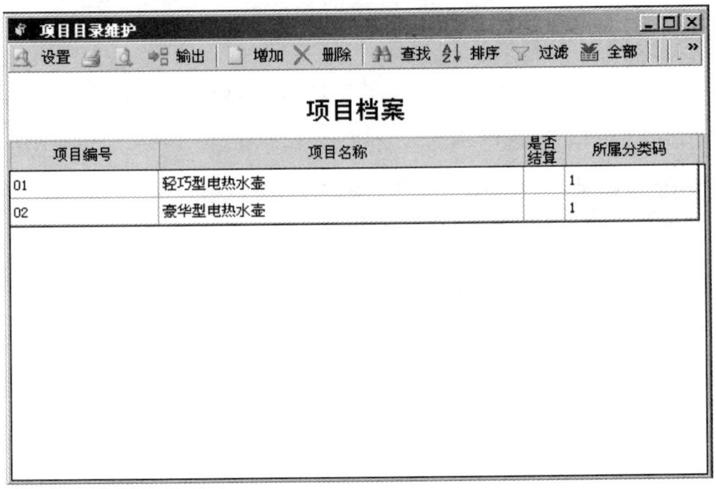

图 3-11　项目目录维护

12．结算方式

设置结算方式的目的一是提高银行对账的效率，二是根据业务自动生成凭证时可以识别相关的科目。计算机信息系统中需要设置的结算方式与财务结算方式基本一致，如现金结算、支票结算等。手工系统中一般设有支票登记簿，因业务需要借用支票时需要在支票登记簿上签字，回来报销支票时再注明报销日期。计算机信息系统中同样提供票据管理的功能，如果某种结算方式需要进行票据管理，只需选中“是否票据管理”复选框即可。

实战演练：设置结算方式

1）在企业应用平台“基础设置”模块中，执行“基础档案”→“收付结算”→“结算方式”命令，进入“结算方式”窗口。

2）按要求输入企业常用结算方式，如图 3-12 所示。

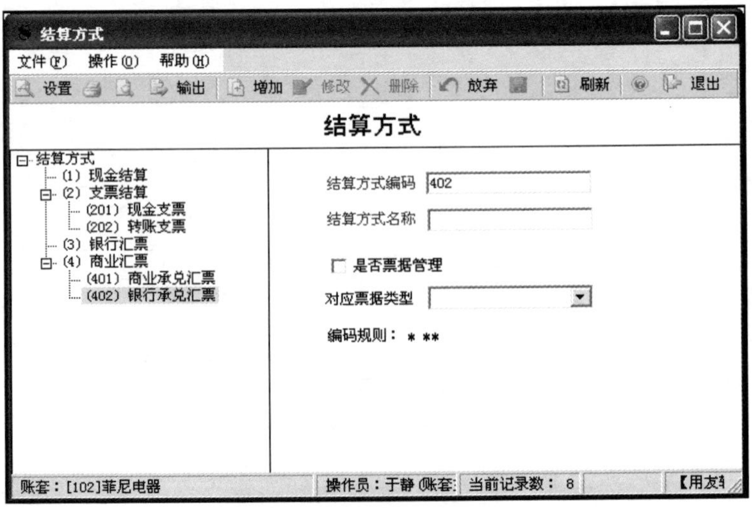

图 3-12　结算方式定义

3.3 拓展应用

3.3.1 企业应用平台

用友 ERP-U8 属于通用管理软件，适用于不同的行业和企业应用，不同企业可以根据自身规模和管理需求选择不同的产品模块，搭建自己的信息化管理平台。企业应用平台的作用：①它是使用者访问用友 ERP-U8 的单一入口；②设置各模块公共信息及基础档案，充分体现数据共享和信息集成的优势；③它是企业进行业务管理的基础平台。

3.3.2 数据权限设置

在系统管理中设置用户权限时，已经将徐乐和李咏设置为仓库主管。但按照菲尼电器的内部控制制度，徐乐管理成品库，李咏管理原料库，这就需要对徐乐和李咏的数据权限进行区分。

因为至此未设置仓库档案，所以不能实战演练数据权限的设置。这里仅做数据权限设置示例。

1）在企业应用平台“系统服务”模块中，执行“权限”→“数据权限控制设置”命令，打开“数据权限控制设置”对话框，选择“仓库”选项，如图 3-13 所示。

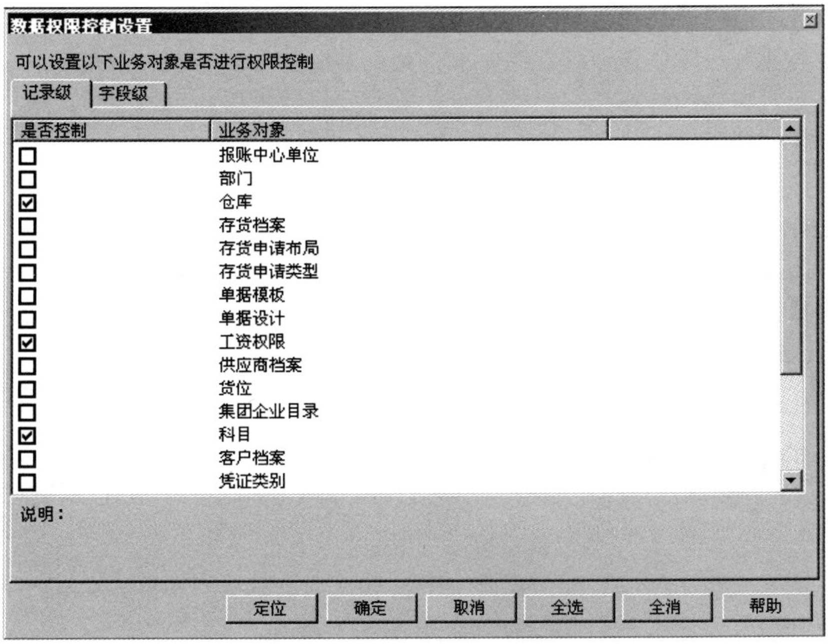

图 3-13 数据权限控制设置

2）执行“权限”|“数据权限分配”命令，打开“权限浏览”对话框。为李咏设置原料库的查询和录入权限，如图 3-14 所示。

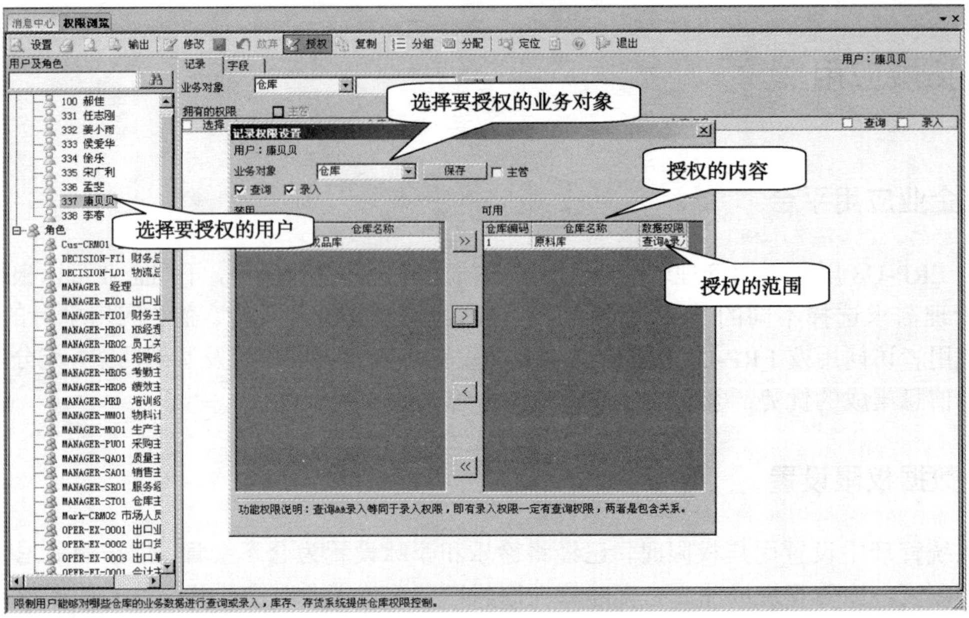

图 3-14　记录级数据权限授权示例

复习思考题

1. 基础设置的重要性是什么？
2. 按照财务业务一体化管理软件的要求，企业需要准备哪些基础数据？
3. 为了加强对客户的管理，客户档案中一般需要设置哪些内容？
4. 如何设置会计科目？
5. 指定会计科目的作用是什么？
6. 用友 ERP-U8 中提供了哪些科目辅助核算功能？
7. 举例说明项目辅助核算的用途？
8. 建立项目档案的程序是怎样的？
9. 结算方式的含义是什么？

实验二　基础档案设置

【实验目的】

1. 理解系统启用的意义，掌握在企业应用平台中进行系统启用的方法。
2. 理解基础档案的作用，掌握基础档案的录入方法。
3. 理解数据权限的意义，掌握设置数据权限的方法。

【实验内容】

1. 系统启用设置。
2. 基础档案设置。

3．数据权限设置。

【实验准备】

引入实验一账套数据。

【实验资料】

1．在企业应用平台中启用总账系统。

2．设置以下基础档案。

（1）部门档案

部门档案如表 3-15 所示。

表 3-15　部门档案

部门编码	部门名称	负责人
1	企管办	郝佳
2	财务部	贾涛
3	采购部	徐乐
4	销售部	
401	销售一部	宋广利
402	销售二部	孟斐
5	生产部	李春

（2）人员类别

企业在职人员分为以下几类，如表 3-16 所示。

表 3-16　人员类别

人员类别编码	人员类别名称
1001	企业管理人员
1002	经营人员
1003	车间管理人员
1004	生产工人

（3）人员档案

人员档案如表 3-17 所示。

表 3-17　人员档案

人员编号	人员姓名	性别	人员类别	行政部门	是否业务员	是否操作员
001	贾涛	男	企业管理人员	财务部	是	
002	任志刚	男	企业管理人员	财务部	是	
003	姜小雨	女	企业管理人员	财务部	是	
004	侯爱华	女	企业管理人员	财务部	是	
005	徐乐	男	经营人员	采购部	是	
006	宋广利	男	经营人员	销售一部	是	
007	孟斐	男	经营人员	销售二部	是	

续表

人员编号	人员姓名	性别	人员类别	行政部门	是否业务员	是否操作员
008	康贝贝	女	生产工人	生产部	是	
009	李春	男	车间管理人员	生产部	是	
100	郝佳	男	企业管理人员	企管办	是	是

（4）地区分类

地区分类如表 3-18 所示。

表 3-18　地区分类

地区分类编码	地区分类名称	地区分类编码	地区分类名称
1	北方区	3	中南区
2	华东区	4	西部区

（5）客户分类

客户分类如表 3-19 所示。

表 3-19　客户分类

客户分类编码	客户分类名称
1	批发商
2	代理商
3	零散客户

（6）客户档案

客户档案如表 3-20 所示。

表 3-20　客户档案

客户编号	客户名称	客户简称	所属分类码	所属地区码	税号	开户银行	账号	分管部门	专管业务员
001	新京城市学院	新京	3	1		工行北京分行	11015892349	销售一部	宋广利
002	思睿科技有限公司	思睿	1	2	5987320101011412	工行上海分行	22100032341	销售二部	孟斐
003	致远科技有限公司	致远	2	1	1203243242342113	工行北京分行	11010499852	销售一部	宋广利

（7）供应商分类

本企业只有几个主要供应商，长期稳定，不需要分类管理。

（8）供应商档案

供应商档案如表 3-21 所示。

（9）外币设置

本企业采用固定汇率核算外币，外币只涉及美元一种，美元币符假定为$，2013 年 1 月初汇率为6.36。

表3-21 供应商档案

供应商编号	供应商名称	供应商简称	所属分类码	所属地区码	税号	开户银行	账号	分管部门	分管业务员
001	启星电子科技有限公司	启星	00	1	110108534875344	工行北京分行	10543982199	采购部	徐乐
002	迅捷科技有限公司	迅捷	00	1	110843543722553	工行北京分行	43828943234	采购部	徐乐

（10）会计科目

本企业常用会计科目及期初余额如表3-22所示。

表3-22 常用会计科目及期初余额

科目名称及编号	辅助核算	方向	币别/计量	期初余额	备注
库存现金（1001）	日记账	借		3 256.20	修改
银行存款（1002）	日记账、银行账	借		189 285.02	修改
中行存款（100201）	日记账、银行账	借		189 285.02	新增
人民币户（10020101）	日记账、银行账	借		189 285.02	新增
美元户（10020102）	日记账、银行账	借	美元		新增
应收票据（1121）	客户往来	借			修改
应收账款（1122）	客户往来	借		75 780.00	修改
预付账款（1123）	供应商往来	借			修改
其他应收款（1221）	个人往来	借		6 800.00	修改
坏账准备（1231）		贷		10 000.00	
材料采购（1401）		借		−41 600.00	
原材料（1403）		借		467 960.00	
CPU芯片（140301）		借		378 000.00	新增
	数量核算（盒）			300.00	
硬盘（140302）		借		68 400.00	新增
	数量核算（盒）			180.00	
鼠标（140303）				21 560.00	
	数量核算（个）			220.00	
库存商品（1405）		借		863 800.00	
固定资产（1601）		借		342 299.00	
累计折旧（1602）		贷		223 471.87	
短期借款（2001）		贷		800 000.00	
应付票据（2201）	供应商往来	贷			修改
应付账款（2202）	供应商往来	贷		144 000.00	修改

续表

科目名称及编号	辅 助 核 算	方 向	币别/计量	期 初 余 额	备 注
预收账款（2203）	客户往来	贷			修改
应付职工薪酬（2211）		贷			
应付工资（221101）		贷		228 571.40	新增
应付福利费（221102）		贷		32 000.00	新增
工会经费（221103）		贷			新增
职工教育经费（221104）		贷			新增
应交税费（2221）		贷		8 200.00	
应交增值税（222101）		贷		8 200.00	新增
进项税额（22210101）		贷		−33 800.00	新增
销项税额（22210105）		贷		42 000.00	新增
实收资本（4001）		贷		500 000.00	
本年利润（4103）		贷			
利润分配（4104）		贷		15 987.69	
未分配利润（410415）		贷		15 987.69	新增
生产成本（5001）		借		54 650.74	修改
直接材料（500101）	项目核算	借		35 000.00	新增
直接人工（500102）		借		17 485.74	新增
制造费用（500103）		借		2 000.00	新增
折旧费　（500104）		借		165.00	新增
其他　（500105）		借			新增
制造费用（5101）		借			
工资（510101）		借			新增
折旧费（510102）		借			新增
其他（510103）		借			新增
主营业务收入（6001）	项目核算	贷			修改
其他业务收入（6051）		贷			
主营业务成本（6401）	项目核算	借			修改
营业税金及附加（6403）		借			
其他业务成本（6402）		借			
销售费用（6601）		借			
薪资（660101）		借			复制
福利费（660102）		借			复制
办公费（660103）		借			复制
差旅费（660104）		借			复制
招待费（660105）		借			复制
折旧费（660106）		借			复制

续表

科目名称及编号	辅助核算	方　向	币别/计量	期初余额	备　注
其他（660107）		借			复制
管理费用（6602）		借			
薪资（660201）	部门核算	借			新增
福利费（660202）	部门核算	借			新增
办公费（660203）	部门核算	借			新增
差旅费（660204）	部门核算	借			新增
招待费（660205）	部门核算	借			新增
折旧费（660206）	部门核算	借			新增
其他（660207）		借			新增
财务费用（6603）		借			
利息支出（660301）		借			新增
手续费（660302）		借			新增

利用增加、修改、成批复制等功能完成对会计科目的编辑，最后指定现金、银行存款会计科目。

（11）凭证类别

凭证类别如表 3-23 所示。

表 2-23　凭证类别

凭证分类	限制类型	限制科目
收款凭证	借方必有	1001,1002
付款凭证	贷方必有	1001,1002
转账凭证	凭证必无	1001,1002

（12）项目目录

项目目录如表 3-24 所示。

表 3-24　项目目录

<table>
<tr><td rowspan="3">项目大类 / 项目分类 / 项目 / 核算科目</td><td colspan="4">产品</td></tr>
<tr><td colspan="2">计算机</td><td>打印机</td><td>软件</td></tr>
<tr><td>台式机</td><td>笔记本</td><td>激光打印机</td><td>杀毒软件</td></tr>
<tr><td>500101 直接材料</td><td colspan="4">是</td></tr>
<tr><td>6001 主营业务收入</td><td colspan="4">是</td></tr>
<tr><td>6402 主营业务成本</td><td colspan="4">是</td></tr>
</table>

（13）结算方式

结算方式如表 3-25 所示。

表 3-25　结算方式

结算方式编码	结算方式名称	票 据 管 理
1	现金结算	否
2	支票结算	否
201	现金支票	是
202	转账支票	是
3	银行汇票	否
4	商业汇票	否
401	商业承兑汇票	否
402	银行承兑汇票	否
9	其他	否

FOUR

第 4 章 总账管理

本章学习目标

- 了解总账系统的主要功能、与 ERP 其他系统间的数据关系
- 熟悉总账系统的操作流程
- 掌握总账系统中各选项的含义
- 理解总账初始化的工作内容
- 掌握如何进行总账日常业务处理
- 理解出纳的主要工作内容
- 掌握总账期末业务处理的主要工作内容
- 掌握在总账中进行各种信息查询的方法

4.1 总账系统的工作原理

4.1.1 总账系统的功能

与手工会计核算中总账的概念不同，手工会计核算中的总账是指总分类账，是根据总分类科目开设账户，用来登记全部经济业务，进行总分类核算，提供总括核算资料的一种分类账簿。在用友 ERP-U8 中，总账是 ERP 财务管理的核心子系统，涵盖针对企业所有的业务进行的凭证处理、复核、记账、各类账簿的查询等全部账务处理工作。具体包括以下几项。

1．总账初始化

总账初始化是由企业用户根据自身的行业特性和管理需求，将通用的总账系统设置为适合企业自身特点的专用系统的过程。总账初始化主要包括系统选项设置和期初数据录入两项内容。

2．凭证管理

凭证是记录企业各项经济业务发生的载体，凭证管理是总账系统的核心功能，主要包括填制凭证、出纳签字、审核凭证、记账、查询打印凭证等。凭证是总账系统数据的唯一来源，为严把数据源的正确性，总账系统设置了严密的制单控制保证凭证填制的正确性。另外，还提供了资金赤字控制、支票控制、预算控制、外币折算误差控制、凭证类型控制、制单金额控制等功能，加强对业务的及时管理和控制。

3．出纳管理

资金收付的核算与管理是企业的重要日常工作，也是出纳的一项重要工作内容。总账系统中的出纳管理为出纳人员提供了一个集成办公环境，可完成现金日记账、银行存款日记账的查询和打印，随时出最新资金日报表，进行银行对账并生成银行存款余额调节表。

4．账簿管理

总账系统提供了强大的账证查询功能。可以查询打印总账、明细账、日记账、发生额余额表、多栏账、序时账等。不仅可以查询到已记账凭证的数据，查询的账表中也可以包含未记账凭证的数据；可以轻松实现总账、明细账、日记账和凭证的联查。

5．辅助核算管理

为了细化企业的核算与管理，总账系统提供了辅助核算管理功能。辅助类型主要包括以下几种：客户往来核算、供应商往来核算、项目核算、部门核算和个人往来核算。利用辅助核算功能，可以简化会计科目体系，使查询专项信息更为便捷。

6．月末处理

总账系统月末处理主要包括自动转账凭证的定义、自动转账凭证的生成、对账和结账等内容。

基于信息化平台的账务处理不仅仅是对手工会计处理方式的简单模拟，而是借助计算机数据运算速度快、海量数据存储和查询方便的特点，从会计科目体系架构、数据分类查询和汇总、精细项目核算等多方面超越了传统会计的局限性，为提升企业管理水平奠定了基础。

4.1.2 总账系统与其他子系统的关系

总账系统属于 ERP 财务管理系统的组成部分，它既可以独立运行，也可以同其他系统协同运转。总账系统与其他子系统之间的数据关系如图 4-1 所示。

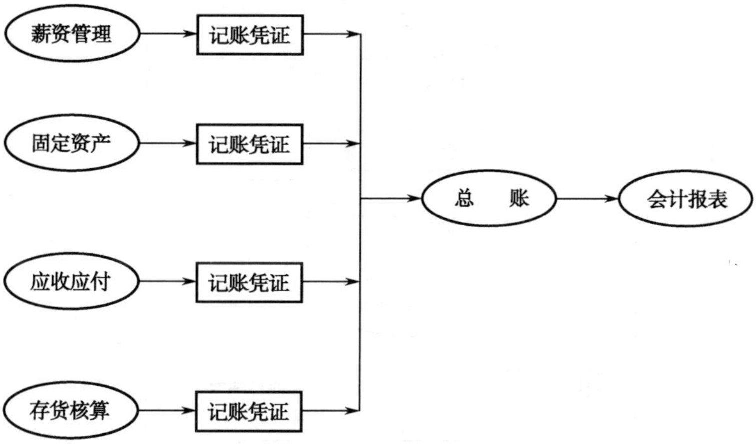

图 4-1　总账系统与其他子系统之间的数据关系

总账系统需要的基础数据在企业应用平台中统一设置。

在总账与应收款管理集成应用模式下，应收款管理系统向总账系统传递销售过程中形成的应收凭证及收款结算形成的收款凭证。

在总账与应付款管理集成应用模式下，应付款管理系统向总账系统传递采购过程中形成的应付凭证及付款结算形成的付款凭证。

薪资管理系统将工资分摊及费用分配的结果形成的凭证传递给总账系统。

固定资产系统将固定资产增加、减少、计提折旧等业务处理产生的凭证传递给总账，通过对账保持固定资产明细记录与总账记录保持平衡。

采购、销售、库存管理等业务处理环节生成的凭证统一通过存货核算系统传递给总账。

各子系统传递到总账中的凭证，需要在总账系统中继续进行审核、记账处理。

4.1.3　总账系统的工作流程

总账系统的应用流程指示了正确使用总账系统的操作顺序，有助于帮助企业实现快速应用。一般来讲，各业务系统的应用大都划分为 3 个阶段：系统初始化、日常业务处理和月末处理，总账系统也遵循这一规律。总账系统的应用流程如图 4-2 所示。

对于图 4-2，需要说明的有两点。

1）系统初始化阶段，与总账相关的基础档案（内框包含的部分）在企业应用平台中进行设置，此处仅为列示，以保持体系的完整性。

2）如果在总账选项中设置了出纳凭证必须由出纳签字、凭证需由主管签字，在凭证处理流程中就必须经过出纳签字、主管签字环节。出纳签字、主管签字与凭证审核没有先后次序之分。

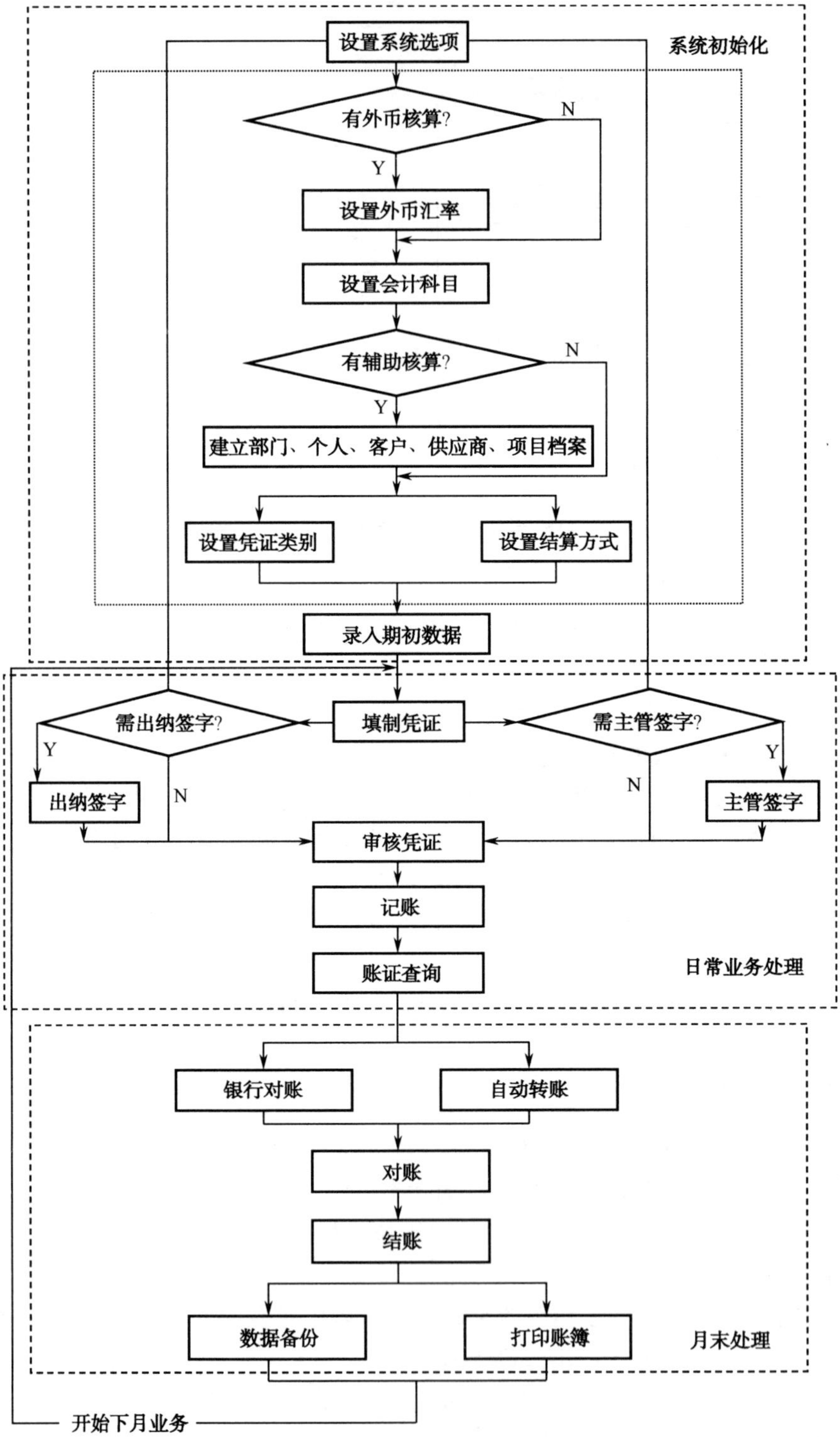

图 4-2　总账系统的应用流程

4.2 总账初始化演练

4.2.1 总账选项设置

为了最大范围地满足不同企业用户的信息化应用需求，总账作为通用商品化软件的核心子系统，是通过内置大量的选项参数提供面向不同企业应用的解决方案的。企业可以根据自身的实际情况进行选择，以确定符合个性特点的应用模式。

软件越通用，意味着系统内置的参数越多，系统参数的设置决定了企业的应用模式和应用流程。为了明确各项参数的适用对象，软件一般将参数分门别类进行管理。用友 ERP-U8 总账系统将参数分为以下 7 个选项卡。

1. 凭证

（1）制单控制

主要设置在填制凭证时，系统应对哪些操作进行控制。

1）制单序时控制：该项和“系统编号”选项联用，制单时某类凭证编号必须按日期顺序自小到大排列，凭证日期既不能小于该类别最后一张凭证日期，但也不能大于系统日期。

2）支票控制：若选择了此项，在制单时使用银行科目编制凭证时，系统针对已设置了票据管理的结算方式进行登记，如果录入的支票号在支票登记薄中已存在，系统提供登记支票报销的功能；否则，系统提供登记支票登记簿的功能。

3）赤字控制：若选择了此项，在填制凭证时，如果相关科目当“资金及往来科目”或“全部科目”的最新余额出现负数时，系统将予以提示。赤字控制既可以只针对资金类科目和往来科目，也可以针对所有科目。

4）可以使用应收受控科目：若科目为应收款系统的受控科目，为了防止重复制单，只允许应收款系统使用此科目进行制单，总账系统是不能使用此科目制单的。所以如果希望在总账系统中也能使用这些科目填制凭证，则应选择此项。

注意：

总账和其他业务系统使用了受控科目会引起应收系统与总账对账不平。

（2）凭证控制

1）现金流量科目必录现金流量项目：如果企业选择利用现金流量项目核算作为编制现金流量表的方法，就涉及该选项的选择。选择该项，在录入凭证时如果使用了现金流量科目则必须输入现金流量项目及金额。

2）自动填补凭证断号：如果选择凭证编号方式为系统编号，则在新增凭证时，系统按凭证类别自动查询本月的第一个断号作为本次新增凭证的凭证号。

3）凭证录入时结算方式及票据号必录：在填制凭证时如果使用了银行科目，则必须录入结算方式及票据号。

（3）凭证编号方式

系统提供系统编号和手工编号两种方式。如果选用系统编号，系统在填制凭证时按照设置的凭证类别按月自动编号。

2．账簿

“账簿”选项卡用来设置各种账簿的输出方式和打印要求等。

3．凭证打印

“凭证打印”选项卡用来设置凭证的输出方式和打印要求等。

（1）合并凭证显示、打印

选择此项，在填制凭证、查询凭证、出纳签字和凭证审核时，凭证按照“按科目、摘要相同方式合并”或“按科目相同方式合并”合并显示，在明细账显示界面提供是否“合并显示”的选项。

（2）打印凭证页脚姓名

决定在打印凭证时，是否自动打印制单人、出纳、审核人、记账人的姓名。

4．预算控制

根据预算管理系统或财务分析系统设置的预算数对业务发生进行控制。

5．权限

（1）制单权限控制到科目

如果需要明确操作员只能使用具有相应制单权限的科目制单，则首先在数据权限控制设置中选择对“科目”进行控制，再选中该项，最后在数据权限中为操作员指定制单可以使用的科目。设置完成后，该操作员只能使用有权限的科目进行制单。

同样意义的选项还有“制单、辅助账查询控制到辅助核算”、“明细账查询控制到科目”。

（2）制单权限控制到凭证类别

如果需要明确操作员只能填制特定类别的凭证，则首先在数据权限控制设置中选择对“凭证类别”进行控制，再选中该项，最后在数据权限中为操作员指定制单时可以使用哪些凭证类别。设置完成后，操作员制单时，凭证类别参照中只显示操作员有权限的凭证类别。

（3）操作员进行金额权限控制

系统可以对不同级别的人员进行制单金额大小的控制。例如，财务主管可以对 10 万元以上的经济业务制单，一般财务人员只能对 5 万元以下的经济业务制单，这样可以减少由于不必要的责任事故带来的经济损失。

以下情况不能进行金额权限控制：①如为外部凭证或常用凭证调用生成，则不做金额权限控制；②自定义结转凭证不受金额权限控制。

（4）凭证审核控制到操作员

如果需要指定某具有凭证审核权限的操作员只能审核某些制单人填制的凭证，则应选择该选项。

（5）出纳凭证必须经由出纳签字

出纳凭证是指凭证上包含现金或银行科目的凭证。涉及现金收付的业务是企业需要重点关注的业务，如果选择该项，凭证处理流程为填制凭证—出纳签字—审核凭证—记账。

注意：

- 出纳签字与审核凭证不分先后顺序。
- 如果选择了“凭证必须经由主管会计签字”，则在凭证处理流程的填制凭证和记账之间还需要增加主管签字环节。

（6）凭证必须经由主管会计签字

如果企业中规定所有凭证都必须由主管会计签字才能作为记账依据，则应选中该项。

（7）允许修改、作废他人填制的凭证

如果制单人填制的凭证有误，该选项决定其他人员如审核人员发现凭证有误时是否允许修改或作废。“控制到操作员”属于数据权限控制内容，利用该项可以指定允许修改、作废哪些操作员填制的凭证。

（8）可查询他人凭证

是否可以查询他人填制的凭证。利用“控制到操作员”可以指定可以查询哪些操作员填制的凭证。

6. 会计日历

在“会计日历”选项卡中包括以下几项内容。

1）可查看各会计期间的起始日期与结束日期，以及启用会计年度和启用日期。

注意：

- 此处仅能查看会计日历的信息，如需修改请到系统管理中进行。

2）可查看建立账套时的一些信息：账套名称、单位名称、账套存放的路径、行业性质和定义的科目级长等。

3）可以修改数量小数位、单价小数位和本位币精度。

7. 其他

在“其他”选项卡中可以设置以下内容。

（1）外币核算方式

有外币业务时，企业可以选择“固定汇率”或“浮动汇率”处理方式。

（2）排序方式

在参照部门目录、查询部门辅助账时，可以指定查询列表的内容是按编码顺序显示还是按名称顺序显示。对个人往来辅助核算和项目辅助核算也可以进行设置。

实战演练：设置总账选项

按表 4-1 的要求设置总账选项，其他采用系统默认。

表 4-1　总账选项

选　项　卡	参 数 设 置
凭证	支票控制 可以使用应收、应付受控科目 取消选中“现金流量科目必录现金流量项目”复选框

续表

选　项　卡	参 数 设 置
权限	出纳凭证必须经由出纳签字 明细账查询权限控制到科目
会计日历	会计日历为 1 月 1 日～12 月 31 日 数量小数位和单价小数位设为 2 位
其他	部门、个人、项目按编码方式排序

1）在企业应用平台“业务工作”中模块，选择“财务会计”|“总账”选项，执行“设置”|“选项”命令，打开“选项”对话框。

2）单击“编辑”按钮，进入参数修改状态。

3）选择“凭证”选项卡，按照实验资料的要求进行相应的设置，如图 4-3 所示。

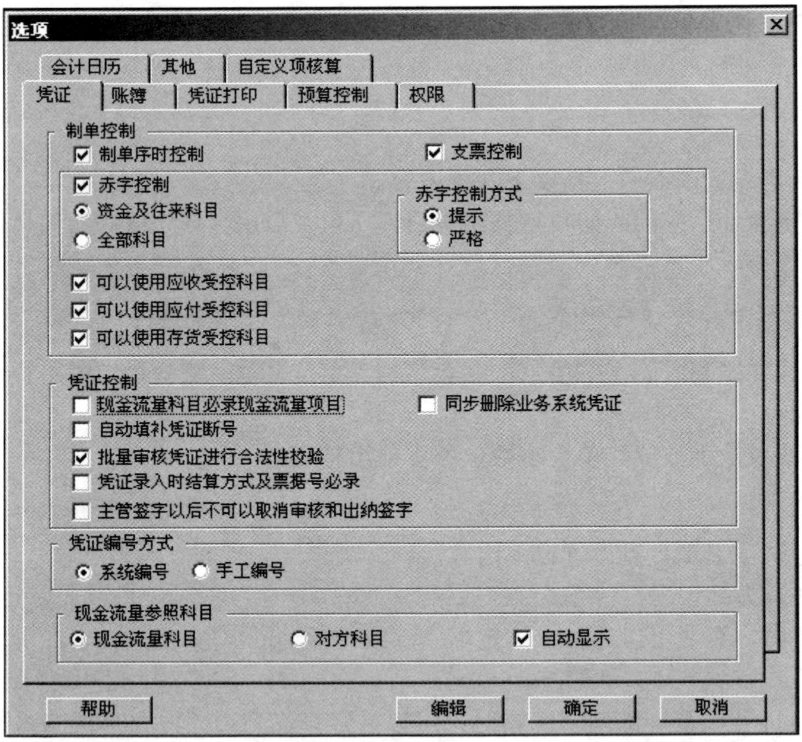

图 4-3　选项——凭证

注意：

- 选中“可以使用应收受控科目”复选框时，系统提示“受控科目被其他系统使用时，会造成应收系统与总账对账不平”，单击“确定”按钮返回即可。

4）同理，分别选择“权限”、“会计日历”、“其他”等选项卡，按照实验资料的要求进行相应的设置。

5）设置完成后，单击“确定”按钮返回。

4.2.2 期初余额录入

总账科目期初余额见第 3 章会计科目部分。辅助账期初余额如下。

1．应收账款

应收账款合计 407 600 元，往来明细如表 4-2 所示。

表 4-2 应收账款往来明细

日 期	凭 证 号	客 户	摘 要	方 向	金额/元
2012-10-20	转-56	唯品	期初余额	借	237 600.00
2012-11-16	转-35	鲁阳	期初余额	借	92 000.00
2012-12-22	转-92	银泰	期初余额	借	78 000.00

2．其他应收款

其他应收款合计 8 500 元，往来明细如表 4-3 所示。

表 4-3 其他应收款往来明细

日 期	凭 证 号	部 门	个 人	摘 要	方 向	金额/元
2012-12-19	付-101	企业管理部	高峰	出差借款	借	5 000.00
2012-12-27	付-222	供销部	王曼	出差借款	借	3 500.00

3．应付账款

应付账款合计 63 080 元，往来明细如表 4-4 所示。

表 4-4 应付账款往来明细

日 期	凭 证 号	供 应 商	摘 要	方 向	金额/元
2012-10-30	转-221	天翼	期初余额	贷	63 080.00

4．生产成本

生产成本如表 4-5 所示。

表 4-5 生产成本

会计科目：5001 生产成本　　余额：借 25 000 元

单位：元

科 目 名 称	轻巧型电热水壶	豪华型电热水壶	合 计
直接材料（500101）	578452	135 480	713 932.00
直接人工（500102）			36 816.86

实战演练：录入期初余额

1）执行“设置”|“期初余额”命令，进入“期初余额录入”窗口。

2）直接输入末级科目（底色为白色）期初余额，上级科目的余额自动汇总计算。

3）设置了辅助核算的科目底色显示为黄色，其累计发生额可直接输入，但期初余额的录入要到相应的辅助账中进行。方法是：双击设置了辅助核算属性的科目的期初余额栏，进入“辅助期初余额”窗口。单击“往来明细”按钮，进入“期初往来明细”窗口，录入应收账款往来明细，如图 4-4 所示。

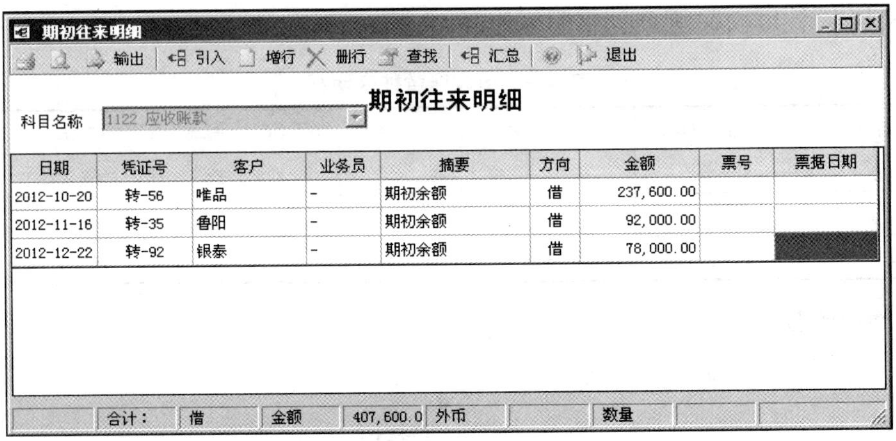

图 4-4　期初往来明细

4）单击“汇总”按钮，系统自动汇总并提示“完成了往来明细到辅助期初表的汇总！”，单击“确定”按钮。

5）单击“退出”按钮，返回“辅助期初余额”窗口，如图 4-5 所示。

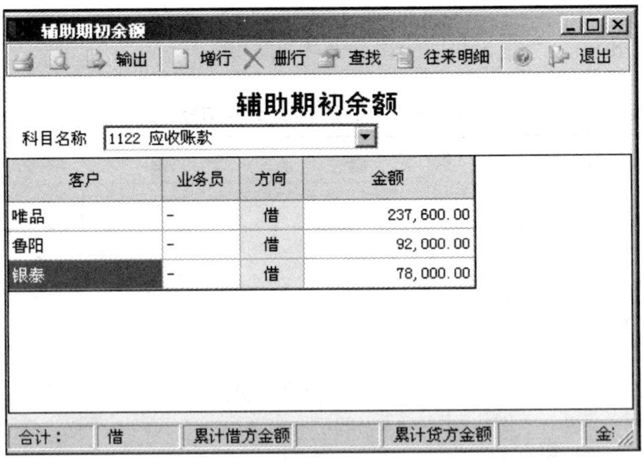

图 4-5　辅助期初余额

6）输完所有科目余额后，单击“试算”按钮，打开“期初试算平衡表”对话框，如图 4-6 所示。

7）若期初余额不平衡，则修改期初余额；若期初余额试算平衡，单击“确定”按钮。

注意：

- 期初余额试算不平衡，将不能记账，但可以填制凭证。
- 已经记过账，则不能再输入、修改期初余额，也不能执行“结转上年余额”命令。

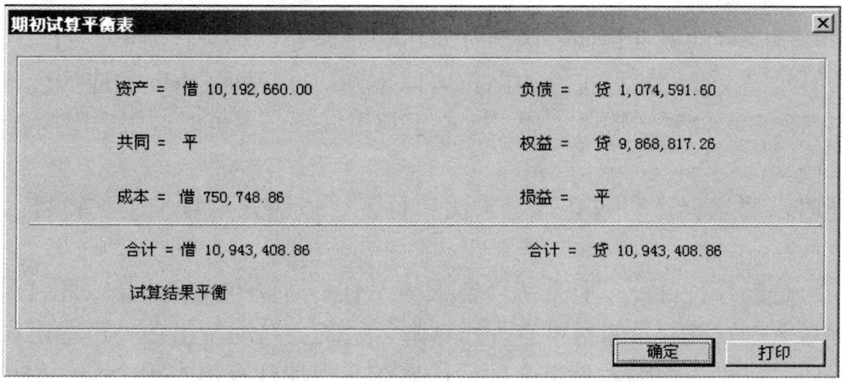

图 4-6 期初试算平衡

4.3 总账业务处理演练

4.3.1 凭证管理

1. 填制凭证

记账凭证按其编制来源可分为两大类：手工填制凭证和机制凭证。机制凭证包括利用总账系统自动转账功能生成的凭证，以及在其他子系统中生成传递到总账的凭证。本节主要介绍手工填制凭证。

填制凭证时各项目应填制的内容及注意事项如下。

（1）凭证类别

填制凭证时可以直接选择所需的凭证类别。如果在设置凭证类别时设置了凭证的限制类型，那么必须符合限制类型的要求，否则系统会给出错误提示。例如，假定企业选择了“收、付、转”3 类凭证，且设置了收款凭证的限制类型为“借方必有”科目“1001，1002”，如果企业发生了“销售产品，货款未收”的业务，应借记应收账款科目，贷记主营业务收入科目，如果用户误选了“收款凭证”类别，保存时系统会提示“不满足借方必有条件”。

（2）凭证编号

如果选择“系统编号”方式，凭证按凭证类别按月自动顺序编号。如果选择“手工编号”方式，需要手工输入凭证号，但应注意凭证号的连续性、唯一性。

（3）凭证日期

填制凭证时，日期一般自动取登录系统时的业务日期。选择“制单序时控制”的情况下，凭证日期应大于等于该类凭证最后一张凭证日期，但不能超过机内系统日期。

（4）附单据数

记账凭证打印出来后，应将相应的原始凭证粘附其后，这里的附单据数就是指将来该记账凭证所附的原始单据数。

（5）摘要

摘要是对经济业务的概括说明。因为计算机记账时是以记录行为单位的，所以每行记录都要有摘要，不同记录行的摘要可以相同也可以不同，每行摘要将随相应的会计科目在明细账、日记账中出现。可以直接输入，如果定义了常用摘要，也可以调用常用摘要。

（6）会计科目

填制凭证时，要求会计科目必须是末级科目。可以输入科目编码、科目名称、科目助记码。

如果输入的是银行科目，一般系统会要求输入有关结算方式的信息，此时最好输入，以方便日后银行对账；如果输入的科目有外币核算，系统会自动带出在外币中已设置的相关汇率，如果不符还可以修改，输入外币金额后，系统会自动计算出本币金额；如果输入的科目有数量核算，应该输入数量和单价，系统会自动计算出本币金额；如果输入的科目有辅助核算，应该输入相关的辅助信息，以便系统生成辅助核算信息。

（7）金额

金额可以是正数或负数（即红字），但不能为零。凭证金额应符合“有借必有贷，借贷必相等”原则，否则将不能保存。

另外，如果设置了常用凭证，可以在填制凭证时直接调用常用凭证，从而增加凭证录入的速度和规范性。

实战演练：填制凭证

2013 年 1 月，菲尼电器发生以下经济业务，以总账会计 801 马群的身份进入总账，填制凭证。

1）2 日，供销部王曼报销业务招待费 1 200 元，以现金支付。（附原始凭证餐票一张）

借：销售费用/招待费（660105）　　1 200

　　贷：库存现金（1001）　　1 200

2）3 日，财务部蒋雨从中行人民币户提取现金 10 000 元，作为备用金。（现金支票号 XJ8001）

借：现金（1001）　　10 000

　　贷：银行存款/中行存款/人民币户（10020101）　　10 000

3）5 日，收到全友集团投资资金 250 000 美元，汇率 1∶6.36。（转账支票号 ZZW001）

借：银行存款/中行存款/美元户（10020102）　　1 590 000

　　贷：实收资本（4001）　　1 590 000

4）8 日，供销部王曼采购进口温控器 300 个，单价为 40 元，材料直接入库，货款以银行存款支付。（转账支票号 ZZR001）

借：原材料/温控器（140302）　　12 000

　　贷：银行存款/中行存款/人民币户（10020101）　　12 000

5）11 日，供销部王曼收到银泰公司转来一张转账支票，金额为 78 000 元，用于偿还前欠货款。（转账支票号 ZZW002）

借：银行存款/中行存款/人民币户（10020101）　　78 000

　　贷：应收账款（1122）　　78 000

6）12 日，供销部王曼从天翼购入 201 不锈钢板材 650 张，单价为 128 元，货款暂欠，已验收入库。

借：原材料/钢材（140301）　　83 200

　　贷：应付账款（2202）　　83 200

7）16 日，企业管理部采购办公用品 560 元，付现金。

借：管理费用/办公费（660203）　　560

　　贷：库存现金（1001）　　560

8）18 日，企业管理部高峰出差归来，报销差旅费 5 000 元，交回现金 640 元。

借：管理费用/差旅费（660204）　　4 360

　　库存现金（1001）　　640

　　贷：其他应收款　（1221）　　5 000

9）20 日，生产部领用进口温室控器 40 个，单价为 40 元，用于生产豪华型电热水壶。

借：生产成本/直接材料（500101）　　1 600

　　贷：原材料/温控器（140302）　　1 600

以总账会计马群的身份进入企业应用平台。

业务 1：无辅助核算的一般业务

1）在企业应用平台“业务工作”模块中，执行“财务会计”|“总账”|“凭证”|“填制凭证”命令，打开“填制凭证”对话框。

2）单击“增加”按钮，系统自动增加一张空白收款凭证。

3）在凭证左上角单击“参照”按钮，选择凭证类型“付款凭证”；输入制单日期“2013.01.02”；输入附单据数“1”。

4）输入摘要“报销招待费”；选择科目名称“660105”，借方金额“1200”，按回车键；摘要自动带到下一行，输入贷方科目“1001”，光标位于贷方时，按“=”键将借贷方差额“1200”取到当前位置，如图 4-7 所示。

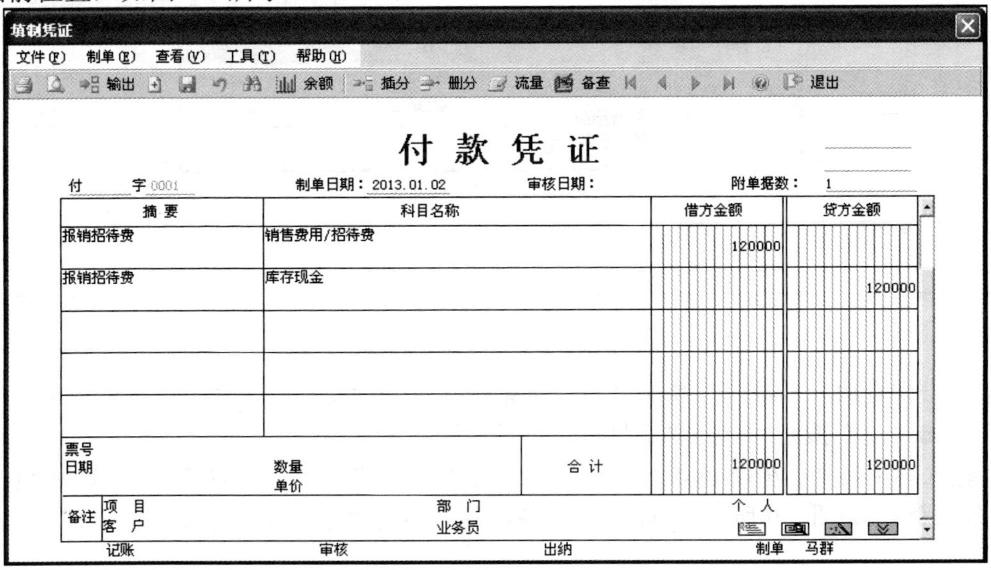

图 4-7　填制凭证

5）单击“保存”按钮，系统提示“凭证已成功保存！”，单击“确定”按钮。

注意：

- 采用序时控制时，凭证日期应大于等于总账启用日期，不能超过业务日期。
- 凭证一旦保存，其凭证类别、凭证编号不能修改。
- 正文中不同行的摘要可以相同也可以不同，但不能为空。每行摘要将随相应的会计科目在明细账、日记账中出现。
- 科目编码必须是末级的科目编码。
- 金额不能为“零”；红字以“-”号表示。
- 可按“=”键取当前凭证借贷方金额的差额到当前光标位置。
- 单击“增加”按钮在保存凭证的同时增加一张新凭证。

业务 2：辅助核算——银行科目

1）在总账填制凭证功能中，增加一张付款凭证，输入摘要“提现金”。

2）输完银行科目“10020101”，打开“辅助项”对话框。

3）输入结算方式“201”，票号“XJ8001”，发生日期“2013-01-03”，如图 4-8 所示，单击“确定”按钮。

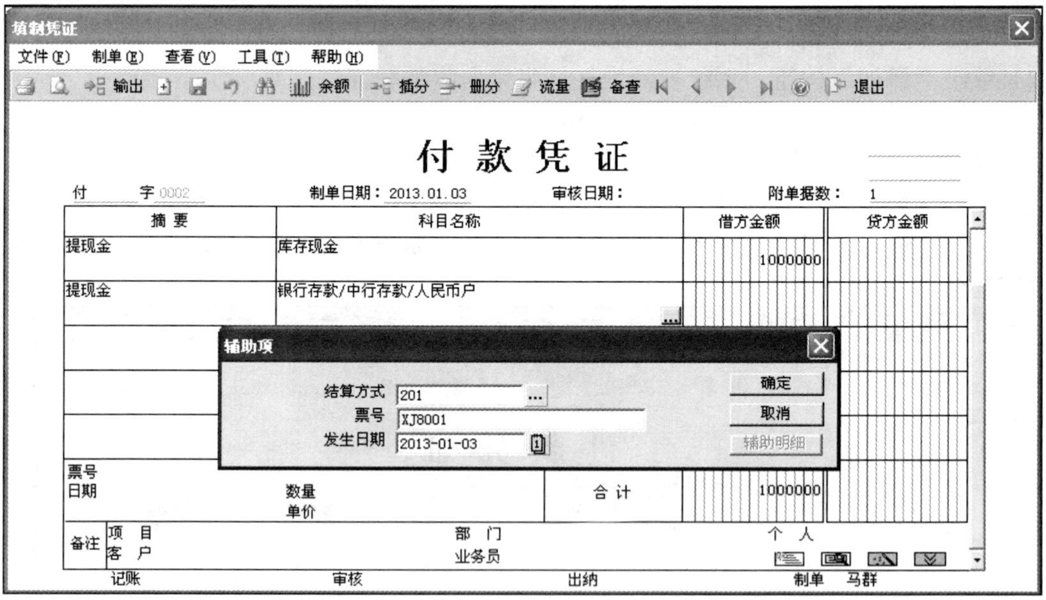

图 4-8 银行辅助核算

4）凭证保存时，若此张支票未登记，则系统提示“此支票尚未登记，是否登记？”。

5）单击“是”按钮，打开“票号登记”对话框。

6）输入领用日期“2012-01-03”，领用部门“2-财务部”，姓名“104-蒋雨”，限额“10000”，用途“备用金”，如图 4-9 所示，单击“确定”按钮，系统提示“凭证已成功保存！”，单击“确定”按钮。

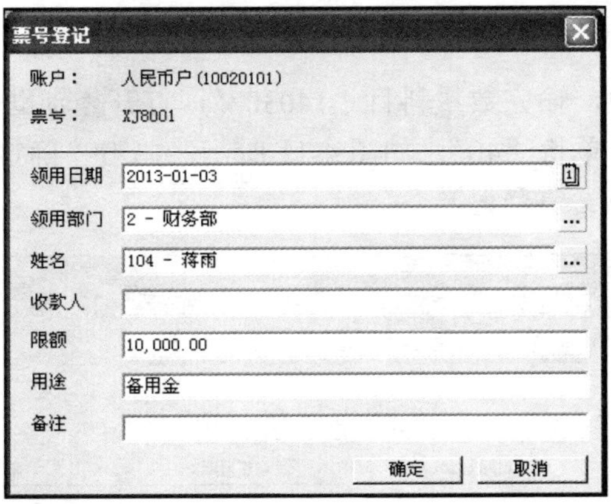

图 4-9 票号登记

注意：

选择支票控制，即该结算方式设为支票管理，银行账辅助信息不能为空，而且该方式的票号应在支票登记簿中有记录。

业务 3：辅助核算——外币科目

1）在填制凭证过程中，输完外币科目“10020102”，系统自动显示外币汇率“6.36”，输入外币金额“250000”，系统自动算出并显示本币金额“1590000”，如图 4-10 所示。

2）全部输完后，单击“保存”按钮，保存凭证。

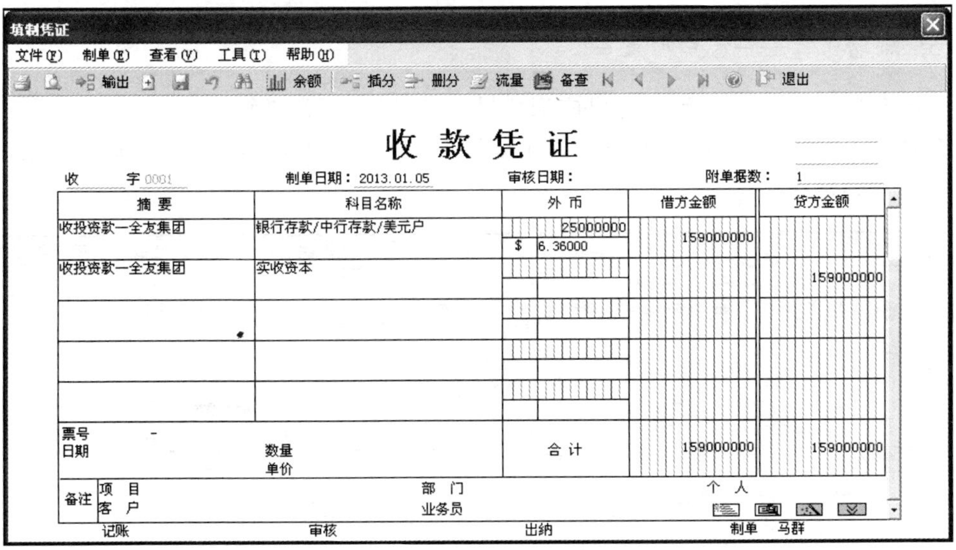

图 4-10 外币核算业务

注意：

汇率栏中内容是固定的，不能输入或修改。如使用浮动汇率，汇率栏中显示最近一次汇率，可以直接在汇率栏中修改。

业务 4：辅助核算——数量科目

1）在填制凭证过程中，输完数量科目“140303”，打开“辅助项”对话框。
2）输入数量“300”，单价“40”，如图 4-11 所示，单击“确定”按钮。
3）保存凭证时，登记支票登记簿。

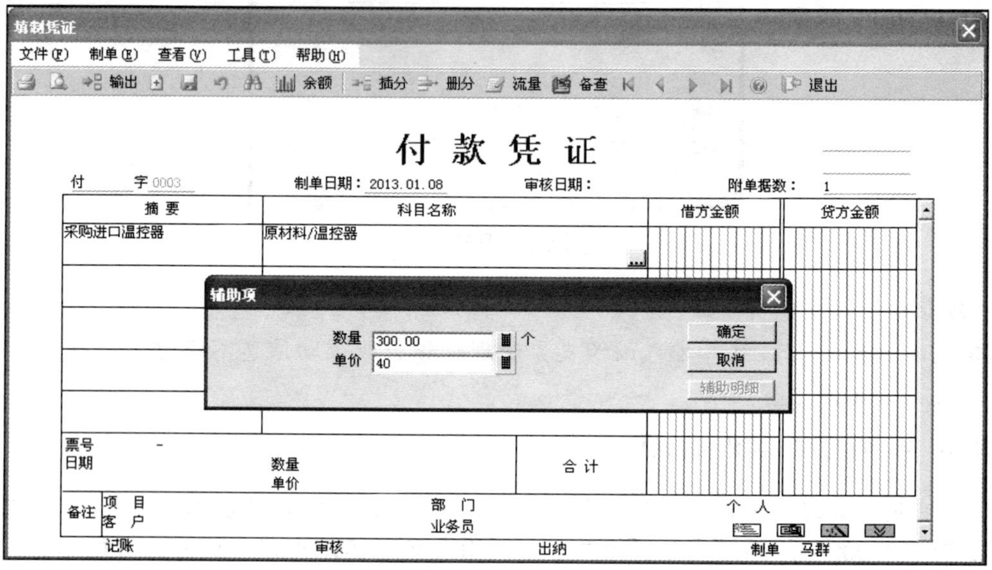

图 4-11　数量核算业务

业务 5：辅助核算——客户往来

1）在填制凭证过程中，输完客户往来科目“1122”，打开“辅助项”对话框。
2）选择输入客户“银泰”，业务员“王曼”，发生日期“2013-01-11”，如图 4-12 所示。
3）单击“确定”按钮。

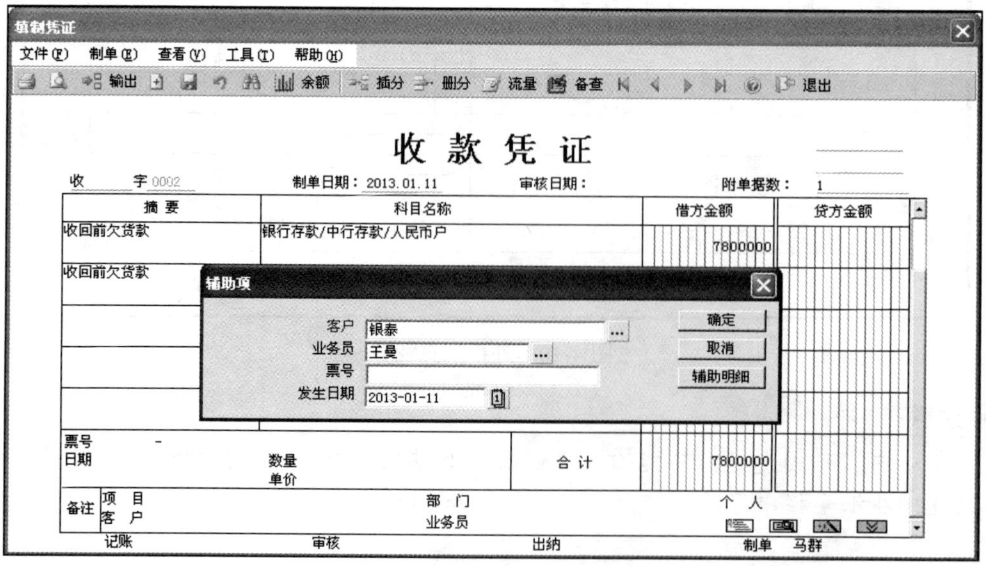

图 4-12　客户往来业务

注意：

如果往来单位不属于已定义的往来单位，则要正确输入新往来单位的辅助信息，系统会自动追加到往来单位目录中。

业务 6：辅助核算——供应商往来

1）在填制凭证过程中，输完供应商往来科目“2202”，打开“辅助项”对话框。
2）选择输入供应商“天翼”，发生日期“2013-01-12”，如图 4-13 所示。
3）单击“确定”按钮。

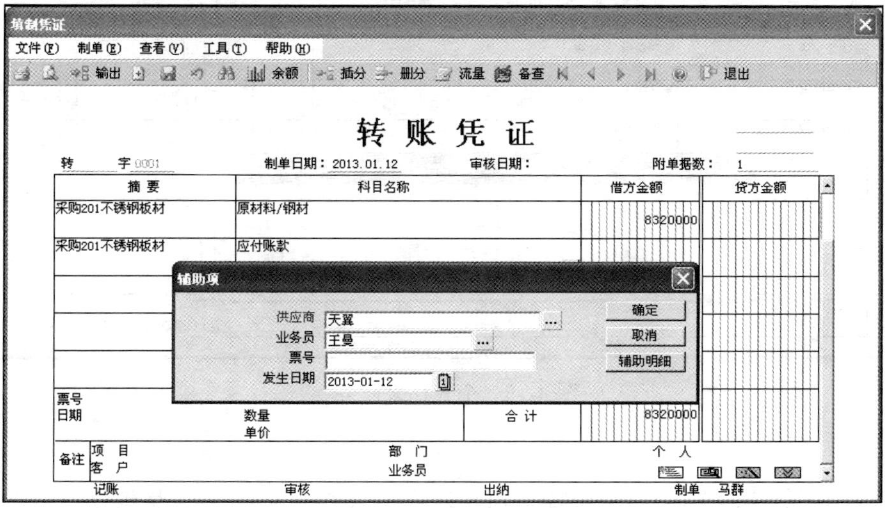

图 4-13　供应商往来业务

业务 7：辅助核算——部门核算

1）在填制凭证过程中，输完部门核算科目“660203”，打开“辅助项”对话框。
2）选择输入部门“企业管理部”，单击“确定”按钮，如图 4-14 所示。

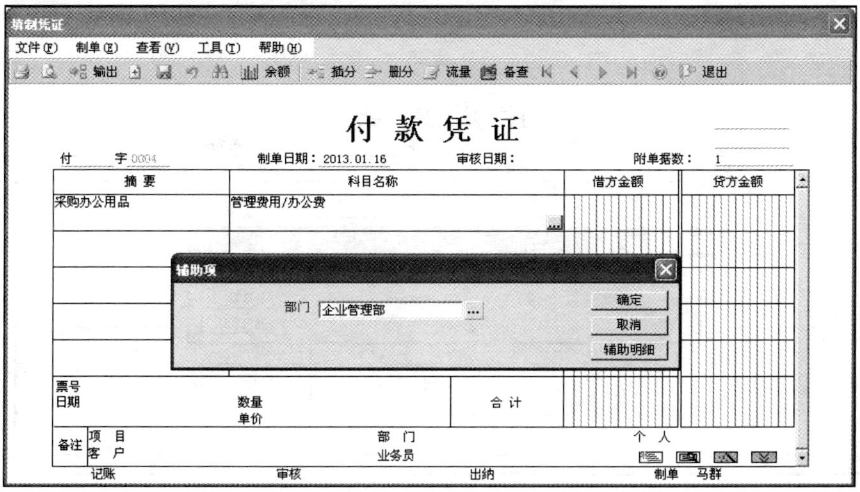

图 4-14　部门核算业务

业务 8：辅助核算科目——个人往来

1）在填制凭证过程中，输完个人往来科目“1221”，打开“辅助项”对话框。

2）选择输入部门“企业管理部”，个人“高峰”，发生日期“2013-01-18”，如图 4-15 所示。

3）单击“确定”按钮。

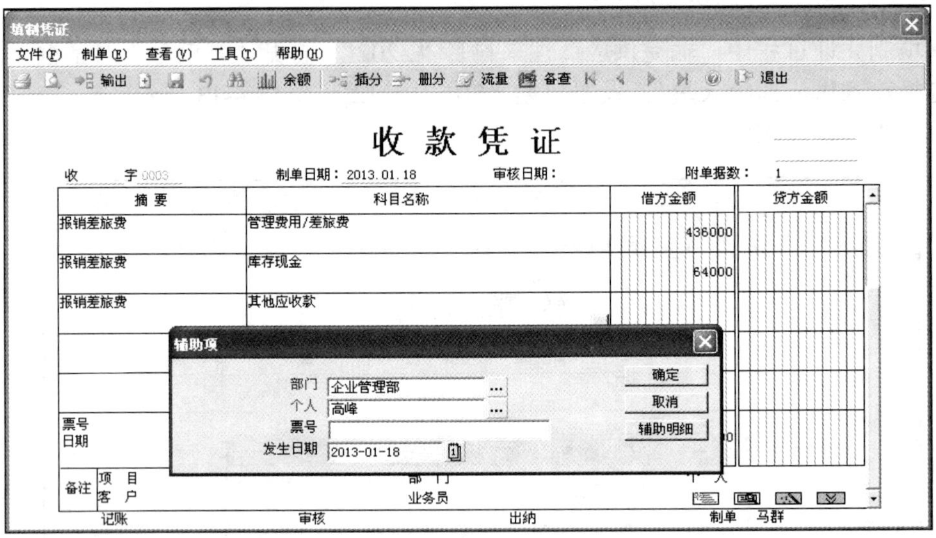

图 4-15　个人往来业务

注意：

在输入个人信息时，若不输入部门名称只输入个人名称时，系统将根据所输入的个人名称自动输入其所属的部门。

业务 9：辅助核算科目——项目核算

1）在填制凭证过程中，输完项目核算科目“500101”，打开“辅助项”对话框。

2）选择输入项目名称“豪华型电热水壶”，如图 4-16 所示，单击“确定”按钮。

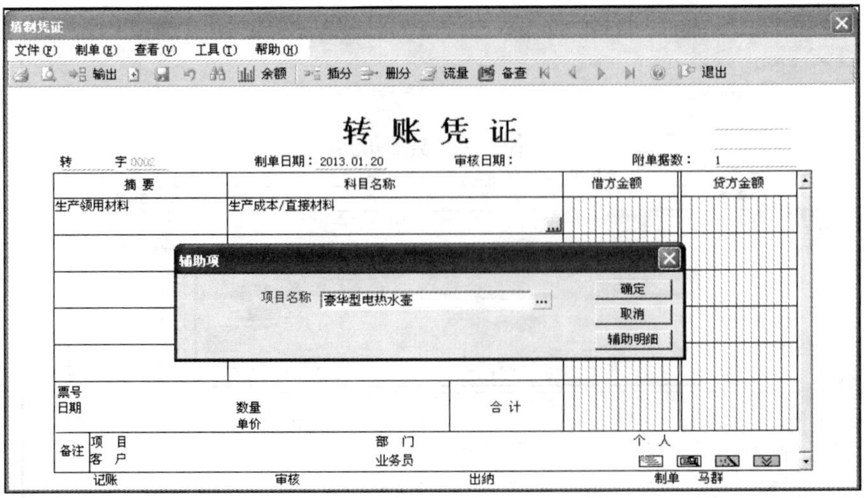

图 4-16　项目核算业务

注意：

系统根据数量*单价自动计算出金额，并将金额先放在借方，如果方向不符，在金额处，按空格键即可调整金额方向。

2．修改凭证

在信息化方式下，凭证的修改分为有痕迹修改和无痕迹修改。

（1）无痕迹修改

无痕迹修改是指系统内不保存任何修改线索和痕迹。对于尚未审核和签字的凭证可以直接进行修改；对于已经审核或签字的凭证应该先取消审核或签字，然后才能修改。显然，这两种情况下，都没有保留任何审计线索。

（2）有痕迹修改

有痕迹修改是指系统通过保存错误凭证和更正凭证的方式而保留修改痕迹，因而可以留下审计线索。对于已经记账的错误凭证，一般应采用有痕迹修改。具体方法是采用红字更正法或补充更正法。前者适用于更正记账金额大于应记金额的错误或者会计科目的错误，后者适用于更正记账金额小于应记金额的错误。

能否修改他人填制的凭证，将取决于系统参数的设置。其他子系统生成的凭证，只能在账务系统中进行查询、审核、记账，不能修改和作废，只能在生成该凭证的原子系统中进行修改和删除，以保证记账凭证和原子系统中的原始单据相一致。

修改凭证时，一般而言凭证类别及编号是不能修改的。修改凭证日期时，为了保持序时性，日期应介于前后两张凭证日期之间，同时日期月份不能修改。

实战演练：修改凭证

经查，16 日企业管理部采购的办公用品为 650 元，系输入错误，需要改正。

1）执行“凭证”|“填制凭证”命令，打开“填制凭证”对话框。

2）单击首张 上张 下张 末张按钮，找到要修改的凭证。

3）对于凭证上的基本项目，如金额，将光标定位在要修改的地方，直接修改；如果要修改凭证的辅助项信息，首先选中辅助核算科目行，然后将光标定位于备注栏辅助项，待鼠标变形为时双击，打开“辅助项”对话框，在对话框中修改相关信息。

4）单击“保存”按钮，保存相关信息，修改后的凭证如图 4-17 所示。

注意：

- 未经审核的错误凭证可通过“填制凭证”功能直接修改；已审核的凭证应先取消审核后，再进行修改。
- 若已采用制单序时控制，则在修改制单日期时，不能在上一张凭证的制单日期之前。
- 若选择“不允许修改或作废他人填制的凭证”权限控制，则不能修改或作废他人填制的凭证。
- 如果涉及银行科目的分录已录入支票信息，并对该支票做过报销处理，修改操作将不影响“支票登记簿”中的内容。
- 外部系统传过来的凭证不能在总账系统中进行修改，只能在生成该凭证的系统中进行修改。

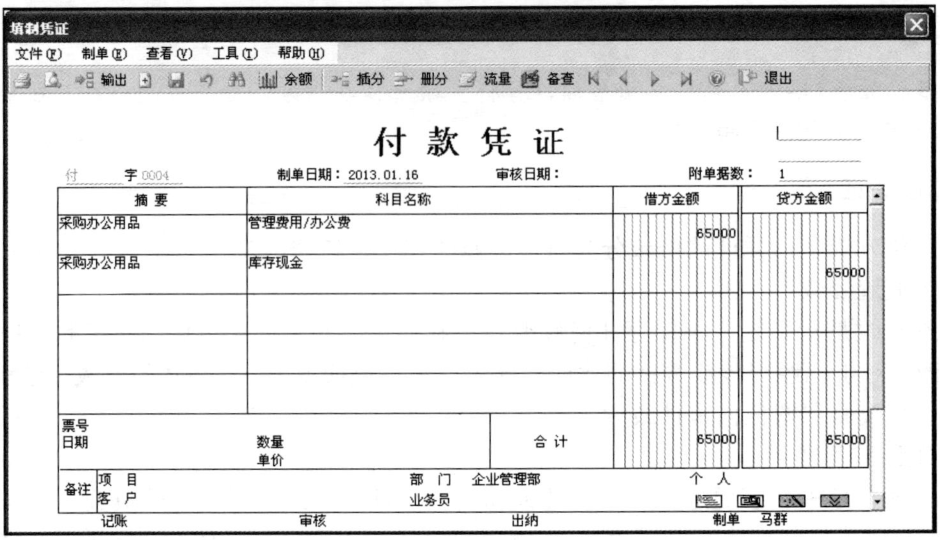

图 4-17　修改后的凭证

3. 作废凭证

对于尚未审核和签字的凭证，如果不需要，可以直接将其作废，作废凭证仍保留凭证内容及编号，仅显示“作废”字样。作废凭证不能修改、不能审核，但应参与记账，否则月末无法结账。记账时不对作废凭证进行数据处理，相当于一张空凭证。账簿查询时，查不到作废凭证的数据。

与作废凭证相对应，系统也提供对作废凭证的恢复，将已标识为作废的凭证恢复为正常凭证。如果作废凭证没有保留的必要时，可以通过“整理凭证”功能彻底将其删除。

实战演练：作废凭证

经查，2 日王曼报销的业务招待费属个人消费行为，不允许报销，现金已追缴，业务上不再反映。

作废凭证

1）在“填制凭证”对话框中，先查询到要作废的凭证。

2）执行“制单”|“作废/恢复”命令。

3）凭证的左上角显示“作废”，表示该凭证已作废，如图 4-18 所示。

注意：

- 作废凭证仍保留凭证内容及编号，只显示“作废”字样。
- 作废凭证不能修改，不能审核。
- 在记账时，已作废的凭证应参与记账，否则月末无法结账，但不对作废凭证做数据处理，相当于一张空凭证。
- 账簿查询时，查不到作废凭证的数据。
- 若当前凭证已作废，可执行“编辑”→“作废/恢复”命令，取消作废标志，并将当前凭证恢复为有效凭证。

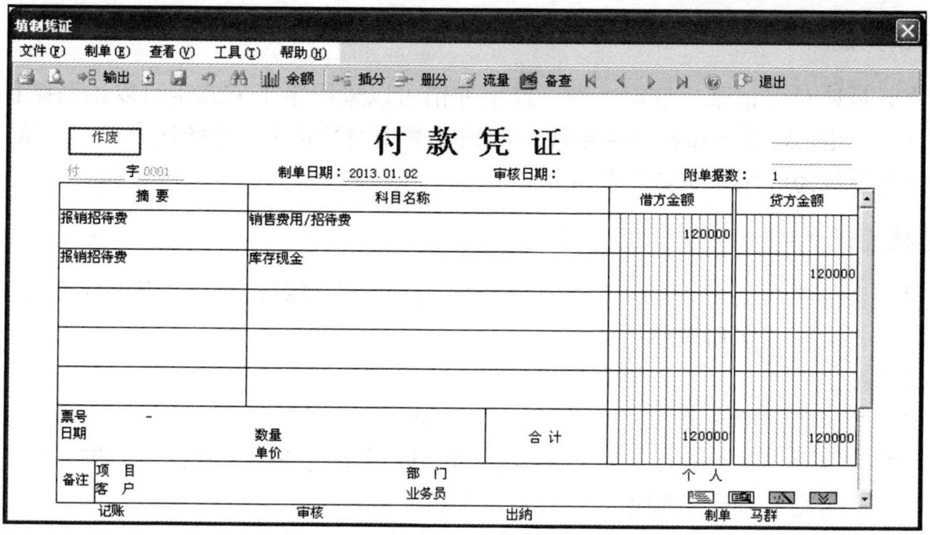

图 4-18 作废凭证

整理凭证

1）在“填制凭证”对话框中，执行“制单”→“整理凭证”命令，打开“选择凭证期间”对话框。

2）选择要整理的“月份”，单击“确定”按钮，打开“作废凭证表”对话框。

3）单击“全选”按钮或双击要删除的凭证记录行，选择真正要删除的作废凭证，如图 4-19 所示。

4）单击“确定”按钮，系统将提示“是否还需整理凭证断号”，单击“是”按钮，系统将这些凭证从数据库中删除并对剩下凭证重新排号。

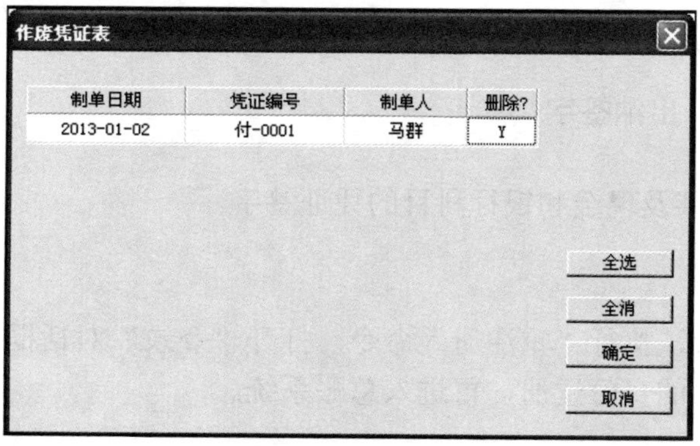

图 4-19 整理凭证

注意：

- 如果作废凭证不想保留时，则可以通过“整理凭证”功能，将其彻底删除，并对未记账凭证重新编号。
- 只能对未记账凭证作凭证整理。
- 已记账凭证作凭证整理，应先恢复本月月初的记账前状态，再做凭证整理。

4．冲销凭证

冲销凭证是针对已记账凭证而言的。红字冲销可以采用手工方式也可以由系统自动进行。如果采用自动冲销，只要告知系统要被冲销的凭证类型及凭证号，系统便会自动生成一张与该凭证相同只是金额为红字（负数）的凭证。

5．复核凭证

为了保证会计事项处理正确和记账凭证填制正确，需要对记账凭证进行复核。凭证复核包括出纳签字、主管签字和审核凭证。

（1）出纳签字

由于出纳凭证涉及企业资金的收支，因此应加强对出纳凭证的管理。出纳签字功能使得出纳可以对涉及现金、银行存款的凭证进行核对，以决定凭证是否有误。如果凭证正确无误，出纳便可签字，否则必须交由制单人进行修改后再重新核对。

出纳凭证是否必须由出纳签字取决于系统参数的设置，如果选中了“出纳凭证必须由出纳签字”复选框，那么出纳凭证必须经过出纳签字才能够记账。

（2）主管签字

为了加强对会计人员制单的管理，有的企业所有凭证都需要由主管签字，为了满足这一应用需求，总账系统提供主管签字功能。但凭证是否需要主管签字才能记账，取决于系统参数的设置。

（3）审核凭证

审核凭证是审核员按照相关规定，对制单员填制的记账凭证进行检查核对，如是否与原始凭证相符、会计分录是否正确等。凭证审核无误后，审核人便可签字，否则必须交由制单人进行修改后再重新审核。

所有凭证必须审核后才能记账。注意审核人与制单人不能是同一人。

如果设置了凭证审核明细权限，审核凭证还会受到明细权限的制约。

实战演练：出纳签字

由出纳蒋雨对所有涉及现金和银行科目的凭证签字。

更换操作员

1）在企业应用平台，执行“重注册”命令，打开“登录”对话框。

2）以“803 蒋雨”的身份注册，再进入总账系统。

注意：

- 凭证填制人和出纳签字人可以为不同的人，也可以为同一个人。
- 按照会计制度规定，凭证的填制与审核不能是同一个人。
- 在进行出纳签字和审核之前，通常需先更换操作员。

出纳签字

1）执行“凭证”→“出纳签字”命令，打开“出纳签字”查询条件对话框。

2）输入查询条件：点选“全部”单选按钮，输入月份“2013.01”。

3）单击“确定”按钮，打开“出纳签字”的凭证列表对话框。

4）双击某一要签字的凭证或者单击“确定”按钮，打开“出纳签字”的签字对话框。

5）单击“签字”按钮，凭证底部的“出纳”处自动签上出纳人姓名，如图 4-20 所示。

6）单击“下张”按钮，对其他凭证签字，最后单击“退出”按钮。

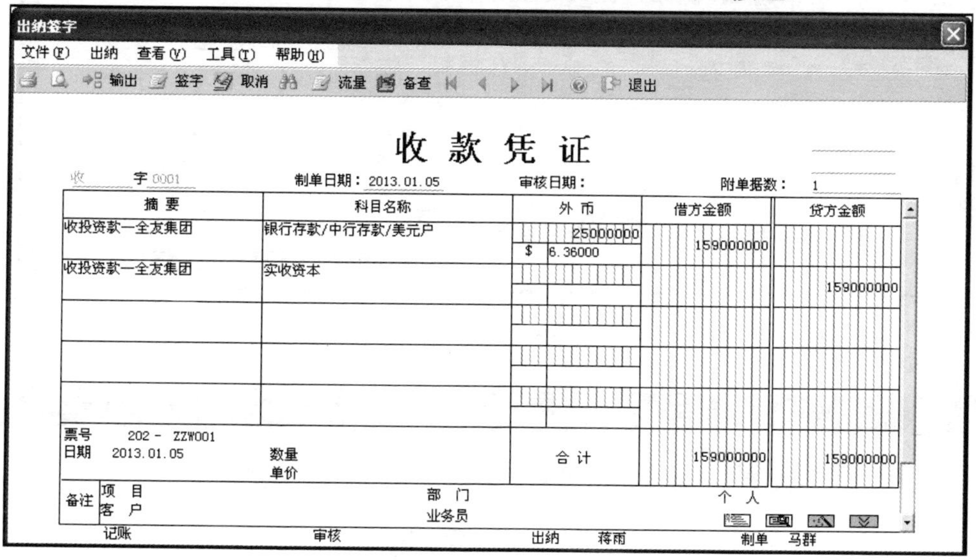

图 4-20　出纳签字

注意：

- 涉及指定为现金科目和银行科目的凭证才需出纳签字。
- 凭证一经签字，就不能被修改、删除，只有取消签字后才可以修改或删除，取消签字只能由出纳自己进行。
- 凭证签字并非审核凭证的必要步骤。若在设置总账参数时，不选中“出纳凭证必须经由出纳签字”复选框，则可以不执行“出纳签字”命令。
- 可以执行“签字”→“成批出纳签字”命令对所有凭证进行出纳签字。

实战演练：审核凭证

由账套主管于静对凭证进行审核。

审核凭证

以“800 于静”的身份重新进入总账系统。

1）执行“凭证”→“审核凭证”命令，打开“凭证审核”查询条件对话框。

2）输入查询条件，单击“确定”按钮，打开“凭证审核”的凭证列表对话框，如图 4-21 所示。

3）双击要审核的凭证或单击“确定”按钮，打开“审核凭证”对话框。

4）检查要审核的凭证，无误后，单击“审核”按钮，凭证底部的“审核”处自动签上审核人姓名，如图 4-22 所示。并自动翻到下一张凭证。

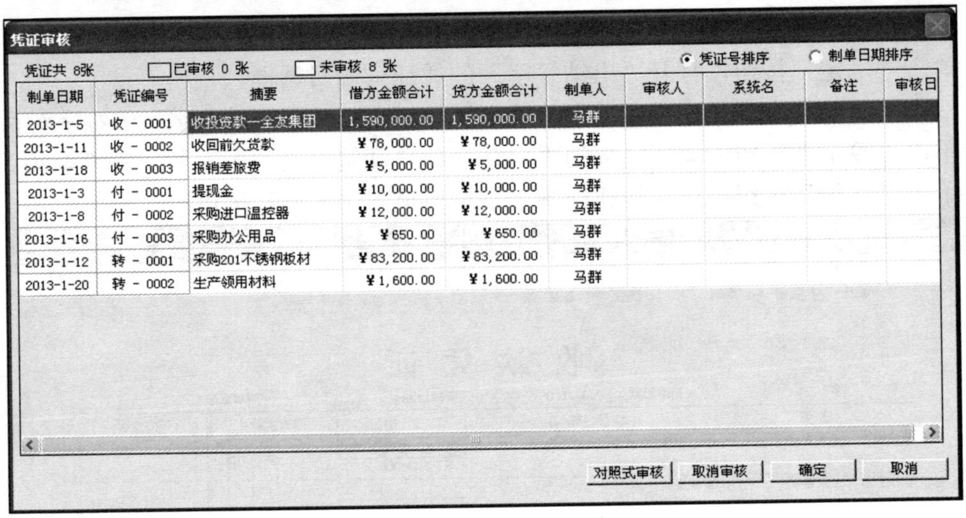

图 4-21 凭证审核

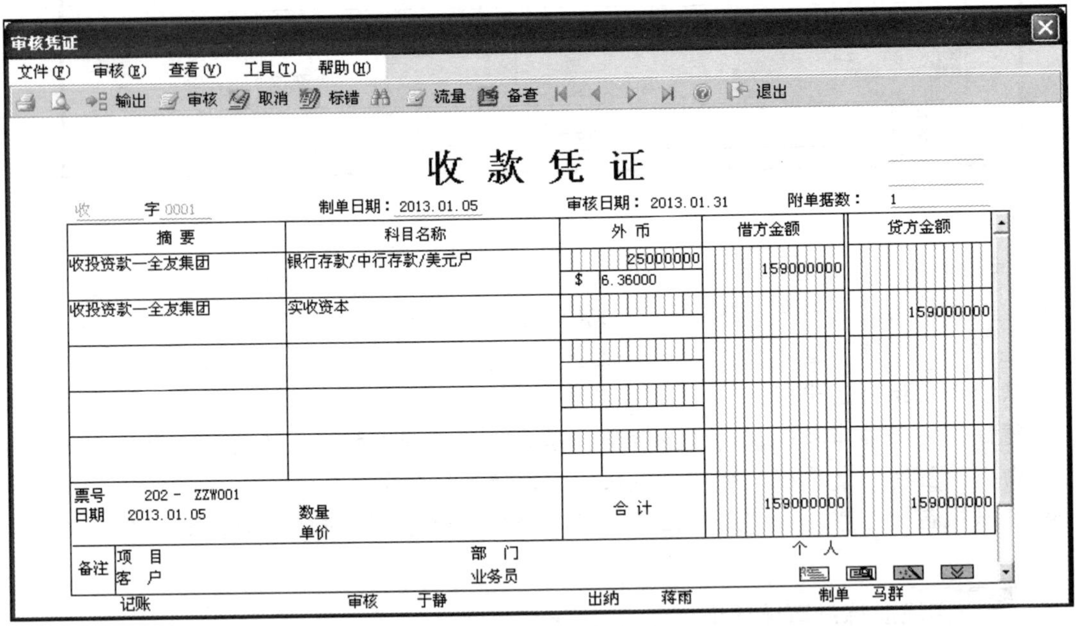

图 4-22 审核凭证

注意：

- 审核人必须具有审核权。当通过“凭证审核权限”设置了明细审核权限时，还需要有对制单人所制凭证的审核权。
- 作废凭证不能被审核，也不能被标错。
- 审核人和制单人不能是同一个人，凭证一经审核，不能被修改、删除，只有取消审核签字后才可修改或删除，已标记作废的凭证不能被审核，需先取消作废标记后才能审核。
- 可以执行“审核”→“成批审核凭证”命令对所有凭证进行审核签字。

6．凭证记账

记账凭证经过审核签字后，便可以记账了。计算机系统中，记账是由计算机自动进行的。记账过程一旦断电或由于其他原因造成中断，系统自动调用恢复记账前状态功能恢复数据，再重新选择记账。

如果记账后发现输入的记账凭证有错误需要进行修改，需要人工调用“恢复记账前状态”功能。系统提供了两种恢复记账前状态方式：将系统恢复到最后一次记账前状态和将系统恢复到月初状态。只有主管才能选择将数据“恢复到月初状态”。

如果期初余额试算不平衡不能记账。如果上月未结账，则本月不能记账。

实战演练：记账

由账套主管于静对凭证进行记账。

1）执行“凭证”→“记账”命令，打开“记账”对话框。

2）第一步选择要进行记账的凭证范围。例如，在付款凭证的“记账范围”栏中输入“1—3”，本例单击“全选”按钮，选择所有凭证，如图 4-23 所示，单击“记账”按钮。

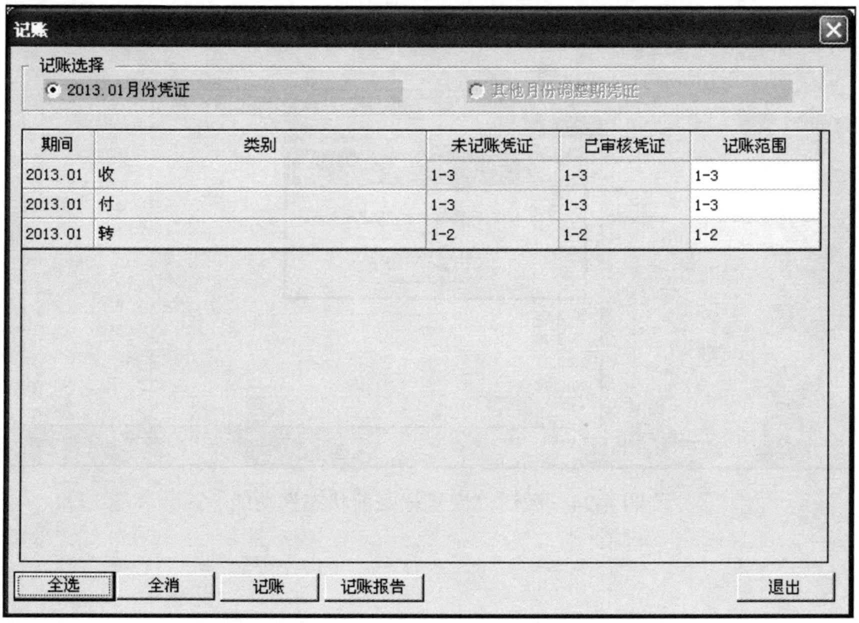

图 4-23　记账——选择本次记账范围

3）系统进行记账前试算，并显示期初试算平衡表。

4）单击“确定”按钮，系统开始登录有关的总账和明细账、辅助账。登记完后，系统提示“记账完毕！”。

5）单击“确定”按钮，记账完毕。

注意：

- 第一次记账时，若期初余额试算不平衡，不能记账。
- 上月未记账，本月不能记账。

- 未审核凭证不能记账，记账范围应小于等于已审核范围。
- 作废凭证不需审核可直接记账。
- 记账过程一旦断电或由于其他原因造成中断后，系统将自动调用“恢复记账前状态”恢复数据，再重新记账。

实战演练：取消记账

由账套主管于静取消记账后重新记账。

激活“恢复记账前状态”功能

1）执行“期末”|“对账”命令，打开“对账”对话框。

2）按“Ctrl+H”组合键，系统提示“恢复记账前状态功能已被激活。”如图 4-24 所示，单击“确定”按钮返回，在“凭证”菜单下显示“恢复记账前状态”菜单项。

3）单击“退出”按钮。

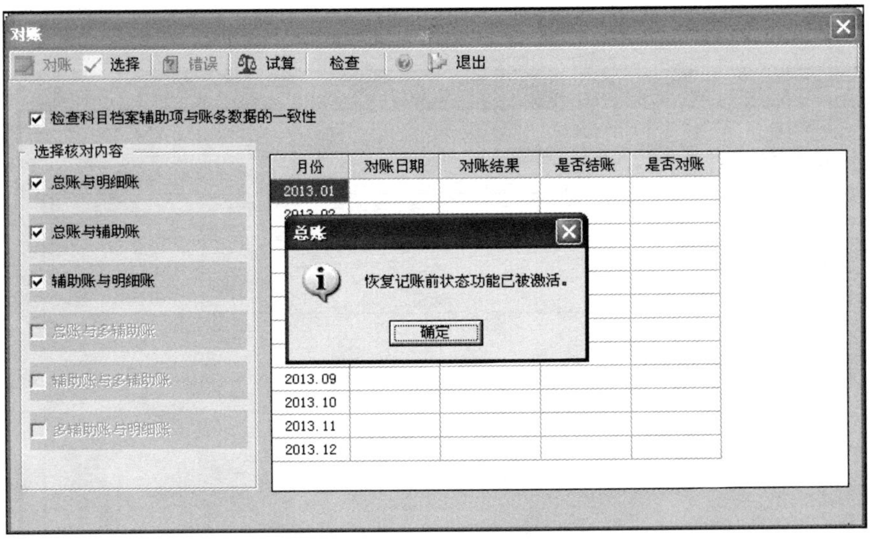

图 4-24　激活“恢复记账前状态”功能

注意：

如果退出系统后又重新进入系统或在“对账”对话框中按“Ctrl+H”组合键将重新隐藏“恢复记账前状态”菜单。

取消记账

1）执行“凭证”→“恢复记账前状态”命令，打开“恢复记账前状态”对话框。

2）点选“最近一次记账前状态”单选按钮。

3）单击“确定”按钮，打开“输入”对话框。

4）输入主管口令，如图 4-25 所示。单击“确定”按钮，系统提示“恢复记账完毕！”，单击“确定”按钮。

5）重新记账。

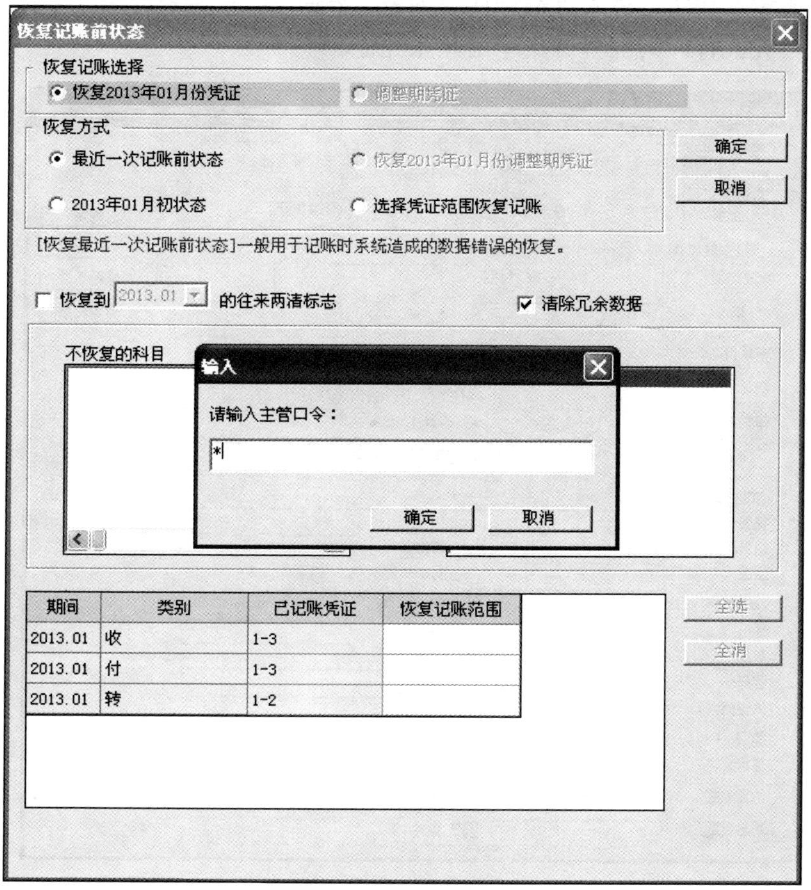

图 4-25　取消记账

注意：

- 已结账月份的数据不能取消记账。
- 取消记账后，一定要重新记账。

7. 凭证查询

查询是计算机系统较手工方式的强势之一。既可以查询已记账凭证，也可以查询未记账凭证；既可以查询作废凭证，也可以查询标错凭证；既可以按凭证号范围查询也可以按日期查询；既可以按制单人查询，也可以按审核人或出纳员查询；通过设置查询条件，可以按科目、摘要、金额、外币、数量、结算方式或各种辅助项查询，快捷方便。

实战演练：凭证查询

查询银行支出在 10 000 元以上的凭证。

1）执行“凭证”→“查询凭证”命令，打开“凭证查询”对话框。

2）单击“辅助条件”按钮，设置科目为“1002”、方向为“贷方”、金额为“10000”，如

图 4-26 所示。

3）单击“确定”按钮，进入“查询凭证列表”界面。

4）双击某一凭证行，则屏幕可显示出此张凭证。

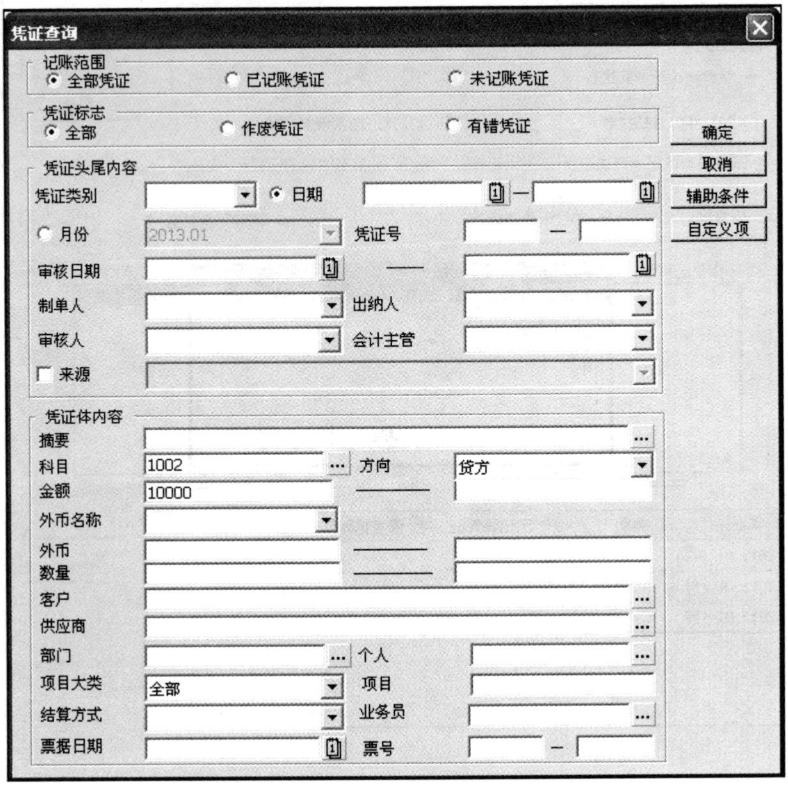

图 4-26 凭证查询

8. 凭证汇总

凭证汇总时，可按一定条件对记账凭证进行汇总并生成凭证汇总表。进行凭证汇总的凭证可以是已记账凭证，也可以是未记账凭证，可供财务人员随时查询凭证汇总信息，及时了解企业的经营状况及其他财务信息。

9. 设置常用凭证

企业发生的经济业务都有其规律性，有些业务在一个月内会重复发生若干次，因而在填制凭证的过程中，经常会有许多凭证完全相同或部分相同，因而可以将这些经常出现的凭证进行预先设置，以便将来填制凭证时随时调用，简化凭证的填制过程，这就是常用凭证。

10. 设置常用摘要

由于经济业务的重复性，在日常填制凭证的过程中，经常会反复用到许多相同的摘要，为了提高凭证的录入速度，可以将这些经常使用的摘要预先设置下来，而在填制凭证时可以随时调用这些摘要，这样就会提高我们处理业务的效率。

4.3.2　账簿查询

企业发生的经济业务，经过制单、复核、记账后，就可以查询打印各种账簿了。计算机系统的账簿查询具有以下鲜明特点：首先，在查询各种账簿时，可以包括未记账凭证；其次，与手工环境不同，在信息化方式下，各种账簿都可以针对各级科目进行查询；再者，可以进行账表联查，如查询总账时可以联查明细账，而查明细账时可以联查凭证等。

以下分为基本会计账簿查询和辅助账簿查询分别介绍。

1. 基本会计账簿

基本会计账簿就是手工处理方式下的总账、明细账、日记账、多栏账等。

（1）总账

查询总账时，可单独显示某科目的年初余额、各月发生额合计、全年累计发生额和月末余额。

（2）发生额余额表

发生额余额表可以同时显示各科目的期初余额、本期发生额、累计发生额及期末余额。

（3）明细账

明细账以凭证为单位显示各账户的明细发生情况，包括日期、凭证号、摘要、借方发生额、贷方发生额及余额。

（4）序时账

序时账根据记账凭证以流水账的形式反映各账户的信息，一般包括日期、凭证号、科目、摘要、方向、数量、外币及金额等信息。

（5）日记账

在信息化方式下，任何账户都可以查询日记账，只要将会计设置为日记账即可，而且可以随时设置，现金、银行存款日记账一般是在出纳功能中单独查询的。日记账一般包括日期、凭证号、摘要、对方科目、借方发生额、贷方发生额及余额。

（6）多栏账

在查询多栏账之前，必须先定义多栏账的格式。多栏账格式设置可以有两种方式：自动编制栏目和手工编制栏目。

2. 辅助核算账簿

辅助账在手工处理方式下一般作为备查账存在。

（1）个人核算

个人核算主要进行个人借款、还款管理工作，及时地控制个人借款，完成清欠工作。个人核算可以提供个人往来明细账、催款单、余额表、账龄分析报告及自动清理核销已清账等功能。

（2）部门核算

部门核算主要为了考核部门收支的发生情况，及时地反映控制部门费用的支出，对各部门的收支情况加以比较分析，便于部门考核。部门核算可以提供各级部门的总账、明细账，以及对各部门收入与费用进行部门收支分析等功能。

（3）项目核算

项目核算用于收入、成本、在建工程等业务的核算，以项目为中心为使用者提供各项目的成本、费用、收入、往来等汇总与明细信息，以及项目计划执行报告等。

（4）客户核算和供应商核算

客户核算和供应商核算主要进行客户和供应商往来款项的发生、清欠管理工作，及时掌握往来款项的最新情况。可以提供往来款的总账、明细账、催款单、对账单、往来账清理、账龄分析报告等功能。如果用户启用了应收款管理系统和应付款管理系统，可以分别在这两个系统中对客户往来款和供应商往来款进行更为详细的核算与管理。

实战演练：账簿查询

1）查询 2013.01 余额表。

2）查询原材料——温控器数量金额明细账。

3）定义并查询管理费用多栏账。

4）查询 2013.01 部门收支分析表。

5）查询企业管理部高峰个人往来清理情况。

6）往来账查询：①A 查询供应商“天翼”明细账；②进行客户往来账龄分析。

7）项目账查询：①查询“豪华型电热水壶”项目明细账；②进行项目统计分析。

查询余额表

1）执行“账表”→“科目账”→“余额表”命令，打开“发生额及余额表查询条件”对话框。

2）选择查询条件，单击“确定”按钮，进入“发生额及余额表”界面，如图 4-27 所示。

3）单击“累计”按钮，系统自动增加借贷方累计发生额两个栏目。

发生额及余额表

月份：2013.01-2013.01

科目编码	科目名称	期初余额		本期发生		期末余额	
		借方	贷方	借方	贷方	借方	贷方
1001	库存现金	13,622.20		10,640.00	650.00	23,612.20	
1002	银行存款	189,285.02		1,668,000.00	22,000.00	1,835,285.02	
1122	应收账款	407,600.00			78,000.00	329,600.00	
1221	其他应收款	8,500.00			5,000.00	3,500.00	
1231	坏账准备		4,000.00				4,000.00
1401	材料采购		15,000.00				15,000.00
1403	原材料	411,890.00		95,200.00	1,600.00	505,490.00	
1405	库存商品	701,160.00				701,160.00	
1601	固定资产	8,955,000.00				8,955,000.00	
1602	累计折旧		960,397.22				960,397.22
1701	无形资产	485,000.00				485,000.00	
资产小计		11,172,057.22	979,397.22	1,773,840.00	107,250.00	12,838,647.22	979,397.22
2202	应付账款		63,080.00		83,200.00		146,280.00
2211	应付职工薪酬		291,471.26				291,471.26
2221	应交税费		120,040.34				120,040.34
2501	长期借款		600,000.00				600,000.00
负债小计			1,074,591.60		83,200.00		1,157,791.60
4001	实收资本		6,000,000.00		1,590,000.00		7,590,000.00
4103	本年利润		1,632,546.06				1,632,546.06
4104	利润分配		2,236,271.20				2,236,271.20
权益小计			9,868,817.26		1,590,000.00		11,458,817.26
5001	生产成本	750,748.86		1,600.00		752,348.86	
成本小计		750,748.86		1,600.00		752,348.86	
6602	管理费用			5,010.00		5,010.00	
损益小计				5,010.00		5,010.00	
合计		11,922,806.08	11,922,806.08	1,780,450.00	1,780,450.00	13,596,006.08	13,596,006.08

图 4-27　发生额余额表

查询明细账

1）执行“账表”→“科目账”→“明细账”命令，打开“明细账查询条件”对话框。

2）选择查询科目“140302”-“140302”，单击“确定”按钮，进入“明细账”界面。

3）选择“数量金额式”账页形式，显示如图 4-28 所示。

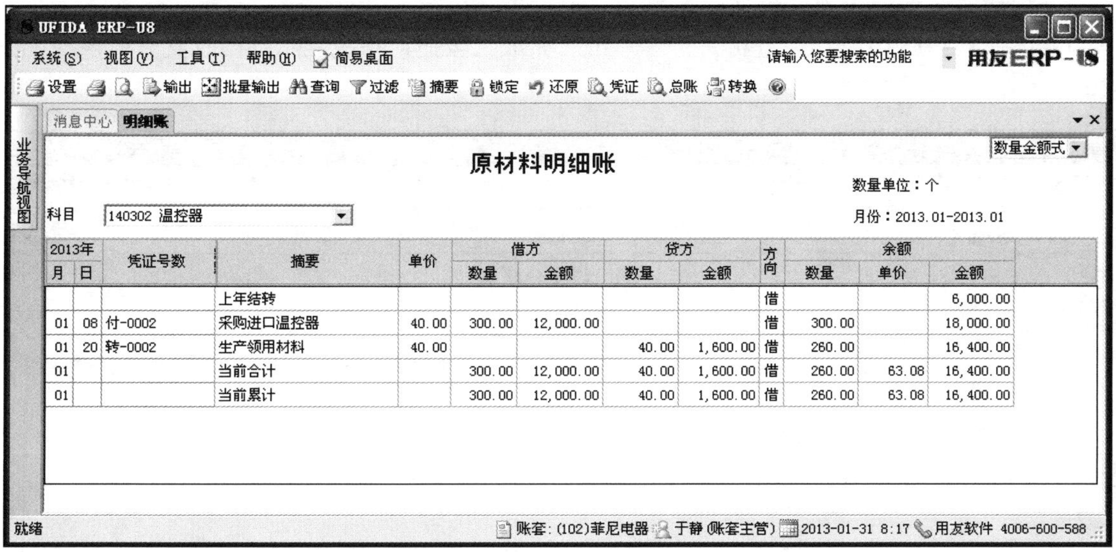

2013年 月	日	凭证号数	摘要	单价	借方 数量	借方 金额	贷方 数量	贷方 金额	方向	余额 数量	余额 单价	余额 金额
			上年结转						借			6,000.00
01	08	付-0002	采购进口温控器	40.00	300.00	12,000.00			借	300.00		18,000.00
01	20	转-0002	生产领用材料	40.00			40.00	1,600.00	借	260.00		16,400.00
01			当前合计		300.00	12,000.00	40.00	1,600.00	借	260.00	63.08	16,400.00
01			当前累计		300.00	12,000.00	40.00	1,600.00	借	260.00	63.08	16,400.00

图 4-28　数量金额明细账

定义并查询管理费用多栏账

1）执行“账表”→“科目账”→“多栏账”命令，打开“多栏账”对话框。

2）单击“增加”按钮，打开“多栏账定义”对话框。选择核算科目“6602 管理费用”，单击“自动编制”按钮，系统自动将管理费用下的明细科目作为多栏账的栏目。

3）单击“确定”按钮，完成管理费用多栏账的定义。

4）单击“查询”按钮，进入“多栏账查询”界面，单击“确定”按钮，显示管理费用多栏账，如图 4-29 所示。

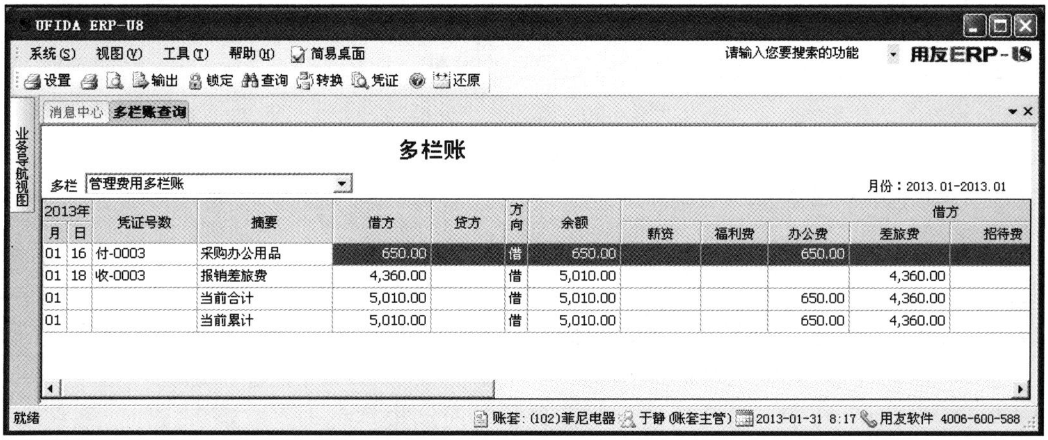

2013年 月	日	凭证号数	摘要	借方	贷方	方向	余额	借方 薪资	借方 福利费	借方 办公费	借方 差旅费	借方 招待费
01	16	付-0003	采购办公用品	650.00		借	650.00			650.00		
01	18	收-0003	报销差旅费	4,360.00		借	5,010.00				4,360.00	
01			当前合计	5,010.00		借	5,010.00			650.00	4,360.00	
01			当前累计	5,010.00		借	5,010.00			650.00	4,360.00	

图 4-29　管理费用多栏账

查询部门收支分析表

1）执行“账表”→“部门辅助账”→“部门收支分析”命令，打开“部门收支分析条件”对话框。

2）选择管理费用下的明细科目作为分析科目，单击“下一步”按钮。

3）选择所有部门作为分析部门，单击“下一步”按钮。

4）选择“2013.01”作为分析月份，单击“完成”按钮，系统显示部门收支分析表，如图4-30所示。

科目编码	科目名称	统计方式	方向	合计 金额	1 企业管理部 金额	2 财务部 金额	3 供销部 金额	4 生产部 金额	5 人力资源部 金额
660201	薪资	期初	借						
		借方							
		贷方							
		期末	借						
660202	福利费	期初	借						
		借方							
		贷方							
		期末	借						
660203	办公费	期初	借						
		借方		650.00	650.00				
		贷方							
		期末	借	650.00	650.00				
660204	差旅费	期初	借						
		借方		4,360.00	4,360.00				
		贷方							
		期末	借	4,360.00	4,360.00				
660205	招待费	期初	借						
		借方							
		贷方							
		期末	借						
费用科目	合计	期初	借						
		借方		5,010.00	5,010.00				
		贷方							
		期末	借	5,010.00	5,010.00				

图4-30　部门收支分析

查询个人往来清理情况

1）执行“账表”→“个人往来账”→“个人往来清理”命令，打开“个人往来两清条件”对话框。

2）选择部门“企业管理部”，个人“高峰”；选中“显示已两清”复选框，单击“确定”按钮，进入“个人往来两清”界面。

3）单击“勾对”按钮，系统自动勾对，显示勾对结果，单击“取消”按钮，系统将已达账项打上已结清的标志，如图4-31所示。

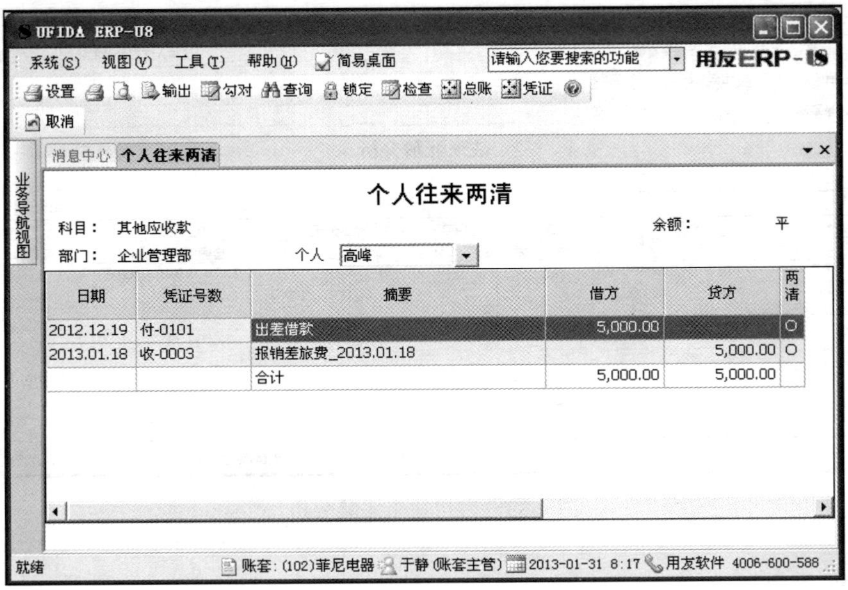

图 4-31　个人往来两清

查询供应商明细账

1）执行“账表”→“供应商往来辅助账”→“供应商往来明细账”→“供应商明细账”命令，打开“供应商明细账”对话框。

2）选择供应商“天翼”，单击“确定”按钮，显示供应商明细账，如图 4-32 所示。

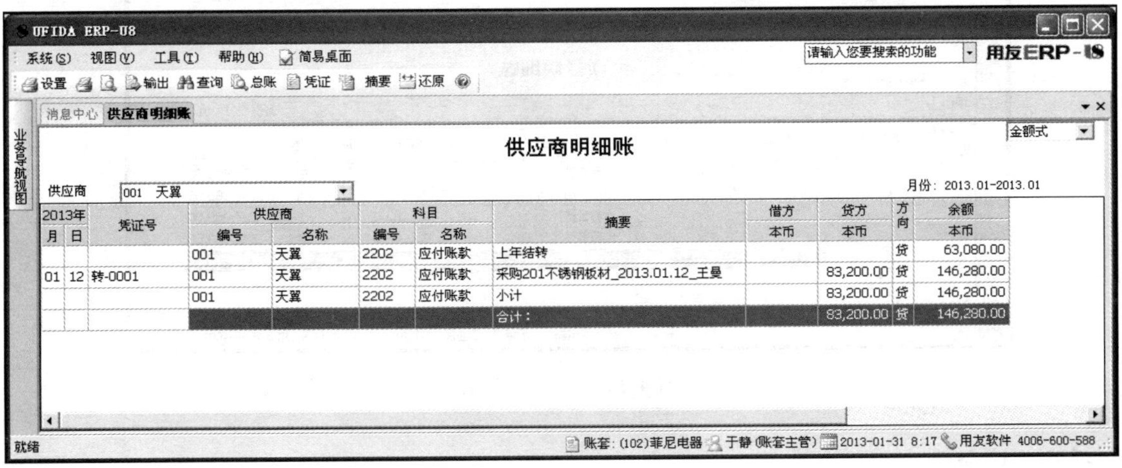

图 4-32　供应商明细账

客户往来账龄分析

1）执行“账表”→“客户往来辅助账”→“客户往来账龄分析”命令，打开“客户往来账龄”对话框。

2）选择查询科目“1122 应收账款”，单击“确定”按钮，显示客户往来账龄分析情况，如图 4-33 所示。

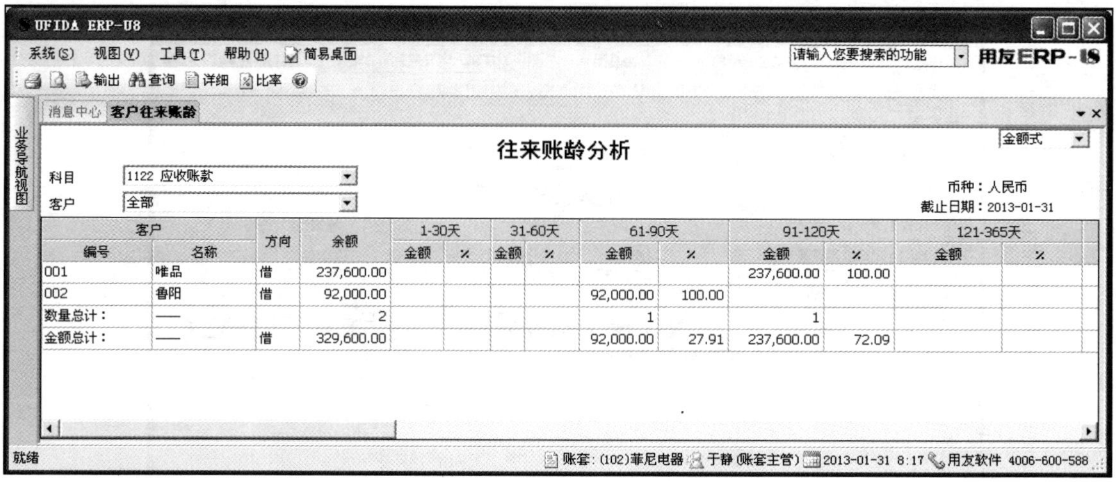

图 4-33　客户往来账龄分析

查询项目明细账

1）执行“账表”→“项目辅助账”→“项目明细账”→“项目明细账”命令，打开“项目明细账条件”对话框。

2）选择项目“豪华型电热水壶”，单击“确定”按钮，显示项目明细账，如图 4-34 所示。

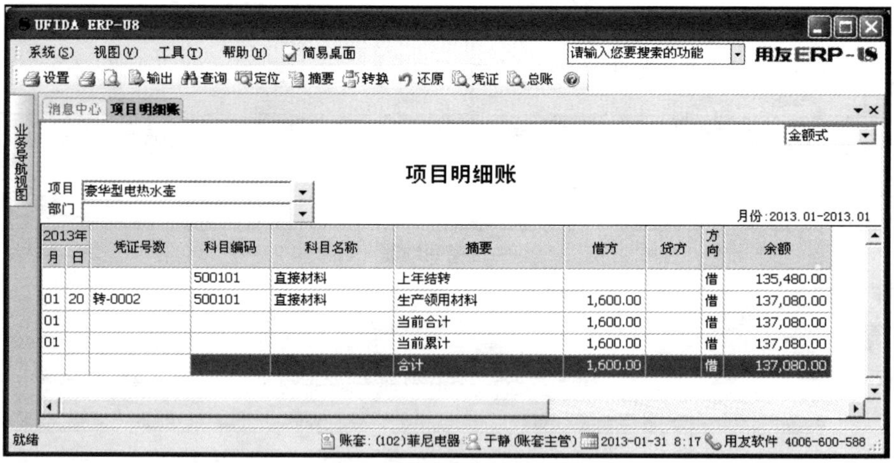

图 4-34　项目明细账

项目统计分析

1）执行“账簿”→“项目辅助账”→“项目统计分析”命令，打开“项目统计条件”对话框。

2）选择统计条件“产品”，单击“下一步”按钮。

3）选择直接材料作为统计科目，单击“下一步”按钮。

4）选择统计月份“2013.01”，单击“完成”按钮，显示项目统计情况，如图 4-35 所示。

项目分类及项目名称	项目编号	统计方式	方向	合计 金额	直接材料(500101) 金额
电热水壶(1)		期初	借	713,932.00	713,932.00
		借方		1,600.00	1,600.00
		贷方			
		期末	借	715,532.00	715,532.00
豪华型电热水壶(02)	02	期初	借	135,480.00	135,480.00
		借方		1,600.00	1,600.00
		贷方			
		期末	借	137,080.00	137,080.00
轻巧型电热水壶(01)	01	期初	借	578,452.00	578,452.00
		借方			
		贷方			
		期末	借	578,452.00	578,452.00
合计		期初	借	713,932.00	713,932.00
		借方		1,600.00	1,600.00
		贷方			
		期末	借	715,532.00	715,532.00

图 4-35　项目统计表

4.3.3　出纳管理

出纳管理是总账系统为出纳人员提供的一套管理工具和工作平台，包括出纳签字、现金和银行存款日记账的查询打印、资金日报、支票登记簿，以及银行对账。

1. 出纳签字

如果凭证上使用了指定为现金或银行存款属性的科目，即涉及现金收付业务，需要出纳对该类业务进行确认，出纳签字在凭证管理中已做过介绍，在此不再赘述。

2. 现金、银行日记账及资金日报表的查询打印

现金日记账和银行存款日记账不同于一般科目的日记账，是属于出纳管理的，因此将其查询与打印功能放置于出纳管理平台。现金、银行日记账一般可按月查询或按日查询，查询时也可以将未记账凭证包含在内。

资金日报表可以反映现金和银行存款日发生额及余额情况。手工环境下，资金日报表由出纳员逐日填写，以反映当天营业终了时现金、银行存款的收支情况及余额。在计算机系统中，资金日报可由总账系统根据记账凭证自动生成，及时掌握当日借、贷金额合计、余额及当日业务量等信息。资金日报既可以根据已记账凭证生成，也可以根据未记账凭证生成。

实战演练：现金、银行日记账查询打印

由出纳蒋雨进行出纳操作，查询 2013.01 现金日记账。

1）更换操作员为“803 蒋雨”，执行“财务会计”→“总账”→“出纳”→“现金日记账”命令，打开“现金日记账查询条件”对话框。

2）选择科目“1001 库存现金”，默认月份“2013.01”，单击“确定”按钮，进入“现金日记账”界面，如图 4-36 所示。

3）双击某行或将光标定位在某行再单击“凭证”按钮，可查看相应的凭证。

4）单击“总账”按钮，可查看此科目的三栏式总账，单击“退出”按钮。

2013年 月	日	凭证号数	摘要	对方科目	借方	贷方	方向	余额
			上年结转				借	13,622.20
01	03	付-0001	提现金	10020101	10,000.00		借	23,622.20
01	03		本日合计		10,000.00		借	23,622.20
01	16	付-0003	采购办公用品	660203		650.00	借	22,972.20
01	16		本日合计			650.00	借	22,972.20
01	18	收-0003	报销差旅费	1221	640.00		借	23,612.20
01	18		本日合计		640.00		借	23,612.20
01			当前合计		10,640.00	650.00	借	23,612.20
01			当前累计		10,640.00	650.00	借	23,612.20

图 4-36　现金日记账

实战演练：资金日报查询打印

查询 1 月 18 日资金日报。

1）执行“出纳”→“资金日报”命令，打开“资金日报表查询条件”对话框。

2）输入查询日期“2013-01-18”，选中“有余额无发生也显示”复选框，如图 4-37 所示。

3）单击“确定”按钮，进入“资金日报表”界面，如图 4-38 所示，单击“退出”按钮。

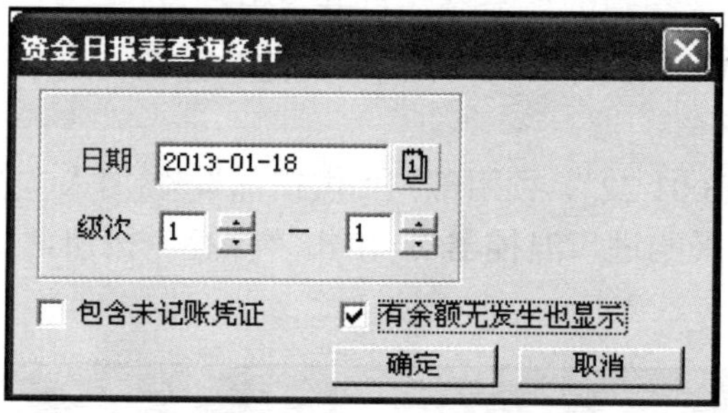

图 4-37　资金日报查询条件

图 4-38　资金日报表

3. 支票登记簿

加强支票的管理对于企业来说非常重要，因此总账系统提供了支票登记簿功能，以供出纳员详细登记支票领用及报销情况，如领用日期、领用部门、领用人、支票号、用途、预计金额、报销日期、实际金额、备注等。

要使用支票登记簿时，需要注意以下问题。

1）建立会计科目时，必须为银行存款科目设置银行账属性。

2）设置结算方式时，必须为支票结算方式设置票据管理属性。

3）领用支票时，银行出纳必须据实填写领用日期、领用部门、领用人、支票号、用途、预计金额、备注等信息。

4）经办人持原始单据报销支票时，会计人员据此填制记账凭证。在录入该凭证时，系统要求录入结算方式和支票号，填制完凭证后，在采取支票控制的方式下，系统自动在支票登记簿中将该支票填上报销日期，表示该支票已报销。否则，出纳员需要自己填写报销日期。

实战演练：支票登记

22 日，供销部王曼借转账支票一张采购进口温控器，票号为 ZZR002，预计金额为 4 000 元。

1）执行“出纳”|“支票登记簿”命令，打开“银行科目选择”对话框。

2）选择科目“10020101 人民币户”，单击“确定”按钮，进入“支票登记簿”界面。

3）单击“增加”按钮。

4）输入领用日期“2013.01.22”，领用部门“供销部”，领用人“王曼”，支票号“ZZR002”，预计金额“4000”，用途“采购进口温控器”，单击“保存”按钮，如图 4-39 所示，单击“退出”按钮。

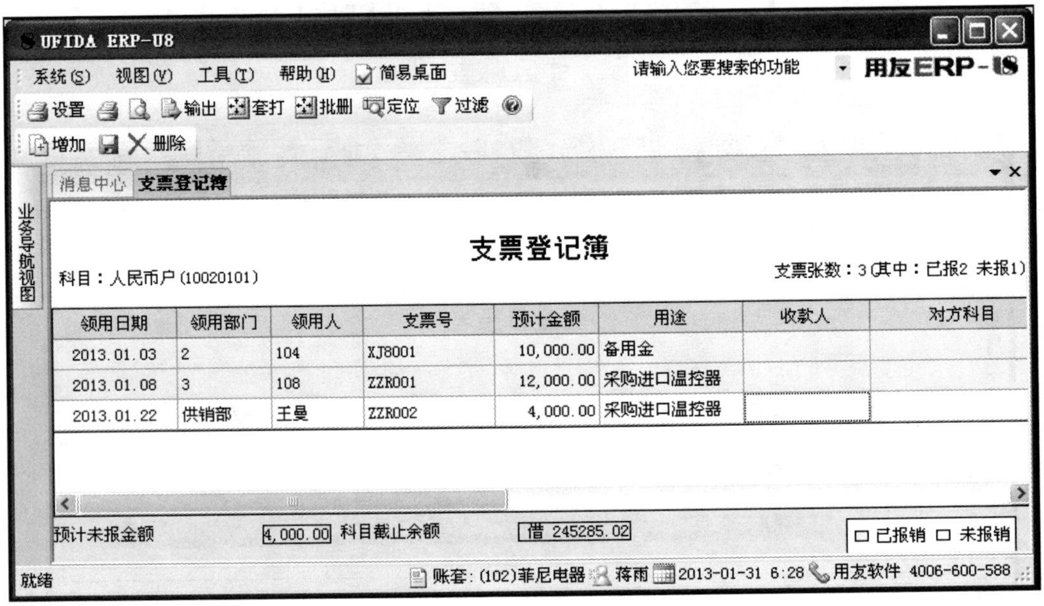

图 4-39 支票登记簿

注意：

- 只有在结算方式设置中选择“票据管理标志”功能才能在此选择登记。
- 领用日期和支票号必须输入，其他内容可输可不输。
- 报销日期不能在领用日期之前。
- 已报销的支票可成批删除。

4．银行对账

银行对账是出纳在月末应进行的一项工作。企业为了了解未达账项情况，通常都会定期与开户银行进行对账。在信息化方式下，银行对账的程序如下。

（1）录入银行对账期初数据

在第一次利用总账系统进行银行对账前，应该录入银行启用日期时的银行对账期初数据。银行对账的启用日期是指使用银行对账功能前最后一次手工对账的截止日期，银行对账不一定和总账系统同时启用，银行对账的启用日期可以晚于总账系统的启用日期。银行对账期初数据包括银行对账启用日的企业方银行日记账与银行方银行对账单的调整前余额，以及启用日期之前的单位日记账和银行对账单的未达账项。录入期初数据后，应保证银行日记账的调整后余额等于银行对账单的调整后余额，否则会影响以后的银行对账。

实战演练：录入期初数据

菲尼电器有限责任公司的银行账的启用日期为 2013/01/01，中行人民币户企业日记账调整前余额为 189 285.02 元，银行对账单调整前余额为 211 285.02 元，未达账项一笔，系银行在 2012 年年底已收企业未收款 22000 元。

以“803 蒋雨”的身份进入用友 ERP-U8 企业应用平台。

1）在总账系统中，执行“出纳”→“银行对账”→“银行对账期初录入”命令，打开“银行科目选择”对话框。

2）选择科目“10020101 人民币户”，单击“确定”按钮，进入“银行对账期初”窗口。

3）输入单位日记账的调整前余额“189285.02”；输入银行对账单的调整前余额“211285.02”。

4）单击“对账单期初未达项”按钮，进入“银行方期初”窗口。

5）单击“增加”按钮，输入日期“2012.12.31”，结算方式“202”，借方金额“22000”，如图 4-40 所示。

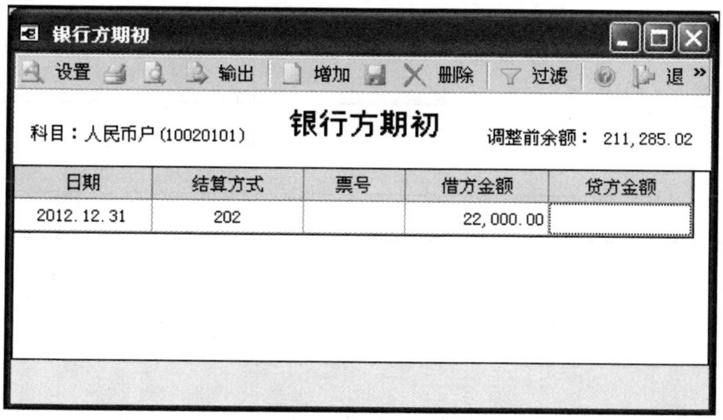

图 4-40　录入期初未达项

6）单击“保存”按钮，单击“退出”按钮，如图 4-41 所示。

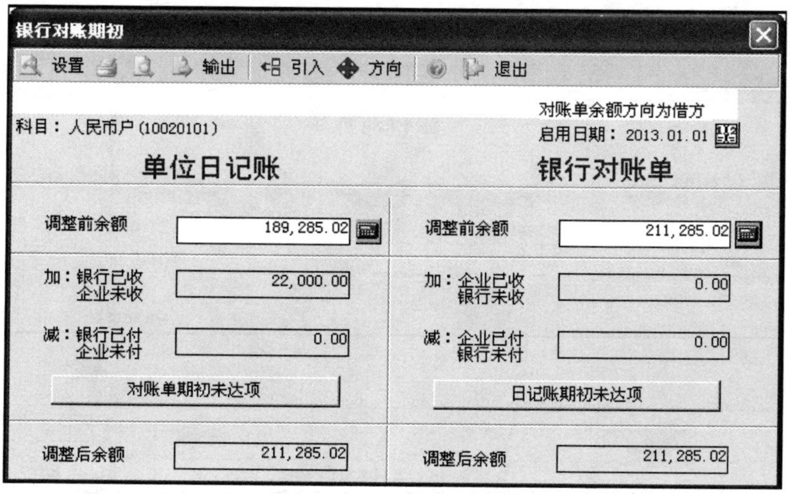

图 4-41　银行对账期初

注意：

- 第一次使用银行对账功能前，系统要求录入日记账及对账单未达账项，在开始使用银行对账之后不再使用。
- 在录入单位日记账、银行对账单期初未达账项后，请不要随意调整启用日期，尤其是向前调，这样可能会造成启用日期后的期初数不能再参与对账。

（2）录入银行对账单

在开始对账前，必须将银行开出的银行对账单录入系统中，以便将其与企业银行日记账进行核对。有些系统还提供了银行对账单导入的功能，避免了烦琐的手工录入过程。

实战演练：录入银行对账单

1 月银行对账单如表 4-6 所示。

表 4-6　1 月银行对账单

日　期	结 算 方 式	票　号	借方金额/元	贷方金额/元
2013.1.03	201	XJ8001		10 000
2013.1.08	202	ZZR001		12 000
2013.1.11	202	ZZW002	78 000	
2013.1.15				4 000

1）执行“出纳”→“银行对账”→“银行对账单”命令，打开“银行科目选择”对话框。

2）选择科目“10020101 人民币户”，月份“2013.01-2013.01”，单击“确定”按钮，进入“银行对账单”界面。

3）单击“增加”按钮，输入银行对账单数据，如图 4-42 所示，单击“保存”按钮。

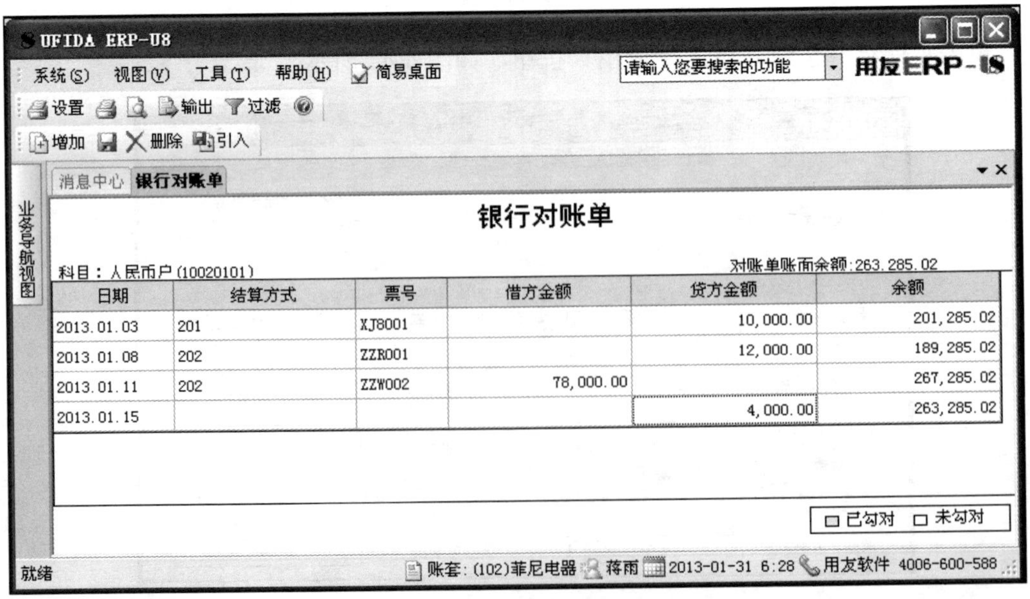

图 4-42　录入银行对账单

（3）银行对账

银行对账可采用自动对账和手工对账相结合的方式，先进行自动对账，然后在此基础上进行手工对账。

自动对账是指系统根据设定的对账依据，将银行日记账（银行未达账项文件）与银行对账单进行自动核对和勾销。对于已核对上的银行业务，系统将自动在银行日记账和银行对账单双方打上两清标志，视为已达账项，否则视为未达账项。对账依据可由用户自己设置，但“方向+金额”是必要条件，通常可设置为“结算方式+结算号+方向+金额”。

采用自动对账后，可能还有一些特殊的已达账项没有对上而被视为未达账项，为了保证对账的彻底性和正确性，在自动对账的基础上还要进行手工补对。例如，自动对账只能针对“一对一”的情况进行对账，而对于“一对多”、“多对一”或“多对多”的情况，只能由手工对账来实现。

实战演练：银行对账

进行银行对账工作。

自动对账

1）执行“出纳”→“银行对账”→“银行对账”命令，打开“银行科目选择”对话框。

2）选择科目“10020101 人民币户”，月份“2013.01-2013.01”，单击“确定”按钮，进入“银行对账”界面。

3）单击“对账”按钮，打开“自动对账”条件对话框。

4）输入截止日期“2013.01.31”，默认系统提供的其他对账条件。

5）单击“确定”按钮，显示自动对账结果，如图 4-43 所示。

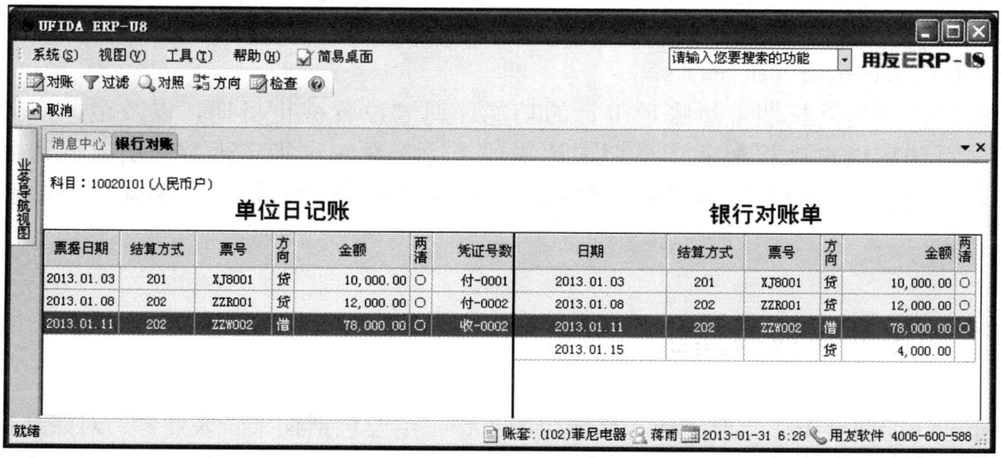

图 4-43　银行对账

注意：

- 对账条件中的方向、金额相同是必选条件，对账截止日期可输可不输。
- 对于已达账项，系统自动在银行存款日记账和银行对账单双方的“两清”栏打上圆圈标志。

手工对账

1）在“银行对账”界面，对于一些应勾对而未勾对上的账项，可分别双击“两清”栏，直接进行手工调整。手工对账的标记为“Y”，以区别于自动对账标记。

2）对账完毕，单击“检查”按钮，检查结果平衡，单击“确定”按钮。

注意：

在自动对账不能完全对上的情况下，可采用手工对账。

（4）查询打印余额调节表

在进行对账后，系统会根据对账结果自动生成银行存款余额调节表，以供用户查询打印或输出。

对账后，还可以查询银行日记账和银行对账单对账的详细情况，包括已达账项和未达账项。

实战演练：查询余额调节表

输出中行人民币户的余额调节表。

1）执行“出纳”→“银行对账”→“余额调节表查询”命令，进入“银行存款余额调节表”窗口。

2）选择科目“10020101 人民币户”。

3）单击“查看”按钮或双击该行，即显示该银行账户的银行存款余额调节表。

（5）核销银行账

为了避免文件过大，占用磁盘空间，可以利用核销银行账功能将已达账项删除。对于企业银行日记账已达账项的删除不会影响企业银行日记账的查询和打印。

（6）长期未达账项审计

有的软件还提供长期未达账项审计的功能。通过设置截止日期，以及至截止日期未达天数，系统可以自动将至截止日期未达账项未达天数超过指定天数的所有未达账项显示出来，以便企业了解长期未达账项情况，从而采取措施对其追踪、加强监督，避免不必要的损失。

4.4 总账期末业务演练

每个会计期间结束，都要完成一些特定的工作，主要包括期末转账业务、对账及试算平衡、月末结账。由于各会计期间的许多期末业务均具有较强的规律性，因此由计算机来处理期末会计业务，不但可以规范会计业务的处理，还可以大大提高工作效率。

总账系统月末处理主要包括自动转账凭证的定义、自动转账凭证的生成、对账和结账等内容。

4.4.1　总账期末业务演练

1. 转账的分类

转账分为内部转账和外部转账。外部转账是指将其他专项核算子系统自动生成的凭证转入总账系统，如工资系统有关工资费用分配的凭证，固定资产系统有关固定资产增减变动及计提折旧的凭证，应收款管理系统有关应收账款发生、收回及坏账准备的凭证，应付款管理系统有关应付账款发生及偿还的凭证。而内部转账就是这里所讲的自动转账，是指在总账系统内部通过设置凭证模板而自动生成相应的记账凭证。一些期末业务具有较强的规律性，而且每个月都会重复发生，如费用的分配、费用的分摊、费用的计提、税金的计算、成本费用的结转、期间损益的结转等。这些业务的凭证分录是固定的，金额来源和计算方法也是固定的，因而可以利用自动转账功能将处理这些经济业务的凭证模板定义下来，期末时通过调用这些模板来自动生成相关凭证。

2. 定义转账凭证

要想利用自动转账功能自动生成记账凭证，首先应该定义凭证模板。定义凭证模板时，应设置凭证类别、摘要、借贷会计科目及其金额。其中，关键是金额公式的设置。因为各月金额不可能总是相同的，因而不能直接输入金额数，而必须利用账务子系统提供的账务函数来提取账户数据，如期初余额函数、期末余额函数、发生额函数、累计发生额函数、净发生额函数等。

定义转账凭证时，一定要注意这些凭证的生成顺序。例如，定义了结转销售成本、计算汇兑损益、结转期间损益、计提所得税、结转所得税 5 张自动转账凭证。因为销售成本、汇兑损益是期间损益的一部分，所以一定要先生成结转销售成本、计算汇兑损益的凭证并复核记账后，才能生成结转期间损益的凭证；因为要依据本期利润计提所得税，所以一定要先生成结转期间损益的凭证并复核记账后，才能生成计提所得税的凭证；因为有了所得税费用才能结转所得税至本年利润，所以一定要先生成计提所得税的凭证并复核记账后才能生成结转所得税的凭证。故此，这 5 张凭证的顺序是结转销售成本—计算汇兑损益—结转期间损益—计提所得税—结转所得税，并且前一张凭证必须复核记账后才能继续生成后一张凭证。

凭证模板只需定义一次即可，各月不必重复定义。

实战演练：自定义结转

由账套主管于静进行月末处理。

计提长期借款利息（年利率为 7%）：

借：财务费用/利息支出（660301）　　　　JG() 取对方科目计算结果

　　贷：应付利息（2231）　　　　长期借款 2501 科目的期初贷方余额*7%/12

以“800 于静”的身份重新进入总账系统。

1）执行“总账”→“期末”→“转账定义”→“自定义转账”命令，打开“自动转账设置”对话框。

2）单击“增加”按钮，打开“转账目录”设置对话框。

3）输入转账序号“0001”，转账说明“计提短期借款利息”；选择凭证类别“转账凭证”。

4）单击“确定”按钮，继续定义转账凭证分录信息。

5）单击“增行”按钮，确定分录的借方信息。选择科目编码“660301”，方向“借”，输入金额公式“JG()”。

注意：

- 转账科目可以为非末级科目、部门可为空，表示所有部门。
- 输入转账计算公式有两种方法：一是直接输入计算公式；二是引导方式录入公式。
- JG()含义为“取对方科目计算结果”，其中的“()”必须为英文符号，否则系统提示“金额公式不合法：未知函数名”。

6）单击“增行”按钮。

7）确定分录的贷方信息。选择科目编码“2231”，方向“贷”，在金额公式栏单击“参照”按钮，打开“公式向导”对话框，选择“期初余额 QC( )”选项，单击“下一步”按钮。

8）选择科目“2501”，单击“完成”按钮，返回金额公式栏。

9）继续输入“*0.07/12”，如图 4-44 所示。

10）单击“保存”按钮。

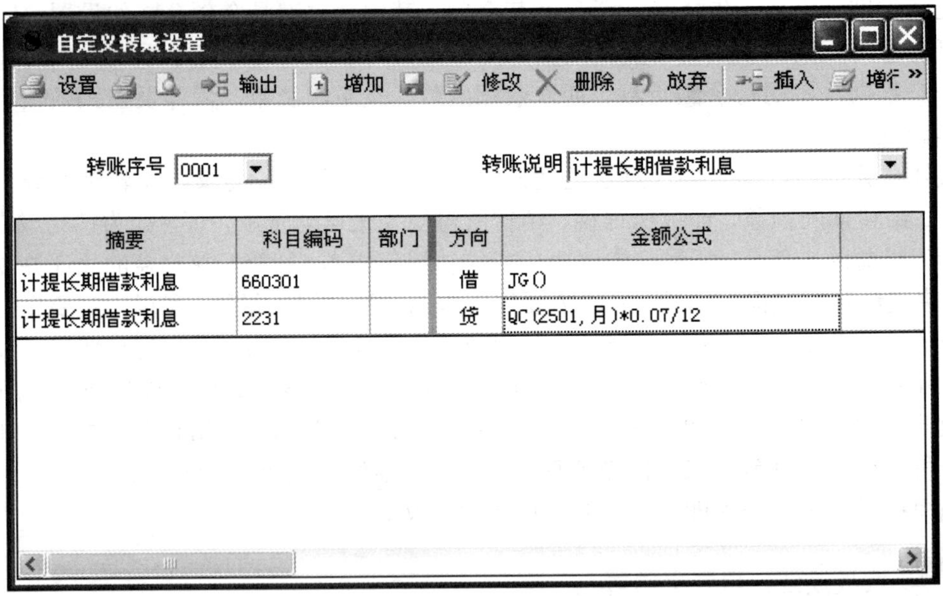

图 4-44　自动转账设置

实战演练：定义期间损益结转

设置本年利润科目为 4103，定义期间损益结转。

1）执行“总账”→“期末”→“转账定义”→“期间损益”命令，打开“期间损益结转设置”对话框。

2）选择凭证类别“转账凭证”，选择本年利润科目“4103”，如图 4-45 所示，单击“确定”按钮。

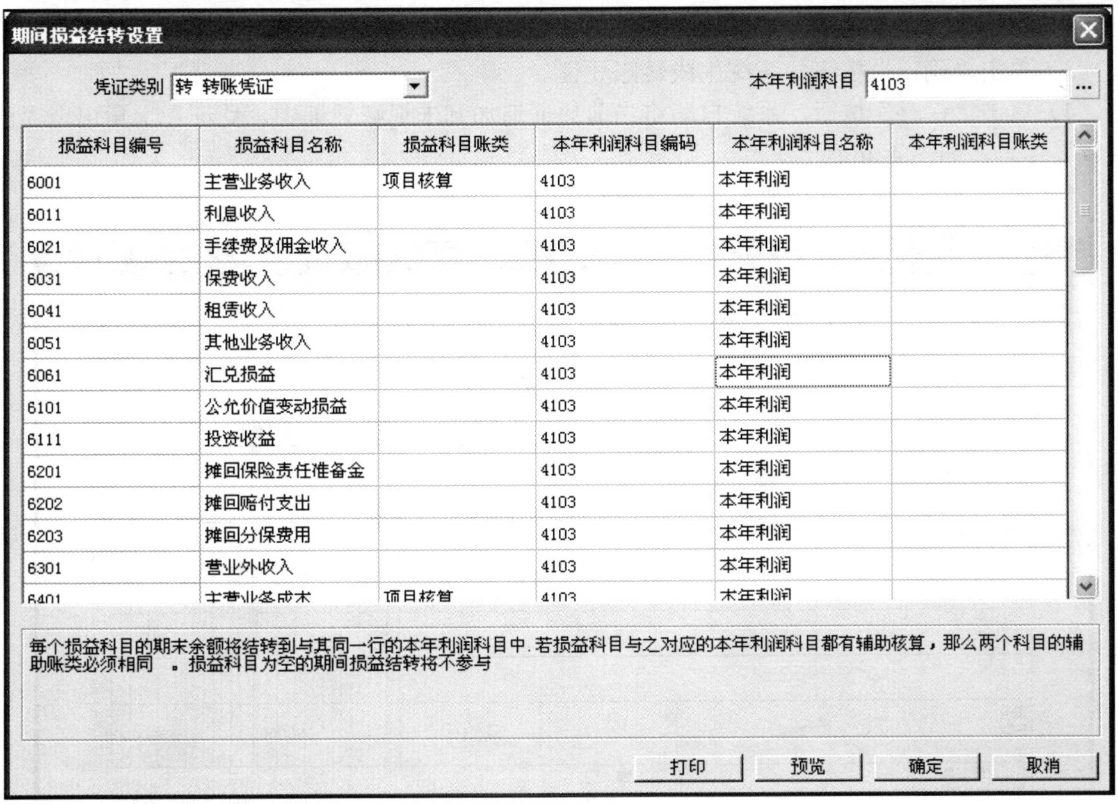

图 4-45　期间损益结转设置

3．生成记账凭证

凭证模板定义好以后，当每个月发生相关经济业务时可不必再通过手工录入凭证，而可以直接调用已定义好的凭证模板来自动生成相关的记账凭证。

利用凭证模板生成记账凭证需要各月重复进行。

一般而言，只有在凭证记账后，账务函数才能取出相关数据。所以利用自动转账生成凭证时，一定要使得相关凭证已经全部记账，这样才能保证取出数据并且是完整的。例如，定义了一张根据本期利润计提所得税的凭证，那么要生成该张凭证，必须保证有关利润的凭证已经全部记账，否则，要么不能取出相应数据而导致金额为零而不能生成凭证，要么取出的数据不完整而导致所得税计提错误。

利用自动转账生成的凭证属于机制凭证，它仅仅代替了人工查账和填制凭证的环节，自动转账生成的凭证仍然需要审核记账。

实战演练：转账凭证生成

1）生成上述定义的自定义凭证，并审核、记账。

2）生成期间损益结转凭证，并审核记账。

自定义转账生成

1）执行“总账”→“期末”→“转账生成”命令，打开“转账生成”对话框。

2）点选“自定义转账”单选按钮，单击“全选”按钮。

3）单击“确定”按钮，系统生成转账凭证。

4）单击“保存”按钮，系统自动将当前凭证追加到未记账凭证中，凭证左上角出现“已生成”标志，如图 4-46 所示。

5）由“马群”对该凭证进行审核、记账。

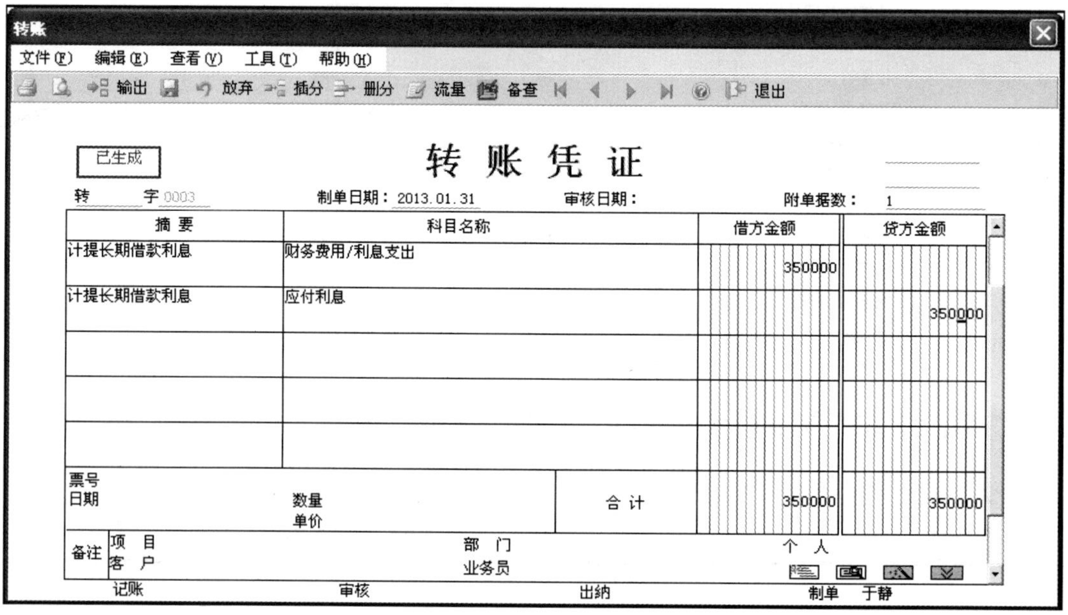

图 4-46　自动转账生成

注意：

- 转账生成之前，注意转账月份为当前会计月份。
- 进行转账生成之前，先将相关经济业务的记账凭证登记入账。
- 转账凭证每月只生成一次。
- 生成的转账凭证，仍需审核才能记账。

期间损益结转生成

以“于静”的身份生成期间损益结转凭证。

1）执行“总账”→“期末”→“转账生成”命令，打开“转账生成”对话框。

2）点选“期间损益结转”单选按钮。

3）单击“全选”按钮，单击“确定”按钮，生成转账凭证。

4）单击“保存”按钮，系统自动将当前凭证追加到未记账凭证中。

5）以“马群”的身份将生成的自动转账凭证审核、记账。

4.4.2　对账及试算平衡

对账是对账簿数据进行核对，以检查记账是否正确，是否账账相符。对账包括总账与明细账、总账与辅助账的核对。试算平衡时系统会将所有账户的期末余额按会计平衡公式“借方余额=贷方余额”进行平衡检验，并输出科目余额表。正常情况下，系统自动记账后，应该是账账相符的，账户余额也是平衡的。但由于非法操作或计算机病毒等原因有时可能会造成数据被破坏，因而引起账账不符，为了检查是否账证相符、账账相符及账户余额是否平衡，应经常使用对账及试算平衡功能。结账时，一般系统会自动进行对账和试算平衡。

实战演练：对账

由于静进行月末对账。

1）执行“期末”→“对账”命令，打开“对账”对话框。

2）将光标定位在要进行对账的月份“2013.01”，单击“选择”按钮。

3）单击“对账”按钮，开始自动对账，并显示对账结果，如图 4-47 所示。

图 4-47　对账

4）单击“试算”按钮，可以对各科目类别余额进行试算平衡。

4.4.3　结账

每月工作结束后，月末都要进行结账。结账前最好要进行数据备份。结账后，当月不能再填制凭证，并终止各账户的记账工作。同时，系统会自动计算当月各账户发生额合计及余额，并将其转入下月月初。本月结账时，系统会进行下列检查工作。

1）检查本月业务是否已全部记账，有未记账凭证时不能结账。

2）检查上月是否已结账，上月未结账，则本月不能结账。实际上，上月未结账，本月也不能记账，只能填制、复核凭证。

3）核对总账与明细账、总账与辅助账，账账不符不能结账。

4）对科目余额进行试算平衡，试算结果不平衡将不能结账。
5）损益类账户是否已结转至本年利润。
6）当各子系统集成应用时，总账系统必须在其他各子系统结账后才能最后结账。

实战演练：结账和取消结账

由于静进行月末结账。
1）执行“期末”→“结账”命令，进入“结账”界面。
2）单击要结账月份“2013.01”，单击“下一步”按钮。
3）单击“对账”按钮，系统对要结账的月份进行账账核对。
4）单击“下一步”按钮，系统显示“2013 年 01 月工作报告”，如图 4-48 所示。

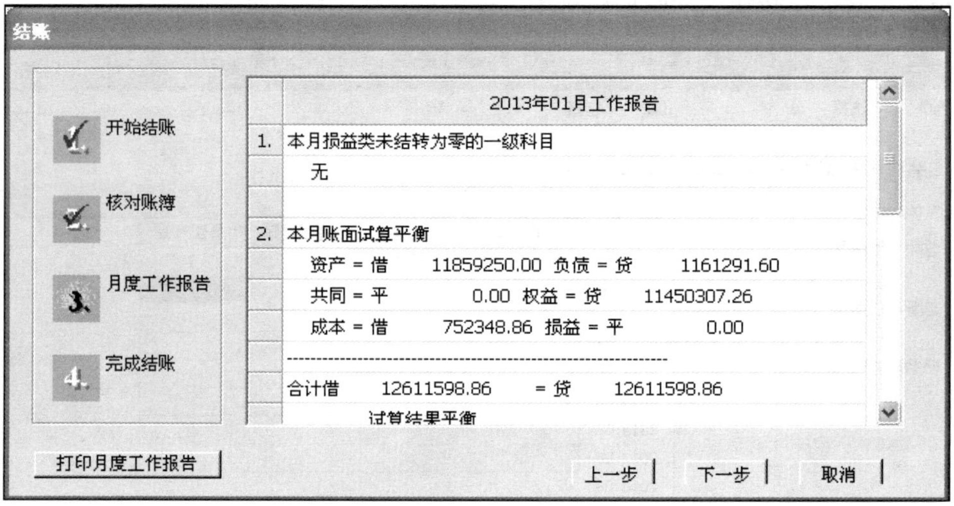

图 4-48 结账——月度工作报告

5）查看工作报告后，单击“下一步”按钮，单击“结账”按钮，若符合结账要求，系统将进行结账，否则不予结账。

注意：

- 结账只能由有结账权限的人进行。
- 本月还有未记账凭证时，则本月不能结账。
- 结账必须按月连续进行，上月未结账，则本月不能结账。
- 若总账与明细账对账不符，则不能结账。
- 如果与其他系统联合使用，其他子系统未全部结账，则本月不能结账。
- 结账前，要进行数据备份。

取消结账

1）执行“期末”→“结账”命令，进入“结账”界面。
2）选择要取消结账的月份“2013.01”。
3）按“Ctrl+Shift+F6”组合键激活“取消结账”功能。

4）输入主管口令，单击“确认”按钮，取消结账标记。

注意：

- 结完账后，由于非法操作或计算机病毒或其他原因可能会造成数据被破坏，这时可以在此使用“取消结账”功能。

复习思考题

1. 总账系统提供的主要功能包括哪些？
2. 总账系统与其他子系统之间的关系是怎样的？
3. 总账系统的业务流程是怎样的？
4. 总账选项设置的意义是什么？内容是什么？
5. 计算机系统需要哪些期初数据？年初建账和年中建账有何不同？
6. 日常业务处理包括哪些主要内容？
7. 凭证处理的关键步骤是什么？
8. 凭证录入的主要项目包括哪些？
9. 凭证查询时能查到哪些相关信息？
10. 总账系统中包括哪些基本会计核算账簿？
11. 出纳管理包括哪些主要功能？
12. 什么是转账定义？系统提供了哪些转账定义？
13. 如何进行转账定义？
14. 结账前需要进行哪些检查？
15. 对比手工处理和计算机处理在账务处理上的异同。

实验三　总账系统初始设置

【实验目的】

掌握用友 ERP-U8 管理软件中总账系统初始设置的相关内容，理解总账系统初始设置的意义，掌握总账系统初始设置的具体内容和操作方法。

【实验准备】

引入实验二账套数据。

【实验内容】

1. 总账系统选项设置。
2. 期初余额录入。

【实验要求】

以“贾涛”的身份进行初始设置。

【实验资料】

1. 总账控制参数

总账控制参数如表 4-7 所示。

表 4-7　总账控制参数

选项卡	参数设置
凭证	制单序时控制 支票控制 赤字控制：资金及往来科目　　赤字控制方式：提示 可以使用应收、应付、存货受控科目 取消选中“现金流量科目必录现金流量项目”复选框 凭证编号方式采用系统编号
账簿	账簿打印位数按软件的标准设定 明细账打印按年排页
凭证打印	打印凭证的制单、出纳、审核、记账等人员姓名
预算控制	超出预算允许保存
权限	出纳凭证必须经由出纳签字 允许修改、作废他人填制的凭证 可查询他人凭证 明细账查询权限控制到科目
会计日历	会计日历为“1 月 1 日—12 月 31 日” 数量小数位和单价小数位设为 2 位
其他	外币核算采用固定汇率 部门、个人、项目按编码方式排序

2. 期初余额

（1）总账期初明细（见第 3 章实验二中的“会计科目”）

（2）辅助账期初明细

辅助账期初明细如表 4-8～表 4-11 所示。

表 4-8　应收账款往来明细

1122 应收账款　　余额：借 75 780 元

日期	凭证号	客户	摘要	方向	金额/元	业务员
2012-10-25	转-96	新京城市学院	销售商品	借	72 000	宋广利
2012-11-10	转-15	致远科技有限公司	销售商品	借	3 780	宋广利

表 4-9　其他应收款往来明细

1221　其他应收款　　余额：借 6 800 元

日期	凭证号	部门	个人	摘要	方向	金额/元
2012-12-26	付-118	企管办	郝佳	出差借款	借	4 000
2012-12-27	付-122	销售一部	宋广利	出差借款	借	2 800

表 4-10　应付账款往来明细

2202 应付账款　　　　余额：贷 144 000 元

日　期	凭 证 号	供 应 商	摘　要	方　向	金额/元	业 务 员
2012-10-20	转-62	启星	购买计算机	贷	144 000	刘志鹏

表 4-11　会计科目

5001 生产成本　　　　余额：借 25 000 元

科 目 名 称	台式机/元	笔记本/元	合计/元
直接材料（500101）	12 000	23 000	25 000

实验四　总账管理日常业务处理

【实验目的】

掌握用友 ERP-U8 管理软件中总账系统日常业务处理的相关内容，熟悉总账系统日常业务处理的各种操作，掌握凭证管理和账簿管理的具体内容和操作方法。

【实验准备】

引入实验三账套数据。

【实验内容】

1．凭证管理：填制凭证、出纳签字、审核凭证、凭证记账的操作方法。

2．账簿管理：总账、科目明细账、明细账、辅助账的查询方法。

3．现金管理：现金、银行存款日记账和资金日报表的查询。

4．往来管理：往来账查询。

5．项目管理：项目账查询。

【实验要求】

1．以“任志刚”的身份进行填制凭证，凭证查询操作。

2．以“侯爱华”的身份进行出纳签字，现金、银行存款日记账和资金日报表的查询，支票登记。

3．以“贾涛”的身份进行审核、记账、账簿查询操作。

【实验资料】

1．凭证管理

（1）填制凭证

1 月经济业务如下。

1）2 日，销售一部宋广利报销业务招待费 1 200 元，以现金支付。（附单据一张）

借：销售费用/招待费（660105）　　　　1 200

　　贷：库存现金（1001）　　　　1 200

2）3 日，财务部侯爱华从工行人民币户提取现金 10 000 元，作为备用金。（现金支票号 XJ001）

借：现金（1001） 10 000
　　贷：银行存款/中行存款/人民币户（10020101） 10 000

3）5 日，收到顶益集团投资资金 100 000 美元，汇率为 1∶6.36。（转账支票号 ZZW001）

借：银行存款/中行存款/美元户（10020102） 636 000
　　贷：实收资本（4001） 636 000

4）8 日，采购部徐乐采购鼠标 80 个，单价为 90 元，材料直接入库，货款以银行存款支付。（转账支票号 ZZR001）

借：原材料/鼠标（140303） 7 200
　　贷：银行存款/中行存款/人民币户（10020101） 7 200

5）10 日，销售一部宋广利收到新京城市学院转来一张转账支票，金额为 50 000 元，用于偿还前欠货款。（转账支票号 ZZR002）

借：银行存款/中行存款/人民币户（10020101） 50 000
　　贷：应收账款（1122） 50 000

6）12 日，采购部徐乐从迅捷科技购入杀毒软件 100 套，单价为 65 元，货税款暂欠，已验收入库。（适用的税率为 17%）

借：库存商品 （1405） 6 500
　　应交税费/应交增值税/进项税额（22210101） 1 105
　　贷：应付账款（2202） 7 605

7）16 日，企管办购办公用品 170 元，付现金。

借：管理费用/办公费（660203） 170
　　贷：库存现金（1001） 170

8）18 日，企管办郝佳出差归来，报销差旅费 4 000 元，交回现金 440 元。

借：管理费用/差旅费（660204） 3 560
　　库存现金（1001） 440
　　贷：其他应收款 （1221） 4 000

9）20 日，生产部领用硬盘 40 盒，单价为 380 元，用于生产台式机。

借：生产成本/直接材料（500101） 15 200
　　贷：原材料/硬盘（140302） 15 200

（2）修改凭证

1）经查，16 日企管办购办公用品 190 元误录为 170 元。

2）经查，12 日采购部系从供应商“启星”购入的杀毒软件 100 套。

（3）删除凭证

经查，2 日宋广利报销的业务招待费属个人消费行为，不允许报销，现金已追缴，业务上不再反映。

（4）出纳签字

由出纳侯爱华对所有涉及现金和银行科目的凭证签字。

（5）审核凭证

由账套主管贾涛对凭证进行审核。

（6）记账

由账套主管贾涛对凭证进行记账。

（7）查询凭证

查询现金支出在 100 元以上的凭证。

2．账簿查询

1）查询 2013.01 余额表。
2）查询原材料——硬盘数量金额明细账。
3）定义并查询管理费用多栏账。
4）查询 2013.01 部门收支分析表。
5）查询企管办郝佳个人往来清理情况。

4．往来账查询

1）查询供应商“启星”明细账。
2）进行客户往来账龄分析。

5．项目账查询

1）查询“台式机”项目明细账。
2）进行项目统计分析。

6．出纳管理

1）查询现金日记账。
2）查询资金日报。
3）支票登记簿。

22 日，采购部徐乐借转账支票一张采购硬盘，票号为 155，预计金额为 40 000 元。

实验五　总账管理期末处理

【实验目的】

掌握用友 ERP-U8 管理软件中总账系统月末处理的相关内容，熟悉总账系统月末处理业务的各种操作，掌握银行对账、自动转账设置与生成、对账和月末结账的操作方法。

【实验准备】

引入实验四账套数据。

【实验内容】

1．银行对账。
2．自动转账。
3．对账。
4．结账。

【实验要求】

1．以“侯爱华”的身份进行银行对账操作。
2．以“任志刚”的身份进行自动转账操作。
3．以“贾涛”的身份进行审核、记账、对账、结账操作。

【实验资料】

1．银行对账

（1）银行对账期初

新锐科技银行账的启用日期为 2013/01/01，工行人民币户企业日记账调整前余额为 189 282.02 元，银行对账单调整前余额为 211 282.02 元，未达账项一笔，系银行已收企业未收款 22 000 元。

（2）银行对账单

银行对账单如表 4-12 所示。

表 4-12　1 月银行对账单

日　期	结 算 方 式	票　号	借方金额/元	贷方金额/元
2013.1.03	201	XJ001		10 000
2013.1.06				60 000
2013.1.08	202	ZZR001		7 200
2013.1.10	202	ZZR002	50 000	

2．自动转账定义

（1）自定义结转

计提短期借款利息（年利率为 8%）：

借：财务费用/利息支出（660301）　　　　JG() 取对方科目计算结果

　　贷：应付利息 （2231）　　　　短期借款 2001 科目的期初贷方余额*8%/12

（2）期间损益结转

设置本年利润科目为 4103。

3．自动转账生成

1）生成上述定义的自定义凭证，并审核、记账。

1）生成期间损益结转凭证，并审核记账。

4．对账

5．结账

FIVE

第 5 章 UFO 报表系统

本章学习目标

- 了解报表管理系统的主要功能、与 ERP 其他系统间的数据关系
- 熟悉报表管理系统的操作流程
- 理解利用报表系统自定义企业管理报表的原理
- 学会利用报表模板生成标准财务报告
- 学会编制现金流量表

会计报表是综合反映企业某一特定日期财务状况和某一会计期间经营成果、现金流量的书面文件，是财会部门提供会计信息资料的一种重要手段。通过日常会计核算，虽然可以提供反映会计主体经营活动和财务收支情况的会计信息，但是这些资料分散在会计凭证和会计账簿中，难以满足会计信息使用者的需要，也难以满足企业内部加强经营管理的需要。因此，有必要在日常会计核算的基础上，根据会计信息使用者的需要，定期对日常会计核算资料进行加工处理和分类。通过编制会计报表，可以综合、清晰地反映会计主体的财务状况和经营成果及收支情况。因此，会计报表系统在整个会计信息系统中占有非常重要的地位。

5.1 报表管理系统的工作原理

5.1.1 报表管理系统的功能

报表系统主要完成报表格式设计和报表数据处理，从账务系统或其他业务系统中取得有关会计核算信息生成会计报表，进行报表汇总，生成各种分析图，并按预定格式输出各种会计报表。

UFO 报表系统是用友 ERP-U8 管理系统的重要组成部分，主要功能如下。

1. 报表格式设计

如果把一张报表拆分为相对固定的内容和相对变动的内容两部分。相对固定的内容包括报表的标题、表格部分、表中的项目、表中数据的来源等；相对变动的内容主要是报表中的数据。报表格式设计是指在计算机系统中建立一张报表中相对固定的部分，相当于在计算机中建立一个报表模板，供以后编制此类报表时调用。UFO 报表系统提供了丰富的格式设计功能，包括设置报表行列数、定义组合单元、画表格线、定义报表关键字、设置公式等。

2. 报表数据处理

报表数据处理是根据预先设置的报表格式和报表公式进行数据采集、计算、汇总等，生成会计报表。除此以外，UFO 报表系统还提供了排序、审核、舍位平衡、汇总等功能。

3. 图表处理功能

图表具有比数据报表直观的优势。UFO 的图表处理功能能够方便地对报表数据进行图形组织，制作包括直方图、立体图、圆饼图、折线图等多种分析图表，并能编辑图表的位置、大小、标题、字体、颜色等，打印输出各种图表。

4. 文件管理功能

利用文件管理功能可以方便地完成报表文件的创建、保存等一般文件管理功能；能够进行不同文件格式的转换，包括文本文件、*.mdb 文件、Excel 文件等。提供标准财务数据的导入、导出功能。

5. 行业报表模板

UFO 报表系统中按照会计制度提供了不同行业的标准财务报表模板，简化了用户的报表格式设计工作。如果标准行业报表仍不能满足需要，系统还提供了自定义模板的功能。

此外，UFO 报表系统还提供了强大的二次开发功能，方便用户进行各种定制。

5.1.2 报表管理系统与其他子系统的主要关系

会计报表系统主要是从其他子系统中提取编制报表所需的数据。总账、工资、固定资产、应收、应付、采购、库存、存货核算和销售子系统均可向报表系统传递数据，以生成财务部门所需的各种会计报表。

5.1.3 报表系统的相关概念

1. 格式状态和数据状态

UFO 将报表制作分为两大部分来处理，即报表格式设计工作与报表数据处理工作。

在报表格式设计状态下进行有关格式设计的操作，如表尺寸、行高列宽、单元属性、单元风格、组合单元、关键字及定义报表的单元公式（计算公式）、审核公式及舍位平衡公式。在格式状态下时，所看到的是报表的格式，报表的数据全部隐藏。在格式状态下所做的操作对本报表所有的表页都发生作用。在格式状态下不能进行数据的录入、计算等操作。

在报表的数据状态下管理报表的数据，如输入数据、增加或删除表页、审核、舍位平衡、制作图形、汇总、合并报表等。在数据状态下不能修改报表的格式，看到的是报表的全部内容，包括格式和数据。

报表工作区的左下角有一个“格式/数据”按钮，单击这个按钮可以在格式状态和数据状态之间切换。

2．单元

单元是组成报表的最小单位，单元名称由所在行、列标识。行号用数字 1～9999 表示，列标用字母 A～IU 表示。例如，D3 表示第 4 列第 3 行的那个单元。单元类型有数值单元、字符单元和表样单元 3 种。

数值单元用于存放报表的数据，在数据状态下输入。数字可以直接输入或由单元中存放的单元公式运算生成。建立一个新表时，所有单元的类型缺省为数值型。

字符单元可存储字符型数据，在数据状态下输入。其内容可以是汉字、字母、数字及各种键盘可输入的符号组成的一串字符。字符单元的内容也可由单元公式生成。

表样单元可存储报表的格式，是定义一个没有数据的空表所需的所有文字、符号或数字。一旦单元被定义为表样，那么在其中输入的内容对所有表页都有效。表样单元在格式状态下输入和修改，在数据状态下不允许修改。

3．组合单元

由于一个单元只能输入有限个字符，在实际工作中有的单元有超长输入情况，这时，可以采用系统提供的组合单元。组合单元是由相邻的两个或更多的单元组成的，这些单元必须是同一种单元类型（表样、数值、字符）。报表系统在处理报表时将组合单元视为一个单元。可以组合同一行相邻的几个单元，可以组合同一列相邻的几个单元，也可以把一个多行多列的平面区域设为一个组合单元。组合单元的名称可以用区域的名称或区域中的单元的名称来表示。例如，把 C3 到 F6 定义为一个组合单元，这个组合单元可以用“C3”、“F6”或“C3:F6”表示。

4．区域

区域由一张表页上的一组单元组成，自起点单元至终点单元是一个完整的长方形矩阵。例如，B2 到 E5 的长方形区域表示为 B2:E5，起点单元与终点用“:”连接。

5．表页

每一张表页是由许多单元组成的。一个报表中的所有表页具有相同的格式，但其中的数据不同。报表中表页的序号在表页的下方以标签的形式出现，称为“页标”。例如，当前表的第 2 页，可以表示为@2。

6．二维表和三维表

确定某一数据位置的要素称为“维”。在一张有方格的纸上填写一个数字，这个数字的位置可通过行和列（二维）来描述。

如果将一张有方格的纸称为表，那么这个表就是二维表，通过行（横轴）和列（纵轴）可以找到这个二维表中的任何位置的数据。

如果将多个相同的二维表叠在一起，找到某一个数据其要素需要增加一个，即表页号（z 轴），这一叠表称为一个三维表。

如果将多个不同的三维表放在一起，要从这样多个三维表中找到一个数据，又需要增加一个要素，即表名。三维表中的表间操作即称为“四维运算”。

7．固定区和可变区

固定区是组成一个区域的行数和列数的数量是固定的数目。一旦设定好，在固定区域内其单元总数是不变的。

可变区是屏幕显示一个区域的行数或列数是不固定的数字，可变区的最大行数或最大列数是在格式设计状态中设定的。

在一个报表中只能设置一个可变区，或是行可变区或是列可变区。行可变区是指可变区中的行数是可变的；列可变区是指可变区中的列数是可变的。设置可变区后，屏幕只显示可变区的第一行或第一列，其他可变行列隐藏在表体内。在以后的数据操作中，可变行列数随着需要而增减。

有可变区的报表称为可变表；没有可变区的表称为固定表。

8．关键字

关键字是游离于单元之外的特殊数据单元，可以唯一标识一个表页，用于在大量表页中快速选择表页。例如，一个资产负债表的表文件可以存放一年 12 个月的资产负债表（甚至多年的多张表），当要对某一张表页的数据进行定位时，就需要设定一些定位标志，这些定位标志就被称为关键字。关键字的显示位置在格式状态下设置，关键字的值则在数据状态下录入，每张报表可以定义多个关键字。

通常关键字可以有以下几种。

1）单位名称：该报表表页编制单位的名称。

2）单位编号：该报表表页编制单位的编号。

3）年：该报表表页反映的年度。

4）季：该报表表页反映的季度。

5）月：该报表表页反映的月份。

6）日：该报表表页反映的日期。

除了以上常见的关键字之外，系统通常还会提供一个自定义关键字功能，方便用户灵活定义并运用这些关键字。

5.1.4　制作报表的流程

下面给出制作报表的完整流程。一般来讲，在下面讨论的制表流程步骤中，第 1、第 2、第 4、第 7 步是必需的，因为要完成报表处理，一定要有启动系统建立报表、设计格式、数据处理、退出系统这些基本过程。

1．启动 UFO，建立报表

在 UFO 报表系统新建报表时，系统自动建立一张空表，默认表名为“report1”，并进入格式状态。这时可以在这张报表上开始设计报表格式，在保存文件时按照文件命名的基本规定为这张报表命名。

1）执行“财务会计”|“UFO 报表”命令，进入 UFO 报表管理系统。

2）系统打开“日积月累”对话框，单击“关闭”按钮。

3）执行“文件”|“新建”命令，建立一张空白报表，报表名默认为“report1”。

2. 设计报表的格式

报表的格式设计在格式状态下进行，格式对整个报表都有效。包括以下操作。

1）设置表尺寸：定义报表的大小即设定报表的行数和列数。

2）录入表内文字：包括表头、表体和表尾（关键字值除外）。在格式状态下定义了单元内容的自动默认为表样型，定义为表样型的单元在数据状态下不允许修改和删除。

3）确定关键字在表页上的位置，如单位名称、年、月等。

4）定义行高和列宽。

5）定义组合单元：把几个单元作为一个单元使用。

6）设置单元风格：设置单元的字型、字体、字号、颜色、图案、折行显示等。

7）设置单元属性：把需要输入数字的单元定为数值单元；把需要输入字符的单元定为字符单元。

8）画表格线。

9）设置可变区：确定可变区在表页上的位置和大小。

3. 定义各类公式

公式的定义在格式状态下进行，计算公式定义了报表数据之间的运算关系，可以实现报表系统从其他子系统取数。在报表单元中输入“=”就可以直接定义计算公式，所以称为单元公式。

审核公式：用于审核报表内或报表之间的勾稽关系是否正确。

舍位平衡公式：用于报表数据进行进位或小数取整时调整数据，避免破坏原数据平衡。

4. 报表数据处理

报表格式和报表中的各类公式定义好之后，就可以输入数据并进行处理了。报表数据处理在数据状态下进行。包括以下操作。

1）因为新建的报表只有一张表页，需要追加多个表页。

2）如果报表中定义了关键字，则输入每张表页上关键字的值。

例如，输入关键字“单位名称”的值：给第一页输入“甲单位”，给第二页输入“乙单位”，给第三页输入“丙单位”等。

3）在数值单元或字符单元中录入数据。

4）如果报表中有可变区，可变区初始只有一行或一列，需要追加可变行或可变列，并在可变行或可变列中输入数据。

随着数据的输入，当前表页的单元公式将自动运算并显示结果。如果报表有审核公式和舍位平衡公式，则执行审核和舍位。若需要，做报表汇总和合并报表。

5. 报表图形处理

选取报表数据后可以制作各种图形，如直方图、圆饼图、折线图、面积图、立体图。图形可随意移动；图形的标题、数据组可以按照要求设置，图形可以打印输出。

6. 打印报表

可控制打印方向，横向或纵向打印；可控制行列打印顺序；不但可以设置页眉和页脚，还可设置财务报表的页首和页尾；可缩放打印；利用打印预览可观看打印效果。

7. 退出

所有操作进行完毕之后，不要忘了保存报表文件，保存后可以退出 UFO 报表系统。如果忘记保存文件，UFO 报表在退出前将有提示。

5.2 报表格式设计演练

报表格式就是一张报表的框架。报表的格式在格式状态下设计，整个报表文件的所有表页格式都相同。报表格式设计主要包括报表尺寸定义、单元属性定义、组合单元定义和关键字设置等内容。报表格式设计工作虽然烦琐，但属于一次性工作，一旦设计完成此后可以重复使用，可谓“一劳永逸”。

进行报表格式设计之前，需要事先准备好手工表样。以利润表为例，如图 5-1 所示。

利润表　　标题

会企 02 表

编制单位　　年　月　　单位：元　　表头

项　目	行　次	本 月 数	本 年 累 计
一、主营业务收入	1	2,058,000.00	2,058,000.00
减：主营业务成本	2	1,138,025.12	1,138,025.12
主营业务税金及附加	4	17,035.85	17,035.85
二、主营业务利润	5	894,796.13	894,796.13
加：其他业务利润	6		
减：营业费用			
管理费用	7	69,568.74	69,568.74
财务费用	8	15,500.27	15,500.27
三、营业利润	9	809,727.12	809,727.12
加：投资收益	10		
补贴收入	11		
营业外收入	12		
减：营业外支出	13		
四、利润总额	15	809,727.12	809,727.12
减：所得税	16	267,209.95	267,209.95
五、净利润	17	542,517.17	542,517.17

表体

单位负责人：　　财务主管：

复　　核：　　制　　表：　　报送日期：　　表尾

图 5-1　利润表手工表样

5.2.1　固定表格式设计

固定表是指报表的行和列相对固定的报表。

1．设置表尺寸

设置表尺寸就是定义报表的行数和列数。报表的行数包括标题、表头、表体和表尾几个部分。例如，上述利润表的表尺寸是 22 行 4 列。

2．输入报表标题

标题用来描述报表的名称，一般标题会采用稍大一些的字号和与表中项目不同的字体，且居中显示。这就需要通过设置单元风格、组合单元来实现。

3．定义表头和关键字

表头一般是用来描述报表的编制单位的名称、日期等辅助信息和报表栏目的。如果报表的编制单位是固定的，可以作为表样型数据处理。报表的编制日期是从账务系统及其他系统采集数据的依据，一般需要定义为关键字。报表的栏目定义了报表的内容及结构。

4．定义表尾

表尾指表体以下的辅助说明信息，如制表人、审核人等。

实战演练：由账套主管自定义一张货币资金表

由账套主管自定义一张货币资金表，如表 5-1 所示。

表 5-1　货币资金表

编制单位：菲尼公司　　　　　　　　年　月　日　　　　　　　　单位：元

项　　目	行　　次	期　初　数	期　末　数
库存现金	1		
银行存款	2		
合计	3		

制表人：

说明：

表头：

标题“货币资金表”设置为“黑体，14 号，居中”。

“编制单位”一行设置为“黑体，12 号”，编制单位：左对齐，垂直居中，单位：右对齐，垂直居中，

年、月、日应设为关键字。

表体：

表体中文字设置为“楷体，12 号，居中”。

表尾：

“制表人：”设置为“宋体，10 号，右对齐”。

设置报表尺寸

1）执行“格式”→“表尺寸”命令，打开“表尺寸”对话框。

2）输入行数“7”，列数“4”，如图 5-2 所示，单击“确认”按钮。

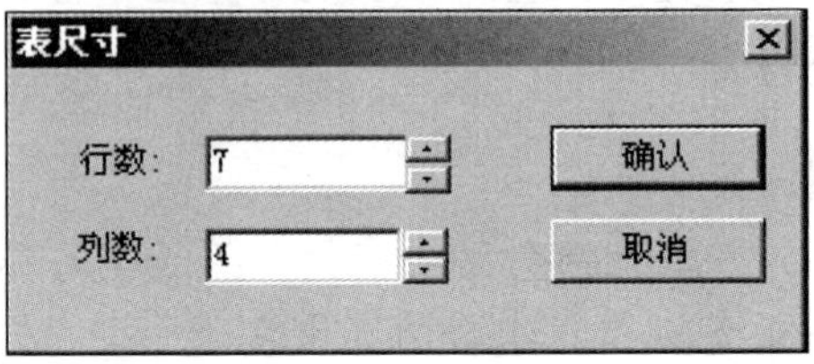

图 5-2　设置表尺寸

定义组合单元

1）选择需合并的区域 A1:D1。

2）执行“格式”→“组合单元”命令，打开“组合单元”对话框，如图 5-3 所示。

3）选择组合方式“整体组合”或“按行组合”，该单元即合并成一个单元格。

4）同理，定义 A2:C2 单元为组合单元。

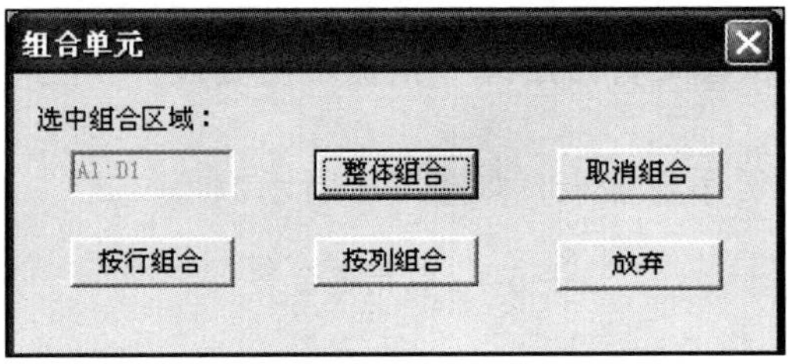

图 5-3　定义组合单元

画表格线

1）选中报表需要画线的区域 A3:D6。

2）执行“格式”→“区域画线”命令，打开“区域画线”对话框，如图 5-4 所示。

3）点选“网线”单选按钮，单击“确认”按钮，将所选区域画上表格线。

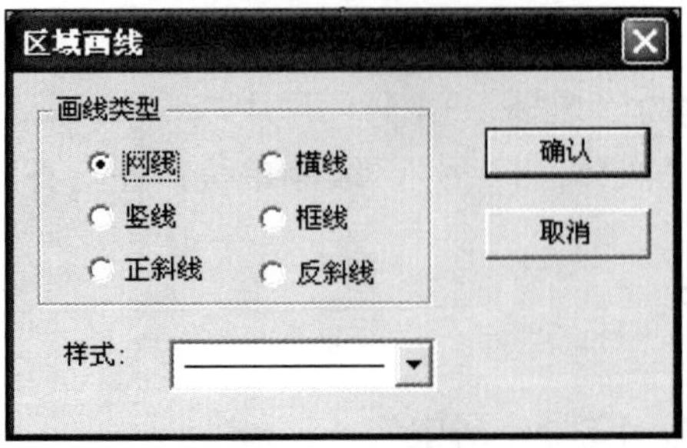

图 5-4　画表格线

输入报表项目

1）选中需要输入内容的单元或组合单元。

2）在该单元或组合单元中输入相关文字内容，如在 A1 组合单元输入“货币资金表”；在 A2 组合单元中输入“编制单位：菲尼公司”。同理，输入其他报表项目，完成后如图 5-5 所示。

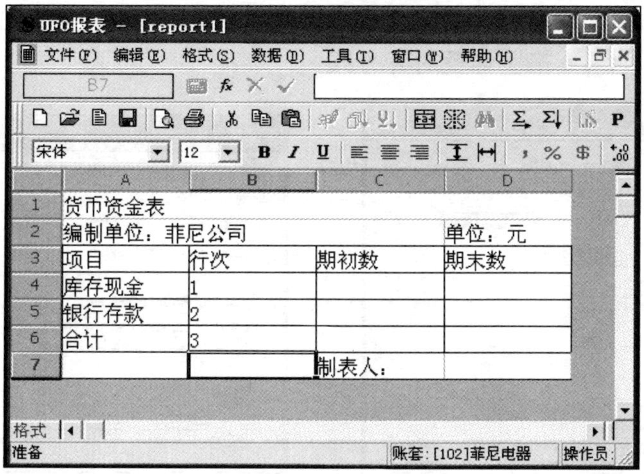

图 5-5　输入报表项目

注意：

- 报表项目指报表的文字内容，主要包括表头内容、表体项目、表尾项目等。不包括关键字。
- 日期一般不作为文字内容输入，而是需要设置为关键字。

定义报表行高和列宽

1）选中需要调整的单元所在行 A1。
2）执行“格式”→“行高”命令，打开“行高”对话框。
3）输入行高“7”，如图 5-6 所示，单击“确定”按钮。
4）选中需要调整的单元所在列，执行“格式”→“列宽”命令，可设置该列的宽度。

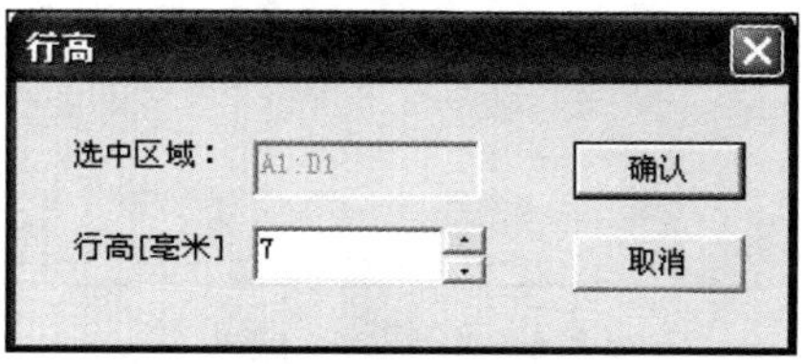

图 5-6　设置行高

注意：

行高、列宽的单位为毫米。

设置单元风格

1）选中标题所在组合单元 A1。
2）执行“格式”→“单元属性”命令，打开“单元格属性”对话框。
3）选择“字体图案”选项卡，设置字体“黑体”，字号“14”，如图 5-7 所示。
4）选择“对齐”选项卡，设置对齐方式“居中”，如图 5-8 所示，单击“确定”按钮。
5）同理，设置其他单元格字体及对齐方式。

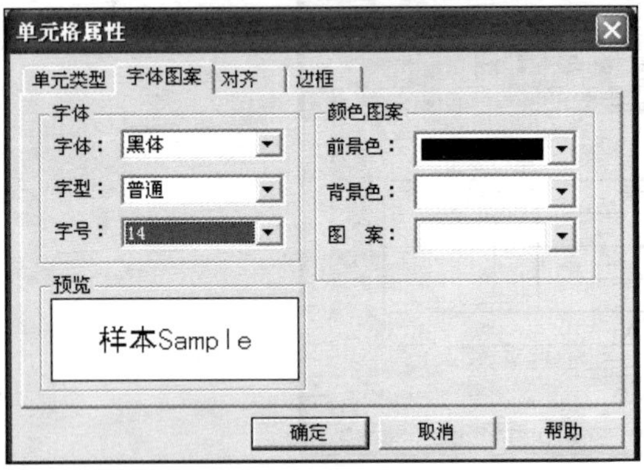

图 5-7　设置字体

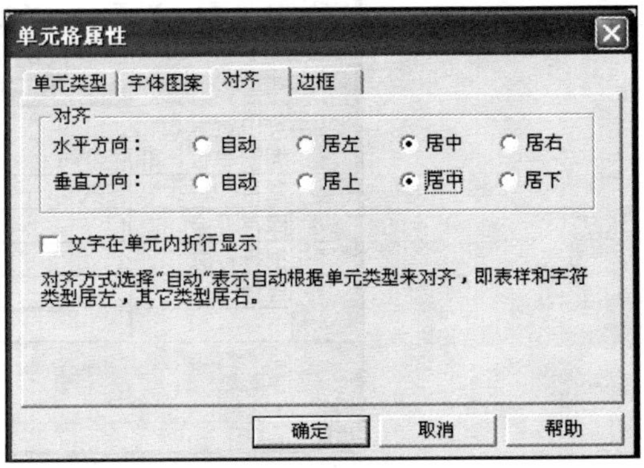

图 5-8　设置对齐方式

定义单元属性

1）选中单元格 D7。
2）执行“格式”→“单元属性”命令，打开“单元格属性”对话框。
3）在“单元类型”选项卡中，选择单元类型“字符”，如图 5-9 所示，单击“确定”按钮。

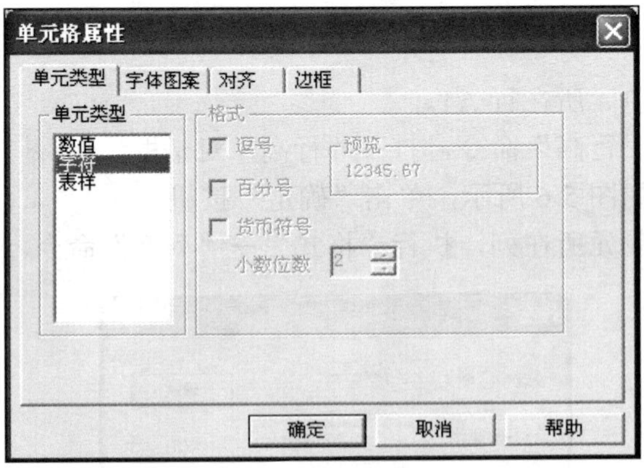

图 5-9　设置单元属性

注意：

- 格式状态下输入内容的单元均默认为表样单元，未输入数据的单元均默认为数值单元，在数据状态下可输入数值。若希望在数据状态下输入字符，应将其定义为字符单元。
- 字符单元和数值单元输入后只对本表页有效，表样单元输入后对所有表页有效。

设置关键字

1）选中需要输入关键字的组合单元 A2。
2）执行“数据”→“关键字”→“设置”命令，打开“设置关键字”对话框。
3）点选“年”单选按钮，如图 5-10 所示，单击“确定”按钮。
4）同理，设置“月”、“日”关键字。

注意：
- 每个报表可以同时定义多个关键字。
- 如果要取消关键字，须执行“数据”→“关键字”→“取消”命令。

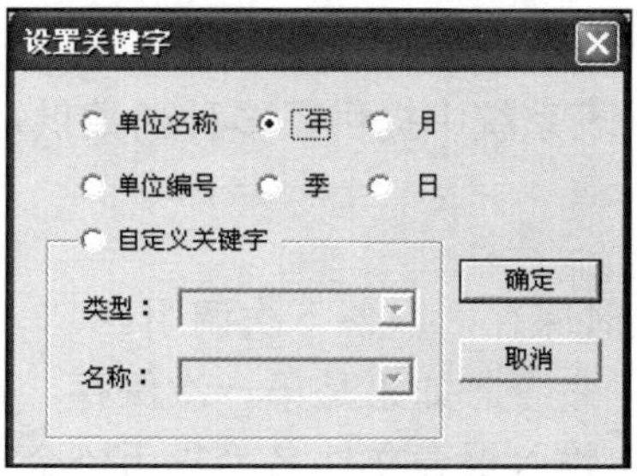

图 5-10　设置关键字

调整关键字位置

1）执行“数据”→“关键字”→“偏移”命令，打开“定义关键字偏移”对话框。
2）在需要调整位置的关键字后面输入偏移量：年“-60”，月“-30”，日“0”，如图 5-11 所示。

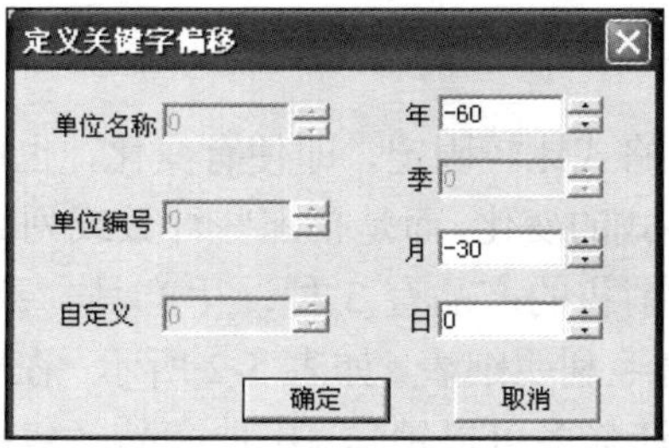

图 5-11　关键字偏移

3）单击“确定”按钮。

注意：
- 关键字的位置可以用偏移量来表示，负数值表示向左移，正数值表示向右移。在调整时，可以通过输入正或负的数值来调整。
- 关键字偏移量单位为像素。

5．定义表体

表体是报表的核心内容，主要包括各种项目和数据。项目一般作为表样型数据输入；数据部分根据编报日期不断变化，一般是根据函数从账务系统或其他系统采集或汇总计算得到的，属于数值型数据。因此，定义表体的关键内容是表中项目的数据来源的定义。

表中项目数据的来源有以下几个。

1）从账务系统或其他系统中取得。例如，利润表中的主营业务收入取自账务系统“主营业务收入”的本期贷方发生数。

2）通过表中项目的计算得到。例如，利润表中主营业务利润等于主营业务收入减主营业务成本和主营业务税金及附加。

3）从本表其他表页取数得到。例如，利润表中的“本年累计”一列等于本表的“本月数”加上上个月的“本年累计”。如果是用同一个报表文件存放全年 12 个月的利润表，那么就涉及本表他页取数问题。

4）从其他报表中取数。

针对以上种种情况，UFO 报表系统中提供了多种函数供定义数据公式使用。

6．保存报表

报表格式设计完成后，应及时保存，以备下次调用。

1）执行“文件”→“保存”命令。如果是第一次保存，则打开“另存为”对话框。

2）选择保存文件夹的目录，输入报表文件名“货币资金表”；选择保存类型“*.rep”，单击“保存”按钮。

注意：

- 报表格式设置完以后切记要及时将这张报表格式保存下来，以便以后随时调用。
- 如果没有保存就退出，系统会提示“是否保存报表？”，以防止误操作。
- “.rep”为用友报表文件专用扩展名。

5.2.2　可变表格式设计

一般来说，企业常用报表的格式比较固定，即使有变化，也可以通过修改固定表来实现。本节要讲的可变表不是指固定表格式的变化，而是指那些行数或列数不固定，随实际需要变动的表。

例如，ABC 公司 9、10 月销售的产品有 3 种：甲产品、乙产品、丙产品。为考核各种产品的获利能力，设计了产品销售毛利明细表，如表 5-2 所示。在表中产品的品种是可以变化的，假定在 2012 年度 ABC 公司预计最多可以销售 10 种产品（包括甲、乙、丙 3 种产品），这就用到了可变表制作。

表 5-2　9 月产品销售毛利明细表

单位：元

产品品种	销售收入	销售成本	销售毛利
甲	70 000	40 000	
乙	50 000	30 000	
丙	30 000	10 000	
合计	150 000	80 000	

制作可变表的步骤基本同固定表，所不同的是增加了可变区的设计。

一个报表只能定义一个可变区。本表属于列固定、行可变。

5.2.3　报表公式设置

由于各种报表之间存在着密切的数据间的逻辑关系，因此报表中各种数据的采集、运算和勾稽关系的检测就用到了不同的公式。主要有计算公式、审核公式和舍位平衡公式。

1. 计算公式

计算公式的作用是从其他子系统的账簿文件中或者本表其他表页中或者其他报表中采集数据，直接填入表中相应的单元或经过简单计算填入相应的单元。因此，通常报表系统会内置一整套从各种数据文件中调取数据的函数。不同的报表软件函数的具体表示方法不同，但这些函数所提供的功能和使用方法一般是相同的。通过计算公式来组织报表数据，既经济又省事，把大量重复、复杂的劳动简单化了。合理地设计计算公式能大大地节约劳动时间，提高工作效率。

计算公式可以直接定义在报表单元中。这样的公式称为“单元公式”。

UFO 允许在报表中的每个数值型、字符型的单元内，写入代表一定运算关系的公式，用来建立表内各单元之间、报表与报表之间或报表系统与其他子系统之间的运算关系，描述这些运算关系的表达式，我们称之为单元公式。为了规范和简化单元公式的定义过程，一般报表系统会提供公式向导，逐步引导公式的建立过程。

2. 审核公式

财务报表中的数据往往存在一定的勾稽关系，如资产负债表中的资产合计应等于负债及所有者权益合计。在实际工作中，为了确保报表数据的准确性，可以利用这种报表之间或报表内的勾稽关系对报表进行编制的正确性检查，用于该种用途的公式称为审核公式。

3. 舍位平衡公式

如果对报表进行汇总，得到的汇总数据可能位数很多，这样，需要把以“元”为单位的报表转换为以“千元”、“万元”为单位的报表，在转换过程中，原报表的平衡关系可能被破坏，因此需要进行调整，使之符合指定的平衡公式。报表经舍位之后，用于重新调整平衡关系的公式称为舍位平衡公式。

实战演练：定义单元公式

定义单元公式——直接输入公式

1）选中需要定义公式的单元 C6，即“库存现金”与“银行存款”的合计数。

2）执行“数据”→“编辑公式”→“单元公式”命令，进入“定义公式”界面。

3）在“定义公式”界面中直接输入“C4+C5”，如图 5-12 所示，单击“确认”按钮。

图 5-12　直接输入公式

注意：

- 单元公式中涉及的符号均为英文半角字符。
- 单击“fx”按钮或双击某公式单元或按“=”键，都可打开“定义公式”对话框。

定义单元公式——引导输入公式

1）选中被定义单元 D5，即“银行存款”期末数。

2）单击“fx”按钮，打开“定义公式”对话框。

3）单击“函数向导”按钮，打开“函数向导”对话框。

4）在“函数分类”列表中选择“用友账务函数”选项，在右边的“函数名”列表中选择“期末（QM）”选项，如图 5-13 所示。

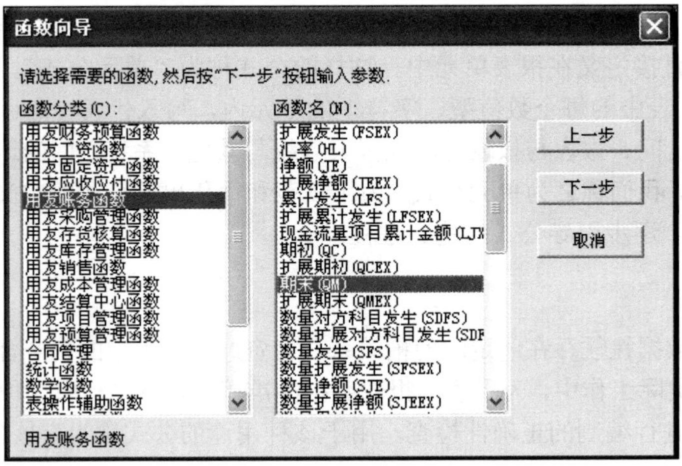

图 5-13 函数向导

5）单击“下一步”按钮，打开“用友账务函数”对话框。单击“参照”按钮，打开“账务函数”对话框。

6）选择科目“1002”，其余各项均采用系统默认值，如图 5-14 所示，单击“确定”按钮，返回“用友账务函数”对话框。

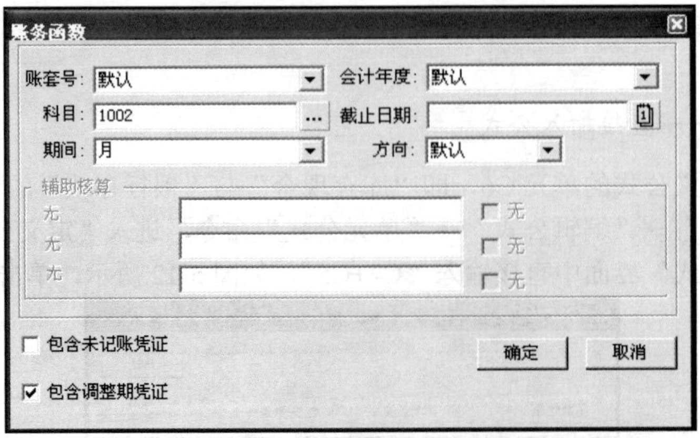

图 5-14 参照账务函数

7）单击“确定”按钮，返回“定义公式”界面，单击“确认”按钮。

8）输入其他单元公式。

注意：

如果未进行账套初始，那么账套号和会计年度需要直接输入。

定义单元公式——引导输入统计函数

1）选中被定义单元 D6。单击“fx”按钮，进入“定义公式”界面。

2）单击“函数向导”按钮，打开“函数向导”对话框。

3）在“函数分类”列表中选择“统计函数”选项，在右边的“函数名”列表中选择“PTOTAL”选项，单击“下一步”按钮，打开“固定区统计函数”对话框。

4）在“固定区区域”文本框中输入“D4:D5”，如图 5-15 所示，单击“确认”按钮返回。

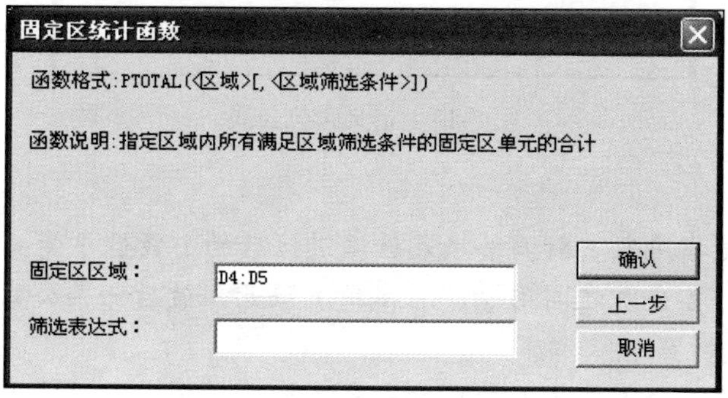

图 5-15 输入统计函数

5）定义完成后如图 5-16 所示。

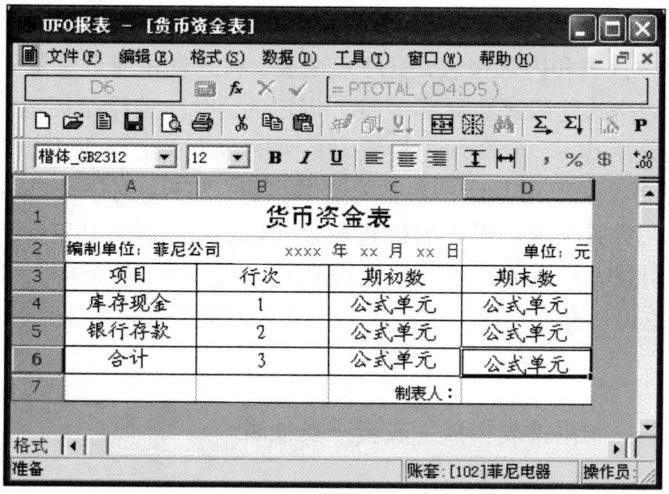

图 5-16 格式设计

定义审核公式

由于“货币资金表”中不存在勾稽关系，故不用建立审核公式。

定义舍位平衡公式

1）执行“数据”→“编辑公式”→“舍位公式”命令，打开“舍位平衡公式”对话框。

2）确定如下信息。舍位表名“SW1”，舍位范围“C4:D6”，舍位位数“3”，平衡公式“C6=C4+C5，D6=D4+D5”，如图 5-17 所示。

3）单击“完成”按钮，保存按钮。

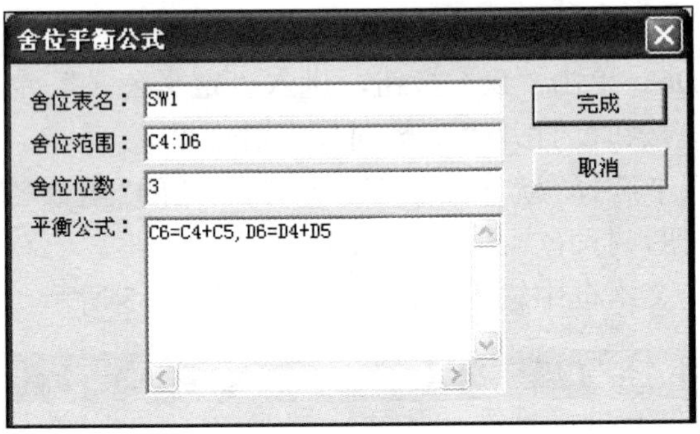

图 5-17 定义舍位公式

注意：

- 舍位平衡公式是指用来重新调整报表数据进位后的小数位平衡关系的公式。
- 每个公式一行，各公式之间用“,”（半角）隔开，最后一条公式不用写逗号，否则公式无法执行。
- 等号左边只能为一个单元（不带页号和表名）。
- 舍位公式中只能使用“+”、“−”符号，不能使用其他运算符及函数。

5.2.4 报表模板

会计报表包括对外报表和内部报表，资产负债表、利润表和现金流量表是主要的 3 张对外财务报告，而这些表的格式是国家会计制度统一规定的。既然表样是规范的，报表系统为了简化用户的报表格式设计工作，一般会预先设置一系列的报表模板以供用户选择使用。用户可以利用报表模板迅速建立一张符合本企业需要的财务报表。此外，对于一些本企业常用报表模板中没有提供的报表，在设置了这些报表的格式和公式以后，可以将其定义为报表模板，以便今后直接调用。灵活运用报表模板无疑可以加快报表处理的效率。如果报表模板与本企业的实际需要存在差异，用户也可以充分利用报表格式和公式设置的功能，对原来的报表模板进行修改，生成新的报表模板。

实战演练：利用报表模板生成资产负债表

1）新建一张空表，在“格式”状态下，执行“格式”|“报表模板”命令，打开“报表模板”对话框。

2）选择您所在的行业“2007 年新会计制度科目”，财务报表“资产负债表”，如图 5-18 所示。

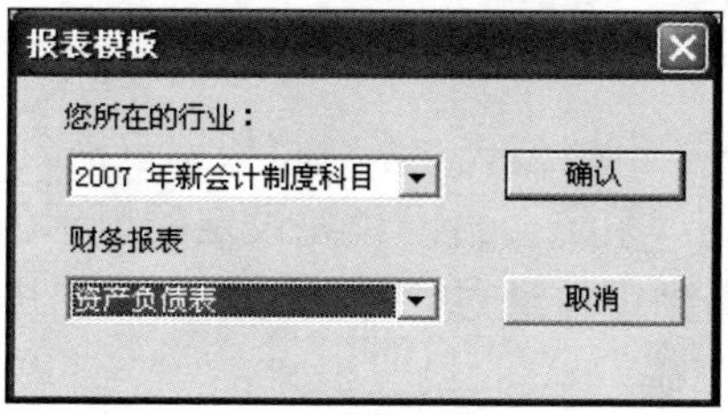

图 5-18 利用报表模板生成报表

3）单击“确认”按钮，系统提示“模板格式将覆盖本表格式！是否继续？”。
4）单击“确定”按钮，即可打开“资产负债表”模板。
5）单击“数据/格式”按钮，使“资产负债表”处于格式状态。
6）根据本单位的实际情况，调整报表格式，修改报表公式。
7）保存调整后报表模板。

5.3 报表数据处理演练

在格式设计工作完成以后，就可以进行报表数据处理了。报表数据处理主要包括报表数据生成、报表审核、报表舍位平衡处理、图表处理、报表输出等内容。

5.3.1 报表编制

报表编制的主要任务是根据预先设定的公式完成报表数据的采集和计算，得到完整的数据表。利用报表系统编制报表的一般包括如下步骤。

1. 打开报表文件

打开已定义好表样格式及公式的报表文件。一个报表文件可能包含多个表页，每个表页用来存放不同会计期间的数据。如果没有存放当期数据的表页，需要插入或追加表页。

2. 输入关键字

不同会计期间企业经营的数据有所不同，如何判定本表页数据取自哪个单位、哪个会计期呢？在系统中是通过设置关键字来识别的，因此在生成报表数据前的重要步骤就是输入关键字的值。

3. 输入基本数据

某些报表单元的数据每月不同，且无法从机内的账簿文件中获取，与其他数据之间也不存在关联关系，那么只能在报表编制时临时输入。

4. 生成报表

在完成基本数据输入和关键字输入后，系统将自动根据计算公式从账务子系统中或其他子系统中采集数据，进行计算，生成报表。在生成报表的过程中，系统将对公式的格式进行检查，如有语法或句法错误，系统将给予提示。

5. 报表审核

报表数据生成后，如果设置了审核公式，系统将根据审核公式中设定的逻辑关系进行检查。如果报表数据不符合勾稽关系时，系统会给出预先设定的提示信息。用户应按照系统提示修改报表数据，并重新进行审核，直到审核通过。每当对报表数据进行修改后，都应该重新进行审核，以保证报表各项勾稽关系正确。

6. 舍位平衡处理

如果设置了舍位平衡公式，还可以进行舍位平衡处理，生成舍位表。

实战演练：生成货币资金表数据

打开报表文件

1）启动 UFO 报表系统，执行“文件”→“打开”命令。
2）选择存放报表格式的文件夹中的报表文件“货币资金表.rep”，单击“打开”按钮。
3）单击空白报表底部左下角的“格式/数据”按钮，使当前状态为“数据”状态。

注意：
报表数据处理必须在“数据”状态下进行。

输入关键字值

1）执行“数据”→“关键字”→“录入”命令，打开“录入关键字”对话框。
2）输入年“2013”，月“1”，日“31”，如图 5-19 所示。

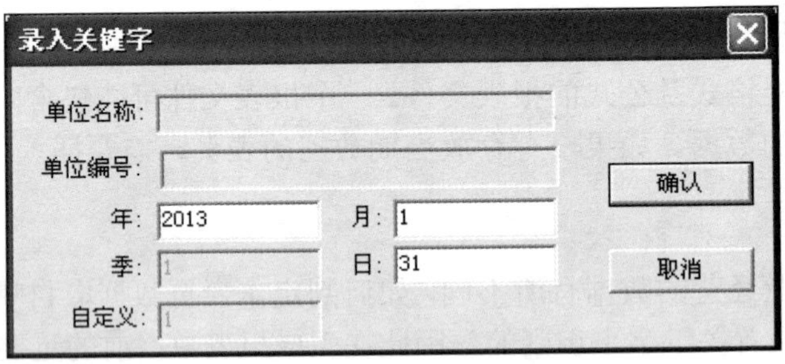

图 5-19　录入关键字

3）单击“确认”按钮，系统提示“是否重算第 1 页？”。
4）单击“是”按钮，系统会自动根据单元公式计算 1 月数据；单击“否”按钮，系统不计算 1 月数据，以后可利用“表页重算”功能生成 1 月数据。

注意：
- 每一张表页均对应不同的关键字值，输出时随同单元一起显示。
- 日期关键字可以确认报表数据取数的时间范围，即确定数据生成的具体日期。

生成报表

1）执行“数据”→“表页重算”命令，系统提示“是否重算第 1 页？”。

2）单击“是”按钮，系统会自动在初始的账套和会计年度范围内根据单元公式计算生成数据，如图 5-20 所示。

注意：

可将生成的数据报表保存到指定位置。

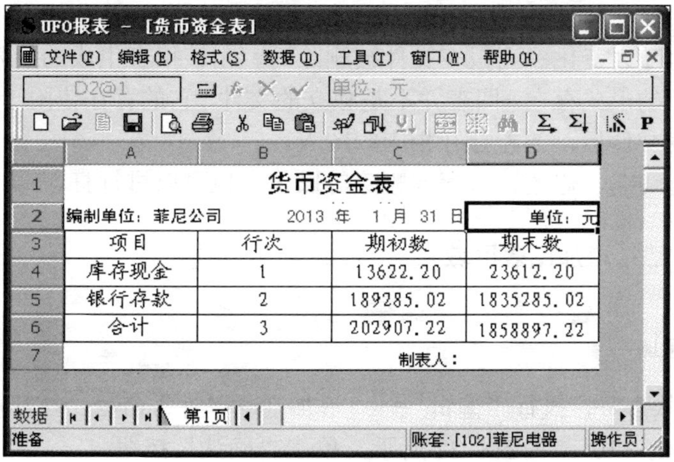

图 5-20　生成数据

报表舍位操作

1）执行“数据”→“舍位平衡”命令，如图 5-21 所示。

2）系统会自动根据前面定义的舍位公式进行舍位操作，并将舍位后的报表保存在“SW1.rep”文件中。

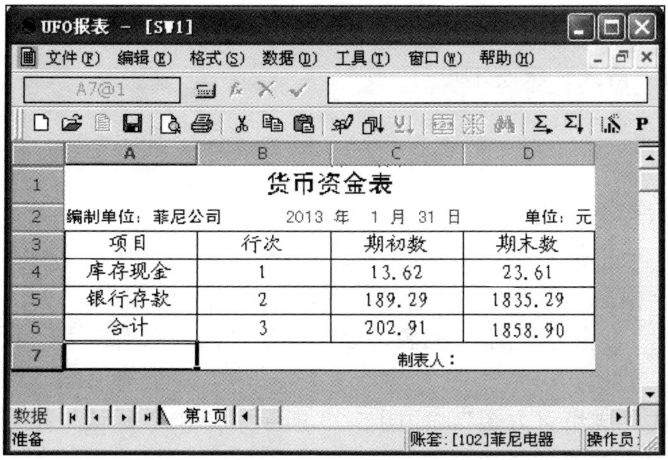

图 5-21　报表舍位

注意：

- 舍位操作以后，可以将“SW1.rep”文件打开查阅一下。
- 如果舍位公式有误，系统状态栏会提示“无效命令或错误参数！”。

5.3.2 图表处理

图表处理可以实现以图表的方式对数据进行直观分析的功能。报表系统提供的图表格式一般包括直方图、圆饼图、折线图、面积图等，不同格式的图表的建立方法是类似的。

图表是利用报表文件中的数据生成的，图表与报表存在着密切的联系，当报表中的源数据发生变化时，图表也随之变化。当报表文件被删除后，由该报表生成的图表也同时删除。

图表以图表窗口的形式存在。图表并不是独立的文件，它的存在依附于源数据所在的报表文件，只有打开报表文件后，才能打开相应的图表。

对图表可以进行命名、修改、保存或删除等操作，也可以进行打印输出。

实战演练：增加图表区域

追加图表显示区域

1）在“格式”状态下，执行“编辑”→“追加”→“行”命令，打开“追加行”对话框。

2）输入追加行数“10”，如图 5-22 所示，单击“确认”按钮。

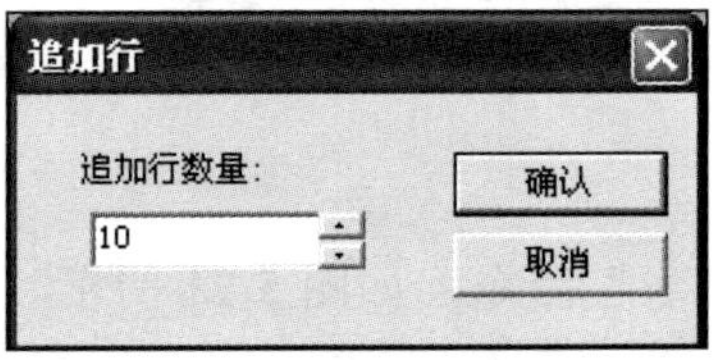

图 5-22　追加行

注意：

追加行或列须在“格式”状态下进行。

插入图表对象

1）在“数据”状态下，选取数据区域 A3:D5。

2）执行“工具”→“插入图表对象”命令，打开“区域作图”对话框。

3）选择确定如下信息。数据组“行”，数据范围“当前表页”。

4）输入图表名称“资金分析图”，图表标题“资金对比”，X 轴标题“期间”，Y 轴标题“金额”。

5）选择图表格式“成组直方图”，如图 5-23 所示，单击“确认”按钮。

6）将图表中的对象调整到合适位置。

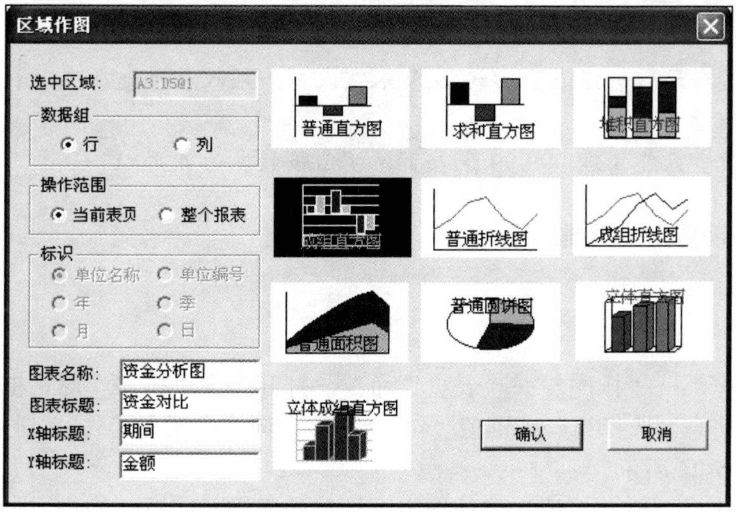

图 5-23　插入图表对象

注意：

- 插入的图表对象实际上也属于报表的数据，因此有关图表对象的操作必须在“数据”状态下进行。
- 选择图表对象显示区域时，区域不能少于 2 行*2 列，否则会提示出现错误。

编辑图表主标题

1）双击图表对象的任意位置，选中图表。

2）执行“编辑”→“主标题”命令，打开“编辑标题”对话框。

3）输入主标题“资金对比分析”，单击“确认”按钮。

注意：

- 将生成图表的报表保存到原位置。
- 在调用报表模板生成货币资金表之前，应将货币资金表关闭。

5.3.3　表页管理

表页管理包括插入、追加、删除表页。还可以对表页进行排序。

表页排序是指报表系统可以按照表页关键字的值或按照报表中任何一个单元的值重新排列表页，以方便用户进行查询和管理。

实战演练：增加表页

1）在“数据”状态下执行“编辑”→“追加”→“表页”命令，打开“追加表页”对话框。

2）输入需要增加的表页数“2”，单击“确认”按钮。

注意：

- 追加表页是在最后一张表页后追加 N 张空表页，插入表页是在当前表页后面插入一张空表页。
- 一张报表最多只能管理 99 999 张表页，演示版最多为 4 页。

实战演练：表页排序

表页排序

1）执行“数据”→“排序”→“表页”命令，打开“表页排序”对话框。

2）确定如下信息。选择第一关键值“年”，排序方向“递增”，第二关键字“月”，排序方向“递增”，如图 5-24 所示。

3）单击“确认”按钮。系统将自动把表页按年份递增顺序重新排列，如果年份相同则按月份递增顺序排序。

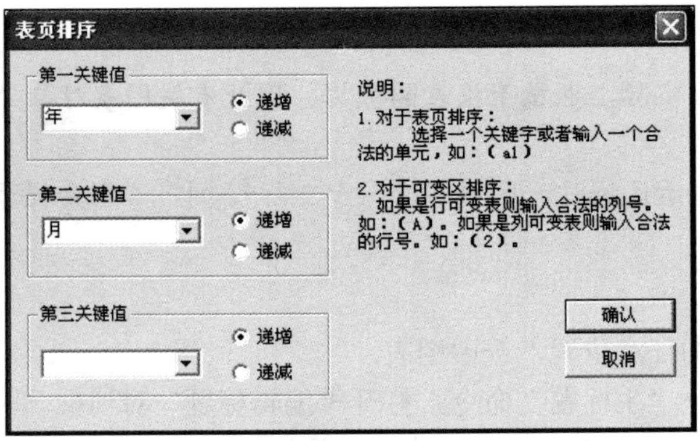

图 5-24　表页排序

实战演练：表页查找

1）执行“编辑”→“查找”命令，打开“查找”对话框。

2）确定查找内容“表页”，确定查找条件“月=1”，如图 5-25 所示。

3）单击“查找”按钮，查找到符合条件的表页作为当前表页。

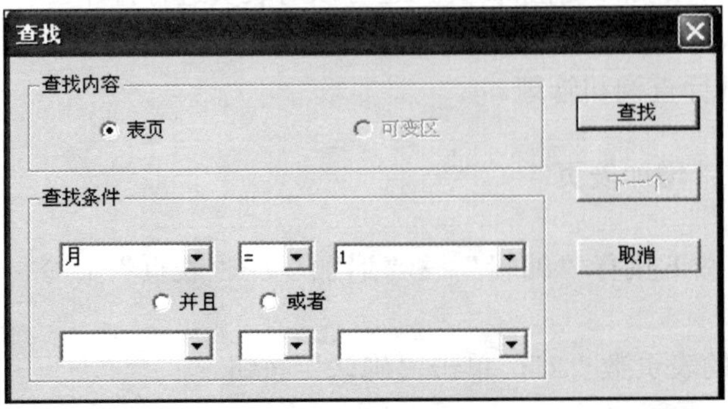

图 5-25　表页查找

5.3.4　报表数据管理

报表数据管理主要包括对报表数据进行透视和汇总。

1．报表透视

在报表系统中，大量的数据是以表页的形式分布的，正常情况下每次只能看到一张表页。要想对各个表页的数据进行比较，可以利用数据透视功能，把多张表页的多个区域的数据显示在一个平面上。数据透视的结果可以保存在报表中。

2．数据汇总

报表的数据汇总是报表数据不同形式的叠加。通过数据汇总功能可以把结构相同、数据不同的两张报表经过简单叠加生成一张新的报表的过程。在实际工作中，主要用于同一报表不同时期的汇总，以便得到某一期间的汇总数据，或者同一单位不同部门，同一张报表的汇总，以得到整个单位的合计数字。

复习思考题

1．报表系统的主要功能包括哪些？
2．报表系统和其他子系统的关系是什么？
3．制作一张报表的流程是怎样的？
4．报表格式设计包括哪些内容？
5．报表公式分为哪几类？各自的作用是什么？
6．什么是关键字？关键字是如何进行设置的？
7．报表数据的来源有哪些？
8．报表数据处理包括哪些内容？
9．如何利用报表模板生成资产负债表？如果生成的资产负债表不平应如何处理？
10．如何利用总账中的项目辅助核算功能生成现金流量表？

实验六　UFO 报表管理

【实验目的】
1．理解报表编制的原理及流程。
2．掌握报表格式定义、公式定义的操作方法；掌握报表单元公式的用法。
3．掌握报表数据处理、表页管理及图表功能等操作。
4．掌握如何利用报表模板生成一张报表。

【实验内容】
1．自定义一张报表。
2．利用报表模板生成报表。

【实验准备】

引入实验五账套数据。

【实验资料】

1．自定义货币资金表

货币资金表如表 5-3 所示。

表 5-3　货币资金表

编制单位：　　　　年　月　日　　　　单位：元

项　　目	行　　次	期　初　数	期　末　数
现金	1		
银行存款	2		
合计	3		

制表人：

说明：

表头：

标题“货币资金表”设置为“黑体，14 号，居中”。

年、月、日应设为关键字。

表体：

表体中文字设置为“楷体，12 号，居中”。

表尾：

“制表人：”设置为“宋体，10 号，右对齐”。

2．资产负债表和利润表

利用报表模板生成资产负债表、利润表。

3．现金流量表

利用总账中的项目核算生成现金流量表。

SIX

第 6 章
薪资管理

本章学习目标

- 了解薪资管理系统的主要功能、与 ERP 其他系统间的数据关系
- 熟悉薪资管理系统的操作流程
- 理解薪资管理初始化的工作内容
- 掌握如何进行工资日常业务处理
- 了解针对不同企业应用需求的薪资解决方案
- 掌握在薪资管理系统中进行各种信息查询的方法

6.1 薪资管理系统的工作原理

6.1.1 薪资管理系统的功能

人力资源的核算和管理是企业管理的重要组成部分，其中对于企业员工的业绩考评和薪酬的确定正确与否更是关系到企业每一个职工的切身利益，对于调动每一个职工的工作积极性、正确处理企业与职工之间的经济关系具有重要意义。薪资管理是各企事业单位最经常使用的功能之一。在用友 ERP-U8 管理软件中，它作为人力资源管理系统的一个子系统存在，它的主要功能包括以下几个方面。

1. 工资类别管理

工资系统提供处理多个工资类别的功能。如果单位按周或一月多次发放工资，或者是单位中有多种不同类别（部门）的人员，工资发放项目不同，计算公式也不同，但需进行统一工资核算管理，应选择建立多个工资类别。

如果单位中所有人员的工资统一管理，而人员的工资项目、工资计算公式全部相同，只需

要建立单个工资类别，以提高系统的运行效率。

2. 人员档案管理

人员档案管理可以设置人员的基础信息并对人员变动进行调整，另外系统也提供了设置人员附加信息的功能。

3. 工资数据管理

工资数据管理可以根据不同企业的需要设计工资项目和计算公式；管理所有人员的工资数据，并对平时发生的工资变动进行调整；自动计算个人所得税，结合工资发放形式进行扣零处理或向代发工资的银行传输工资数据；自动计算、汇总工资数据；自动完成工资分摊、计提、转账业务。

4. 工资报表管理

工资报表管理提供多层次、多角度的工资数据查询。

6.1.2 薪资管理系统与其他系统的主要关系

薪资管理系统与系统管理共享基础数据；薪资管理系统将工资分摊的结果生成转账凭证，传递到总账系统；另外，薪资管理系统向成本核算系统传送相关费用的合计数据。

6.1.3 薪资管理系统的操作流程

1. 新用户的操作流程

采用多工资类别核算的企业，第一次启用工资系统，应按图 6-1 所示的步骤进行操作。

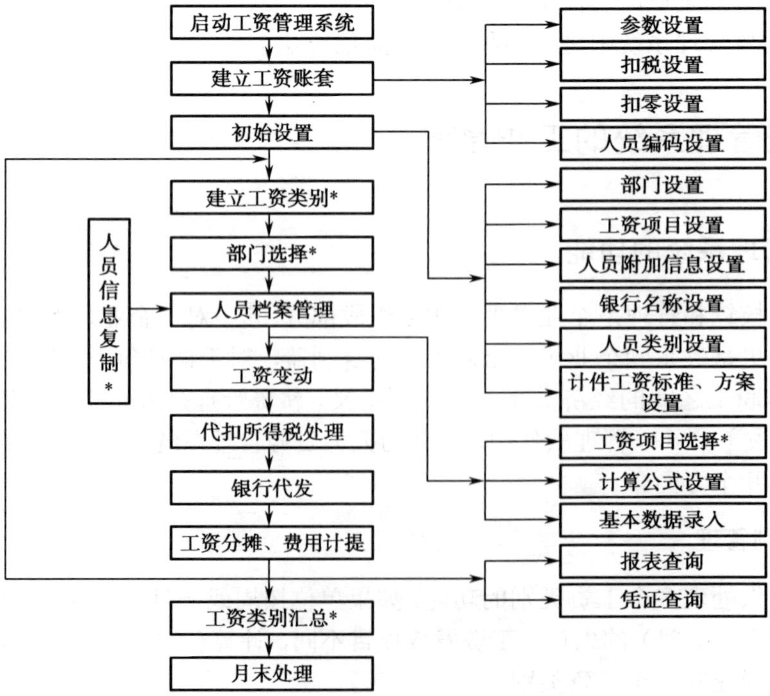

图 6-1 多工资类别核算管理的企业的操作流程

2．老用户的操作流程

如果已经使用工资系统，到了年末，应进行数据的结转，以便开始下一年度的工作。在新的会计年度开始时，可在“设置”菜单中选择所需修改的内容，如人员附加信息、人员类别、工资项目、部门等，这些设置只有在新的会计年度第一个会计月中，删除所涉及的工资数据和人员档案后，才可进行修改。

6.2　薪资管理业务处理演练

6.2.1　初始设置演练

计算机处理工资程序基本类似于手工，只不过用户要做一次性初始设置，如部门、人员类别、工资项目、公式、个人工资、个人所得税设置、银行代发设置、各种表样的定义等，每月只需对有变动的地方进行修改，系统自动进行计算，汇总生成各种报表。工资系统初始设置包括建立工资账套和基础信息设置两部分。

1．建立工资账套

工资账套与系统管理中的账套是不同的概念，系统管理中的账套针对的是整个核算系统，而工资账套针对的是工资子系统。要建立工资账套，前提是在系统管理中首先建立本单位的核算账套。建立工资账套时可以根据建账向导分 4 步进行：参数设置、扣税设置、扣零设置、人员编码。

实战演练：由账套主管于静建立工资账套

本公司工资类别个数：多个；核算计件工资；核算币种：人民币 RMB；要求代扣个人所得税；不进行扣零处理；启用日期：2013 年 01 月。

1）以账套主管于静的身份进入企业应用平台。启用“计件工资管理”模块。

2）重新登录系统，进入企业应用平台的“业务工作”模块，选择“人力资源”中的“薪资管理”选项，系统提示“请先设置工资类别”，单击“确定”按钮，打开“建立工资套”对话框。

3）在建账第一步“参数设置”中，选择本账套所需处理的工资类别个数“多个”，默认币别名称为“人民币”，选中“是否核算计件工资”复选框，如图 6-2 所示。单击“下一步”按钮。

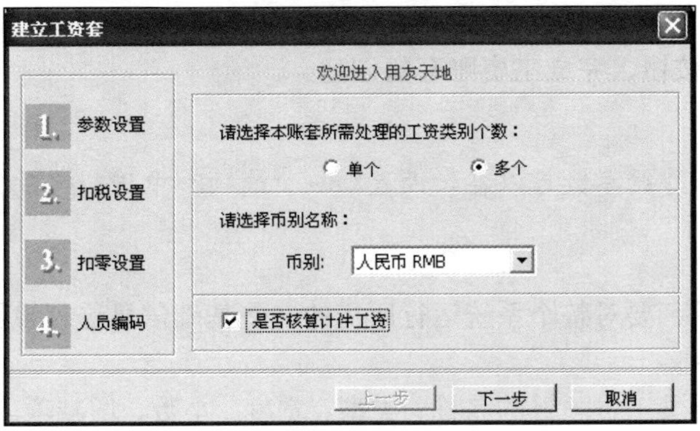

图 6-2　建立工资套——参数设置

注意：

- 本例中对正式人员和临时人员分别进行核算，所以工资类别应选择“多个”。
- 计件工资是按计件单价支付劳动报酬的一种形式。由于对计时工资和计件工资的核算方法不同，因此在薪资管理系统中对于企业是否存在计件工资特别设置了确认选项。选中该项，系统自动在工资项目设置中显示“计件工资”项目；在人员档案中“核算计件工资”项目可选；在“设置”菜单下显示“计件工资标准设置”和“计件工资方案设置”；在“业务处理”菜单下显示“计件工资统计”功能菜单。

4）在建账第二步“扣税设置”中，选中“是否从工资中代扣个人所得税”复选框，如图 6-3 所示。单击“下一步”按钮。

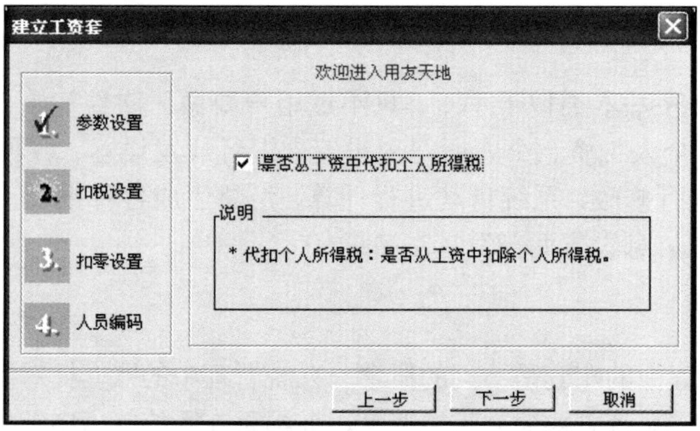

图 6-3　建立工资套——扣税设置

注意：

选择代扣个人所得税后，系统将自动生成工资项目“代扣税”，并自动进行代扣税金的计算。

5）在建账第三步“扣零设置”中，不做选择，直接单击“下一步”按钮。

注意：

- 扣零处理是指每次发放工资时零头扣下，积累取整，于下次工资发放时补上，系统在计算工资时将依据扣零类型（扣零至元、扣零至角、扣零至分）进行扣零计算。
- 用户一旦选择了“扣零处理”，系统自动在固定工资项目中增加“本月扣零”和“上月扣零”两个项目，扣零的计算公式将由系统自动定义，无须设置。

6）在建账第四步“人员编码”中，系统要求和公共平台中的人员编码保持一致。

7）单击“完成”按钮，完成工资账套的创建。

注意：

建账完毕后，部分建账参数可以在“设置”→“选项”中进行修改。

2. 基础信息设置

建立工资账套以后，要对整个系统运行所需的一些基础信息进行设置。包括以下几项。

（1）工资项目设置

工资项目设置即定义工资项目的名称、类型、宽度、小数、增减项。系统中有一些固定项目是工资账中必不可少的，包括应发合计、扣款合计、实发合计，这些项目不能删除和重命名。

其他项目可根据实际情况定义或参照增加，如基本工资、奖励工资、请假天数等。在此设置的工资项目是针对所有工资类别的全部工资项目。

实战演练：工资项目设置

工资项目设置如表 6-1 所示。

表 6-1　工资项目设置

项 目 名 称	类　型	长　度	小 数 位 数	增　减　项
基本工资	数字	8	2	增项
奖励工资	数字	8	2	增项
交补	数字	8	2	增项
应发合计	数字	10	2	增项
养老保险	数字	8	2	减项
请假扣款	数字	8	2	减项
代扣税	数字	10	2	减项
扣款合计	数字	10	2	减项
实发合计	数字	10	2	增项
请假天数	数字	8	2	其他

1）在薪资管理系统中，执行“设置”|“工资项目设置”命令，进入“工资项目设置”界面。

2）单击“增加”按钮，“工资项目”列表中增加一空行。

3）单击“名称参照”下拉按钮，从弹出的下拉列表中选择“基本工资”选项，默认其他项目。如果需要修改某栏目，只需要双击栏目，按需要进行修改即可。

4）单击“增加”按钮，增加其他工资项目。完成后如图 6-4 所示。

5）单击“确定”按钮，系统提示“工资项目已经改变，请确认各工资类别的公式是否正确”，单击“确定”按钮。

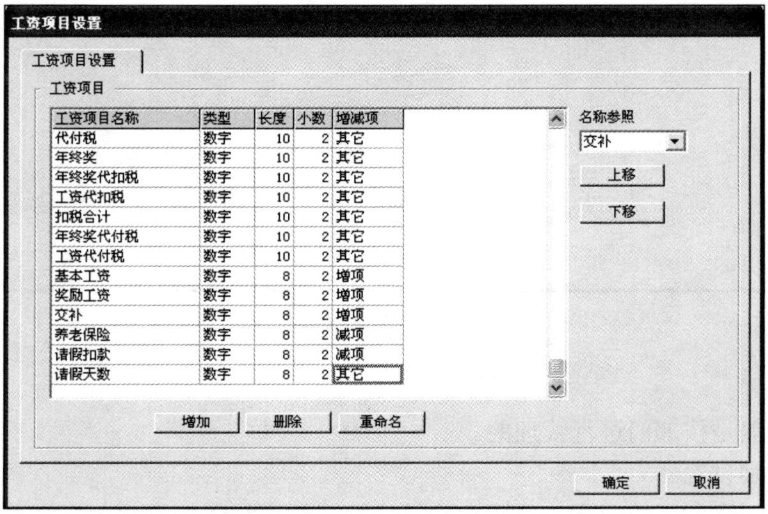

图 6-4　工资项目设置

注意：

系统提供若干常用工资项目供参考，可选择输入。对于参照中未提供的工资项目，可以双击“工资项目名称”一栏直接输入，或先从“名称参照”下拉列表中选择一个项目，然后单击“重命名”按钮修改为需要的项目。

（2）银行名称设置

发放工资的银行可按需要设置多个，这里银行名称设置针对的是所有工资类别。例如，同一工资类别中的人员由于在不同的工作地点，需在不同的银行代发工资；或者不同的工资类别由不同的银行代发工资，均需设置相应的银行名称。

实战演练：设置银行名称

本公司所有人员的代发银行均为中国银行昌平分理处；账号定长为 11。

1）在企业应用平台“基础设置”模块中，执行“基础档案”→“收付结算”→“银行档案”命令，打开“银行档案”对话框。

2）单击“增加”按钮，增加“05 中国银行昌平分理处”，默认个人账号定长且账号长度为“11”，自动带出的个人账号长度为“7”，如图 6-5 所示。

3）单击“返回”按钮。

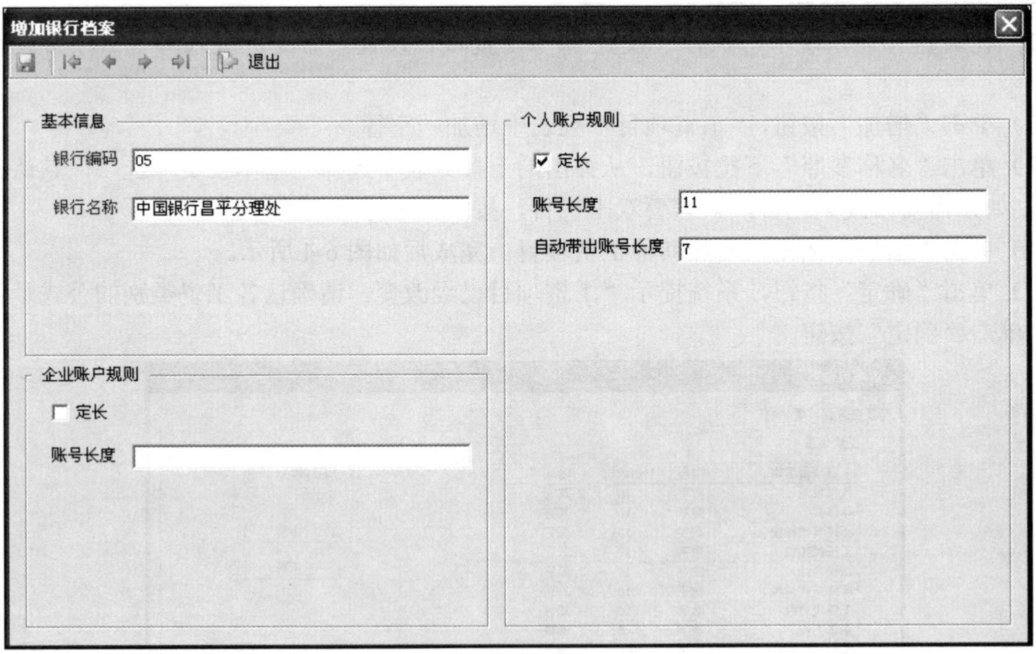

图 6-5　银行档案设置

（3）部门设置

员工薪资一般是按部门进行管理的。

（4）人员类别设置

人员类别与工资费用的分配、分摊有关，以便于按人员类别进行工资汇总计算。

（5）人员附加信息设置

人员附加信息设置可增加人员信息，丰富人员档案的内容，便于对人员进行更加有效的管理。例如，增加设置人员的性别、民族、婚否等。

6.2.2　日常处理演练

1. 工资类别管理

工资系统是按工资类别来进行管理的。每个工资类别下有职工档案、工资变动、工资数据、报税处理、银行代发等。对工资类别的维护包括建立工资类别、打开工资类别、删除工资类别、关闭工资类别和汇总工资类别。

实战演练：建立工资类别

本公司有两个工资类别，分别为正式职工（选择全部部门）和临时职工（选择生产部门）。

1）在薪资管理系统中，执行“工资类别”→“新建工资类别”命令，打开“新建工资类别”对话框。

2）在文本框中输入第一个工资类别“正式职工”，如图 6-6 所示，单击“下一步”按钮。

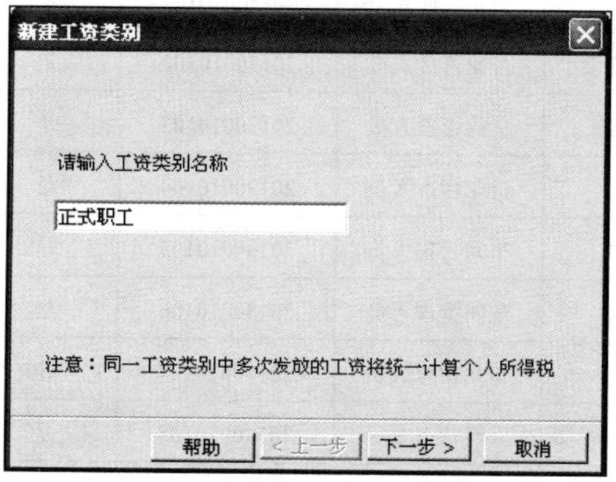

图 6-6　建立工资类别名称

3）单击“选定全部部门”按钮，如图 6-7 所示。

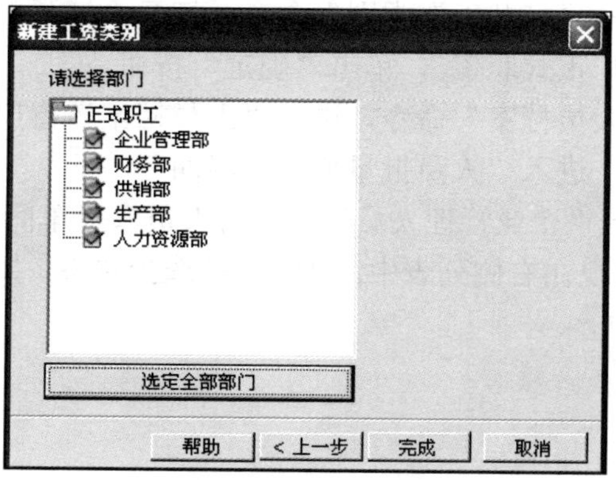

图 6-7　选定部门

4）单击“完成”按钮，系统提示“是否以 2013-01-01 为当前工资类别的启用日期？”，单击“是”按钮，返回薪资管理系统。

5）执行“工资类别”→“关闭工资类别”命令，关闭“正式职工”工资类别。

6）同理，建立和关闭“临时职工”的工资类别。

（1）人员档案

人员档案的设置用于登记工资发放人员的姓名、职工编号、所在部门、人员类别等信息，此外员工的增减变动也必须在本功能中处理。人员档案的操作是针对某个工资类别的，即应先打开相应的工资类别。

人员档案管理包括增加/修改/删除人员档案、人员调离与停发处理、查找人员等。

实战演练：正式职工人员档案建立

本公司正式职工人员档案如表 6-2 所示，需建立至薪资管理系统。

表 6-2　正式职工人员档案

人员编号	人员姓名	行政部门	人员类别	账号	中方人员	是否计税	核算计件工资
100	高峰	企业管理部	企业管理人员	20130010100	是	是	否
101	于静	财务部	企业管理人员	20130010101	是	是	否
102	马群	财务部	企业管理人员	20130010102	是	是	否
103	姜楠	财务部	企业管理人员	20130010103	是	是	否
104	蒋雨	财务部	企业管理人员	20130010104	是	是	否
105	徐乐	生产部	车间管理人员	20130010105	是	是	否
106	李咏	生产部	车间管理人员	20130010106	是	是	否
107	张庆龙	生产部	车间管理人员	20130010107	是	是	否
108	王曼	供销部	经营人员	20130010108	是	是	否
109	薛志强	生产部	生产工人	20130010109	是	是	否
110	董佩佩	人力资源部	企业管理人员	20130010110	是	是	否

1）执行“工资类别”→“打开工资类别”命令，打开“打开工资类别”对话框。

2）选择工资类别“001 正式职工”，单击“确定”按钮。

3）执行“设置”→“人员档案”命令，进入“人员档案”窗口。

4）单击“批增”按钮，进入“人员批量增加”界面。

5）在左侧列表中，选择“企业管理人员”、“经营人员”、“车间管理人员”及“生产工人”选项，所有部门人员档案出现在右侧列表中，且默认是选择状态，如图 6-8 所示，单击“确定”按钮返回。

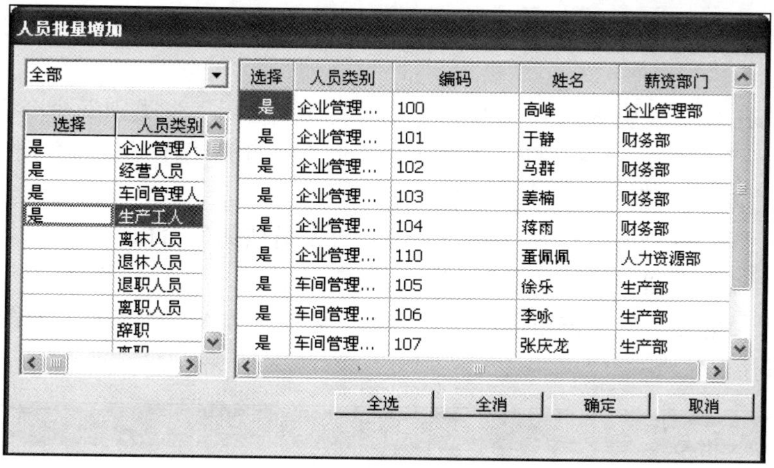

图 6-8　建立正式职工人员档案

6）修改人员档案信息，补充输入银行账号信息，如图 6-9 所示，最后单击“退出”按钮。

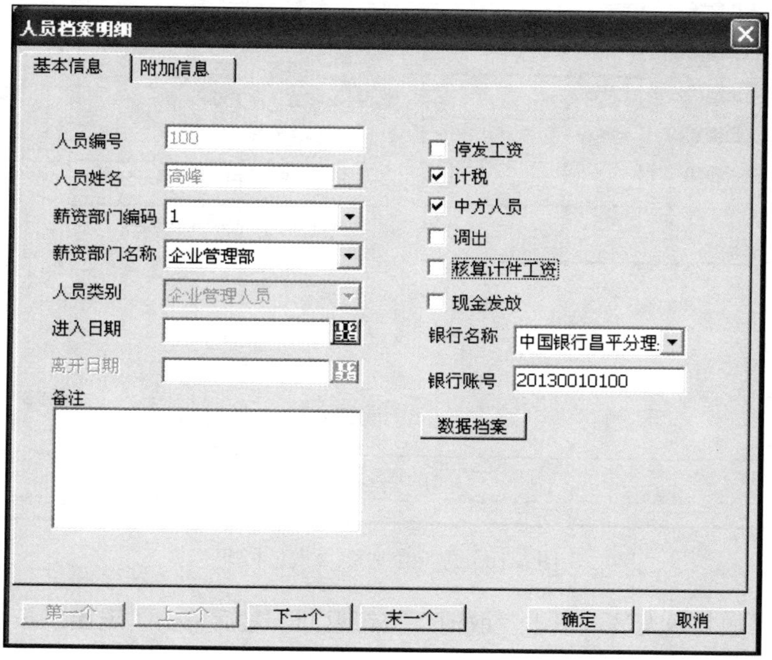

图 6-9　修改人员档案

实战演练：临时职工人员档案建立

本公司临时职工人员档案如表 6-3 所示，需建立至薪资管理系统。

表 6-3　临时职工人员档案

人员编号	人员姓名	性别	部门名称	人员类别	账号	中方人员	是否计税	核算计件工资
801	马东	男	生产部	生产工人	20130010801	是	是	是
802	于海	男	生产部	生产工人	20130010802	是	是	是

1）在“基础设置”模块中，执行“基础档案”→“机构人员”→“人员档案”命令，输入临时职工人员档案。

2）在“业务工作”模块中，执行“工资类别”→“关闭工资类别”命令，关闭正式职工工资类别。执行“工资类别”→“打开工资类别”命令，打开“打开工资类别”对话框。选择工资类别“002 临时职工”，单击“确定”按钮。

3）执行“设置”→“人员档案”命令，进入“人员档案”窗口。

4）单击“增加”按钮，打开“人员档案明细”对话框。

5）单击“人员姓名”参照按钮，选择“马东”选项，输入其他信息，如图 6-10 所示，单击“确定”按钮存盘。

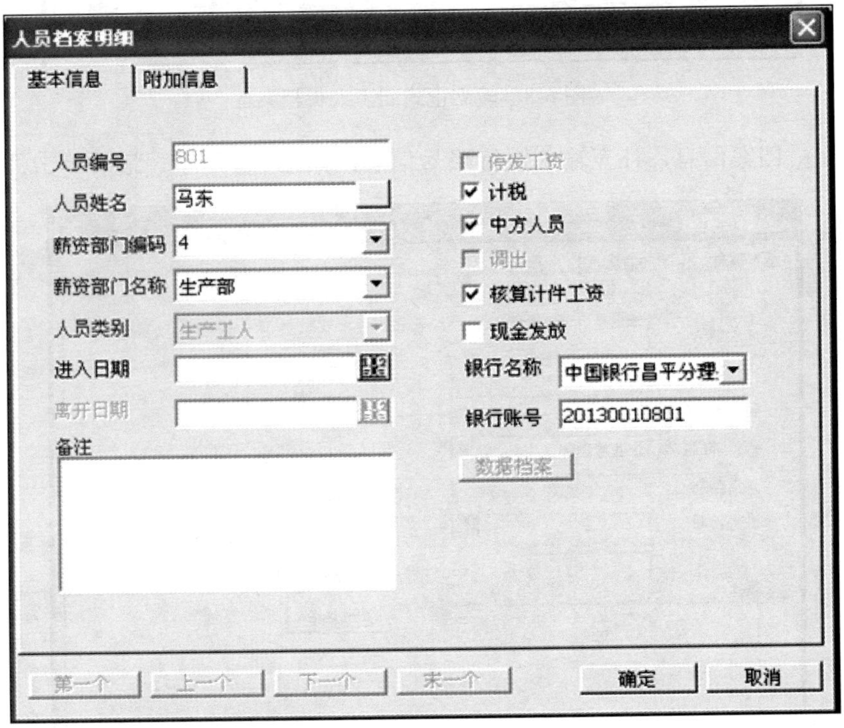

图 6-10　建立临时职工人员档案

6）按资料增加其他人员，单击“取消”按钮返回。最后单击“退出”按钮。

注意：

设置“核算计件工资”标志。

（2）设置工资项目和计算公式

在系统初始中设置的工资项目包括本单位各种工资类别所需要的全部工资项目。由于不同的工资类别，工资发放项目不同，计算公式也不同，因此应对某个指定工资类别所需的工资项目进行设置，并定义此工资类别的工资数据计算公式。

1）选择建立本工资类别的工资项目。

这里只能选择系统初始中设置的工资项目，不可自行输入。工资项目的类型、长度、小数位数、增减项等不可更改。

2）设置计算公式。

定义某些工资项目的计算公式及工资项目之间的运算关系。例如，缺勤扣款=基本工资/月工作日*缺勤天数。运用公式可直观表达工资项目的实际运算过程，灵活地进行工资计算处理。定义公式可通过选择工资项目、运算符、关系符、函数等组合完成。

系统固定的工资项目"应发合计"、"扣款合计"、"实发合计"等的计算公式，系统根据工资项目设置的"增减项"自动给出。用户在此只能增加、修改、删除其他工资项目的计算公式。

定义工资项目计算公式要符合逻辑，系统将对公式进行合法性检查，不符合逻辑的系统将给出错误提示。定义公式时要注意先后顺序，先得到的数据应先设置公式。应发合计、扣款合计和实发合计公式应是公式定义框的最后 3 个公式，并且实发合计的公式要在应发合计和扣款合计公式之后。可通过单击公式框的"▲"、"▼"上下箭头调整计算公式顺序。如出现计算公式超长，可将所用到的工资项目名称缩短（减少字符数），或设置过渡项目。定义公式时可使用函数公式向导参照输入。

实战演练：正式职工工资项目与公式设定

正式职工工资项目包括基本工资、奖励工资、交补、应发合计、养老保险、请假扣款、扣款合计、实发合计、代扣税、请假天数。

计算公式如表 6-4 所示。

表 6-4　计算公式

工 资 项 目	定 义 公 式
请假扣款	请假天数*50
养老保险	基本工资*0.08
交补	iff（人员类别="企业管理人员" or 人员类别="车间管理人员"，400，200）

正式职工工资项目设置

1）执行"工资类别"→"关闭工资类别"命令，关闭临时职工工资类别。执行"工资类别"→"打开工资类别"命令，打开"打开工资类别"对话框。选择工资类别"001 正式职工"，单击【确定】按钮。

2）执行"设置"→"工资项目设置"命令，进入"工资项目设置"界面。

3）在"工资项目设置"选项卡中，单击"增加"按钮，"工资项目"列表中增加一空行。

4）单击"名称参照"下拉按钮，从弹出的下拉列表中选择"基本工资"选项，工资项目名称、类型、长度、小数、增减项都自动带出，不能修改。

5）单击"增加"按钮，增加其他工资项目。所有项目增加完成后，利用"工资项目设置"界面中的"上移"和"下移"按钮按照实验资料所给顺序调整工资项目的排列位置。完成后如图 6-11 所示。

注意：

工资项目不能重复选择。没有选择的工资项目不允许在计算公式中出现。不能删除已输入数据的工资项目和已设置计算公式的工资项目。

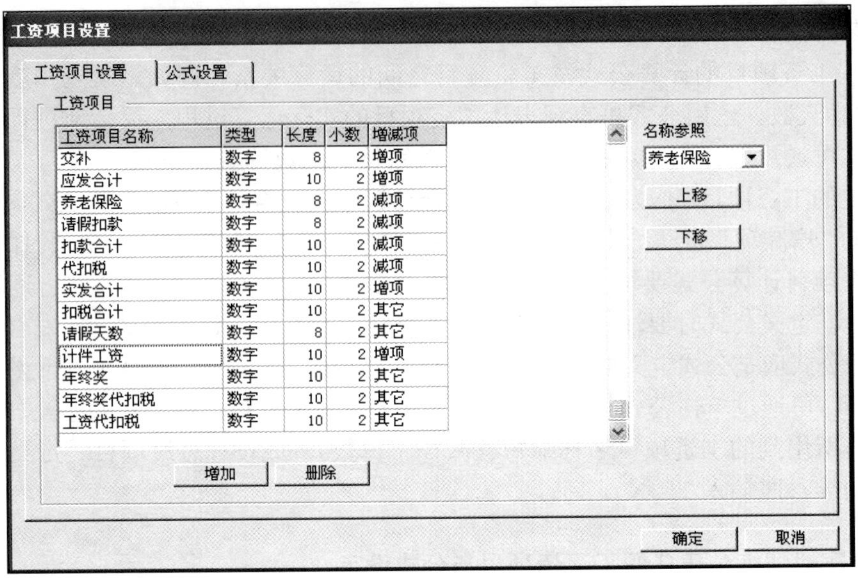

图 6-11　正式职工工资项目设定

设置计算公式

设置公式“请假扣款=请假天数*50”。

1）在“工资项目设置”界面中选择“公式设置”选项卡。

2）单击“增加”按钮，在“工资项目”列表中增加一空行，拖动下拉滚动条，选择“请假扣款”选项。

3）单击“公式定义”文本框，选择“工资项目”列表中的“请假天数”选项。

4）单击运算符“*”，在“*”后单击，输入数字“50”，如图 6-12 所示，单击“公式确认”按钮。同理增加养老保险公式。

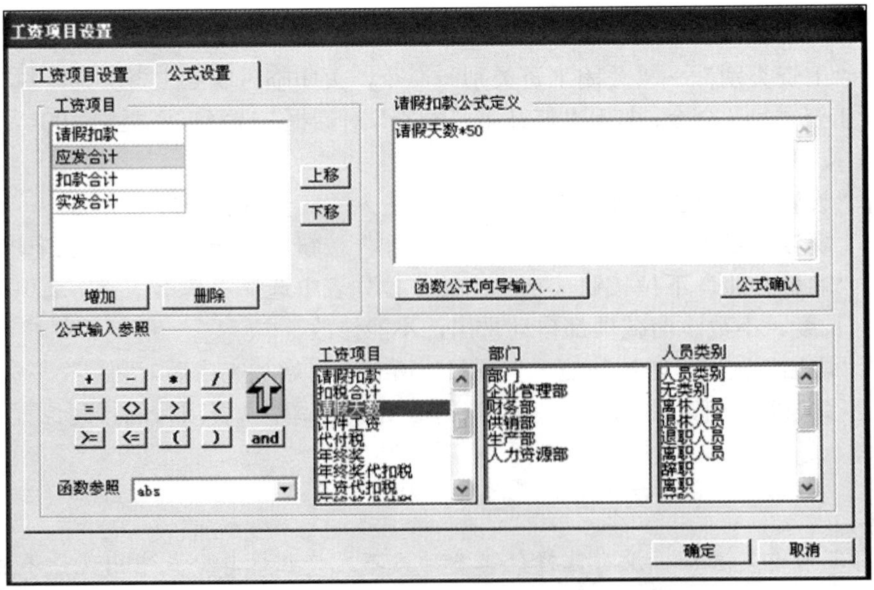

图 6-12　请假扣款公式设置

设置公式“交补= iff（人员类别=“企业管理人员”or 人员类别=“车间管理人员”，400，200）”。

1）单击“增加”按钮，在“工资项目”列表中增加一空行，拖动下拉滚动条，选择“交补”选项。

2）单击“公式定义”文本框，单击“函数公式向导输入”按钮，打开“函数向导——步骤之 1”对话框。

3）从“函数名”列表中选择“iff”选项，单击“下一步”按钮，打开“函数向导——步骤之 2”对话框。

4）单击“逻辑表达式”参照按钮，打开“参照”对话框，从“参照”下拉列表中选择“人员类别”选项，从下面的列表中选择“企业管理人员”，单击“确定”按钮。

5）在逻辑表达式文本框中的公式后单击，输入“or”后，再次单击“逻辑表达式”参照按钮，打开“参照”对话框，从“参照”下拉列表中选择“人员类别”选项，从下面的列表中选择“车间管理人员”，单击“确定”按钮，返回“函数向导——步骤之 2”对话框。

注意：

在“or”前后应有空格。

6）在“数学表达式 1”文本框中输入“400”，在“数学表达式 2”文本框中输入“200”，如图 6-13 所示。单击“完成”按钮，返回“工资项目设置”界面，单击“公式确认”按钮。

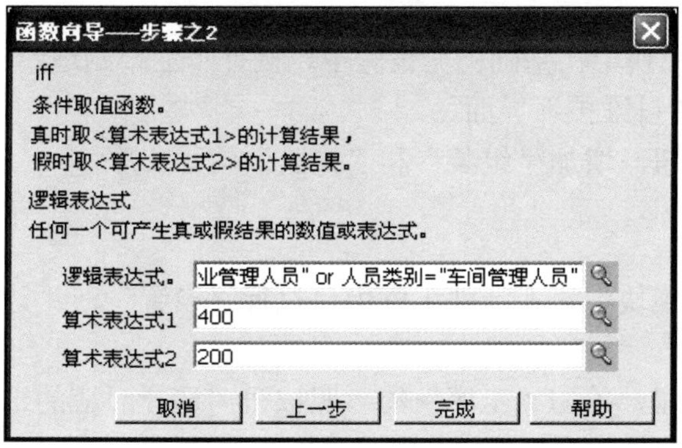

图 6-13 “交补”公式定义

7）单击“确定”按钮，退出公式设置。

实战演练：临时职工工资项目设置

临时职工工资项目：计件工资。

计件工资要素：工序

工序档案包括：01 组装；02 检验。

计件工价：组装，30；检验，18。

计件要素设置

① 在“业务工作”模块中，计件工资中，单击“设置”→“计件要素设置”，进入“计件

要素设置”界面。

② 查看是否包括“工序”计件要素并为“启用”状态，如图 6-14 所示。单击“取消”按钮退出。

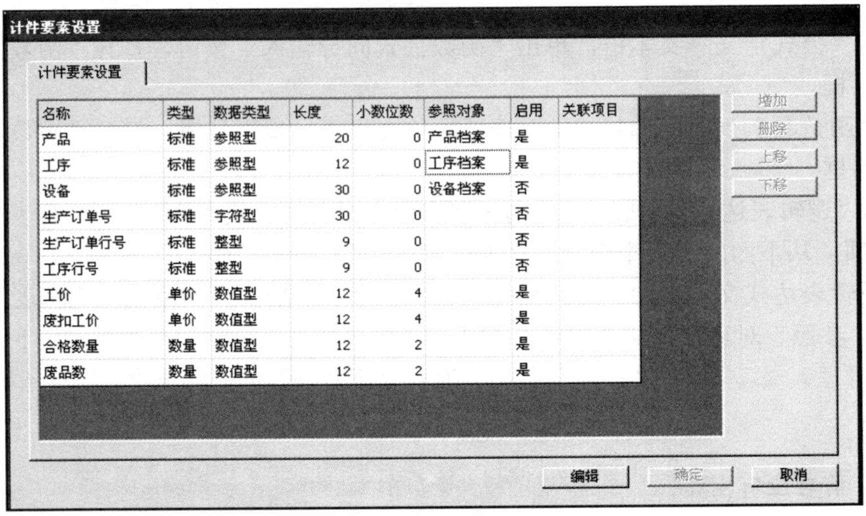

图 6-14　计件要素设置

工序设置

1）在“基础设置”模块中，基础档案设置中，执行“生产制造”→“标准工序资料维护”命令，进入“标准工序资料维护”界面。

2）单击“增加”按钮，增加“组装”和“检验”两种工序。

计件工价设置

1）在“业务工作”模块中，在计件工资中，执行“设置”→“计件工价设置”命令，进入“计件工价设置”界面。

2）单击“增加”按钮，单击“工序”的参照按钮，选择对应的工序，按资料输入计件工价，如图 6-15 所示，单击“保存”按钮保存。

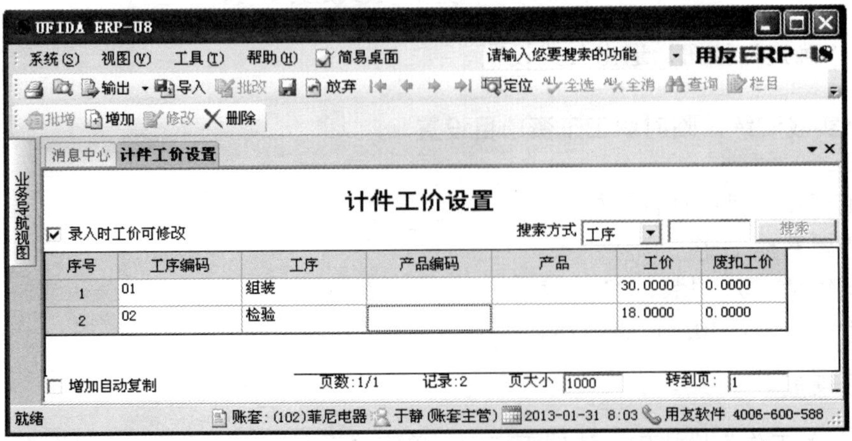

图 6-15　计件工价设置

2. 个人所得税的计算与申报

鉴于许多企事业单位计算职工工资薪金所得税工作量较大，本系统特提供个人所得税自动计算功能，用户只需自定义所得税税率，系统可自动计算个人所得税。

实战演练：所得税纳税基数设置

本公司个人所得税免征额即扣税基数为 3 500 元，外籍人士个人所得税减除费用为 4 800 元。2012 年开始实行的税率表如表 6-5 所示。

表 6-5 2012 年开始实行的 7 级超额累进个人所得税税率表

级数	含税级距	不含税级距	税率/%	速算扣除数
1	不超过 1 500 元的	不超过 1 455 元的	3	0
2	超过 1 500 元至 4 500 元的部分	超过 1 455 元至 4 155 元的部分	10	105
3	超过 4 500 元至 9 000 元的部分	超过 4 155 元至 7 755 元的部分	20	555
4	超过 9 000 元至 35 000 元的部分	超过 7 755 元至 27 255 元的部分	25	1 005
5	超过 35 000 元至 55 000 元的部分	超过 27 255 元至 41 255 元的部分	30	2 755
6	超过 55 000 元至 80 000 元的部分	超过 31 375 元至 45 375 元的部分	35	5 505
7	超过 80 000 元的部分	超过 57 505 元的部分	45	13 505

1）打开工资类别 “001 正式职工”，执行“设置”→“选项”命令，打开“选项”对话框，单击“编辑”按钮。

2）选择“扣税设置”选项卡，单击“税率设置”按钮，打开“个人所得税申报表——税率表”对话框。

3）设置所得税纳税基数为“3500”，附加费用为“1300”。

4）选中税率表中的第 9 行，单击“删除”按钮，系统提示“是否删除最末级税率级次？”，单击“是”按钮。同理，删除税率表中的第 8 行。然后按照资料所给的税率表逐行修改应纳税所得额上限、税率和速算扣除数。修改完成后如图 6-16 所示，单击“确定”按钮。

5）单击“确定”按钮返回，同理修改临时职工税率表设置。

图 6-16 税率表设置

3. 工资数据管理

第一次使用工资系统必须将所有人员的基本工资数据录入计算机中，平时如每月发生工资数据的变动也在此进行调整。为了快速、准确地录入工资数据，系统提供以下功能。

（1）筛选和定位

如果对部分人员的工资数据进行修改，最好采用数据过滤的方法，先将所要修改的人员过滤出来，然后进行工资数据修改。修改完毕后进行“重新计算”和“汇总”。

（2）页编辑

在“工资变动”界面提供了“编辑”按钮，可以对选定的个人进行快速录入。单击“上一人”、“下一人”可变更人员，录入或修改其他人员的工资数据。

（3）替换

将符合条件的人员的某个工资项目的数据统一替换成某个数据，如管理人员的奖金上调100 元。

（4）过滤器

如果只对工资项目中的某一个或几个项目修改，可将要修改的项目过滤出来，如只对事假天数、病假天数两个工资项目的数据进行修改。对于常用到的过滤项目可以在项目过滤选择后，输入一个名称进行保存，以后可通过过滤项目名称调用，不用时也可以删除。

实战演练：1 月正式人员工资制作

（1）1 月初正式职工工资

1 月初正式职工工资情况如表 6-6 所示。

表 6-6　1 月初正式职工工资

单位：元

姓　　名	基 本 工 资	奖 励 工 资
高峰	8 000	1800
于静	5 000	1500
马群	4 000	1400
姜楠	3 500	1200
蒋雨	3 000	1300
王曼	3500	1300
徐乐	5500	1450
李咏	4200	1320
张庆龙	4800	1280
薛志强	2500	800
董佩佩	4000	1500

（2）1 月工资变动情况

1）考勤情况：马群请假 2 天；王曼请假 1 天。

2）因需要，决定招聘李玉强（男，编号 111）到供销部担任经营人员，以补充力量，其基本工资 3 200 元，无奖励工资，代发工资银行账号：20130010111。

3）因去年供销部推广产品业绩较好，每人增加奖励工资 1 500 元。

人员变动

1）在企业应用平台“基础设置”模块中，执行“基础档案”→“机构人员”→“人员档案”命令，进入“人员档案”窗口。

2）单击“增加”按钮，输入新增人员李玉强的详细档案资料。

3）单击“确定”按钮，返回“人员档案”窗口，单击“退出”按钮。

4）在薪资管理系统正式职工工资类别中，执行“设置”→“人员档案”命令，增加李玉强档案资料。

录入正式人员基本工资数据

1）执行“业务处理”→“工资变动”命令，进入“工资变动”界面。

2）单击“过滤器”下拉按钮，从弹出的下拉列表中选择“过滤设置”选项，打开“项目过滤”对话框。

3）选择“工资项目”列表中的“基本工资”和“奖励工资”选项，单击“>”按钮，选入“已选项目”列表中，如图 6-17 所示。

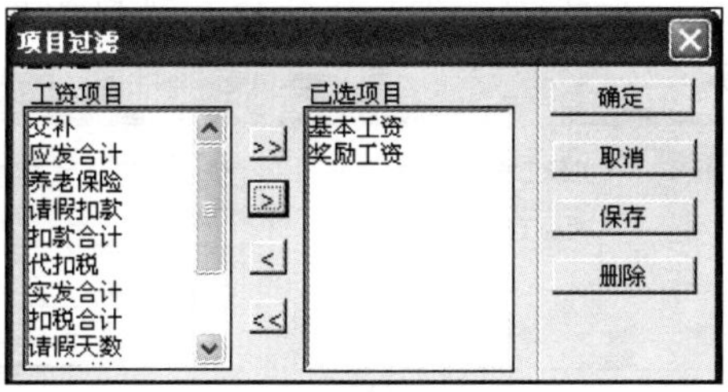

图 6-17　项目过滤

4）单击“确定”按钮，返回“工资变动”界面，此时每个人的工资项目只显示两项。

5）输入“正式人员”工资类别的工资数据，如图 6-18 所示。

选择	人员编号	姓名	部门	人员类别	基本工资	奖励工资
	100	高峰	企业管理部	企业管理人员	8,000.00	1,800.00
	101	于静	财务部	企业管理人员	5,000.00	1,500.00
	102	马群	财务部	企业管理人员	4,000.00	1,400.00
	103	姜楠	财务部	企业管理人员	3,500.00	1,200.00
	104	蒋雨	财务部	企业管理人员	3,000.00	1,300.00
	108	王曼	供销部	经营人员	3,500.00	1,300.00
	111	李玉强	供销部	经营人员	3,200.00	
	105	徐乐	生产部	车间管理人员	5,500.00	1,450.00
	106	李咏	生产部	车间管理人员	4,200.00	1,320.00
	107	张庆龙	生产部	车间管理人员	4,800.00	1,280.00
	109	薛志强	生产部	生产工人	2,500.00	800.00
	110	董佩佩	人力资源部	企业管理人员	4,000.00	1,500.00
合计					51,200.00	14,850.00

图 6-18　工资数据录入

注意：

这里只需输入没有进行公式设定的项目，如基本工资、奖励工资和请假天数，其余各项由系统根据计算公式自动计算生成。

6）单击“过滤器”下列按钮，从弹出的下拉列表中选择“所有项目”选项，屏幕上显示所有工资项目。

输入正式人员工资变动数据

1）输入考勤情况：马群请假 2 天；王曼请假 1 天。

2）单击“全选”按钮，人员前面的“选择”栏出现选中标记“Y”。

3）单击“替换”按钮，单击“将工资项目”下拉按钮，从弹出的下拉列表中选择“奖励工资”选项，在“替换成”文本框中输入“奖励工资+1500”。

4）在“替换条件”处分别选择“部门”、“=”、“供销部”选项，如图 6-19 所示。单击“确定”按钮，系统提示“数据替换后将不可恢复。是否继续？”，单击“是”按钮，系统提示“2 条记录被替换，是否重新计算？”，单击“是”按钮，系统自动完成工资计算。

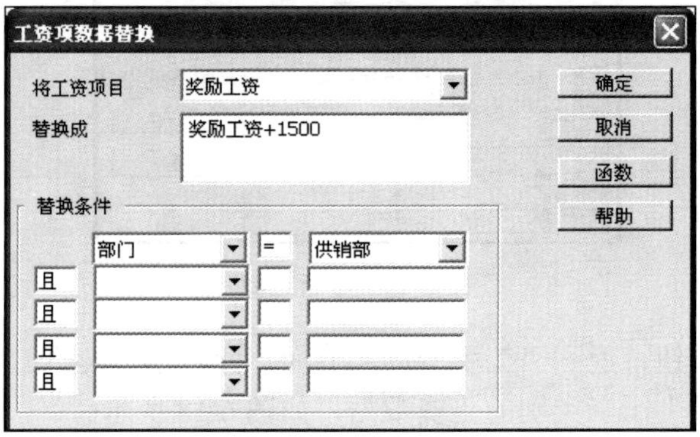

图 6-19　数据替换

数据计算与汇总

1）在“工资变动”界面中，单击“计算”按钮，计算工资数据。

2）单击“汇总”按钮，汇总工资数据。退出“工资变动”界面。

查看个人所得税

1）执行“业务处理”→“扣缴所得税”命令，打开“个人所得税申报模板”对话框。

2）选择“北京”地区“扣缴个人所得税报表”，单击“打开”按钮，打开“所得税申报”对话框，单击“确定”按钮，进入“北京扣缴个人所得税报表”窗口。

3）查看完毕后，退出。

实战演练：1 月临时职工工资制作

1 月临时职工工资如表 6-7 所示。

表 6-7　1 月临时职工工资

姓　　名	日　　期	组 装 工 时	检 验 工 时
马东	2013-01-31	180	
于海	2013-01-31		200

1）在计件工资中，执行“个人计件”→“计件工资录入”命令，进入“计件工资录入”窗口。

2）选择工资类别“临时职工”，部门“生产部”，单击“批增”按钮，进入“计件数据录入”窗口。

3）选择人员“马东”，选择计件日期“2013-01-31。单击“增行”按钮，输入组装工时“180”，如图 6-20 所示。

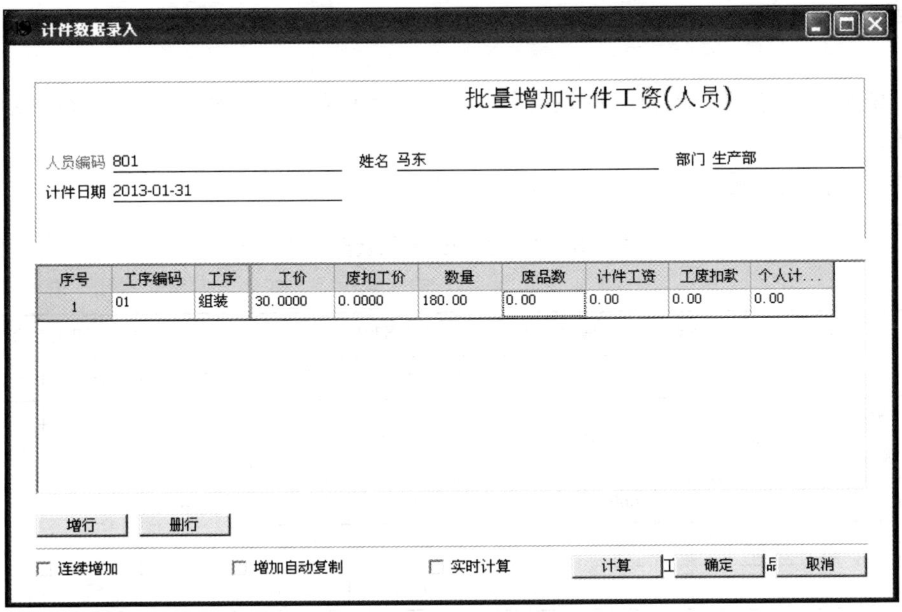

图 6-20　计件数据录入

4）单击“确定”按钮返回。继续输入“于海”的计件工资数据。

5）全部输入完成后，单击“全选”按钮，单击“审核”按钮，对录入的计件工资数据进行审核，退出。

计件工资汇总处理

1）执行“计件工资汇总”命令，选择工资类别“临时职工”，部门“生产部”，单击“汇总”按钮进行计件工资汇总处理。

2）在薪资管理系统临时职工工资类别中，执行“业务处理”→“工资变动”命令，进行工资变动处理。

4. 工资分钱清单

工资分钱清单是按单位计算的工资发放分钱票面额清单，会计人员根据此表从银行取款并发给各部门。系统提供了票面额设置的功能，用户可根据单位需要自由设置，系统根据实发工资项目分别自动计算出按部门、按人员、按企业各种面额的张数。

5．银行代发

目前社会上许多单位发放工资时都采用职工凭工资信用卡去银行取款。银行代发业务处理是指每月末单位应向银行提供银行给定文件格式的软盘。这样做既减轻了财务部门发放工资工作的繁重，又有效地避免了财务去银行提取大笔款项所承担的风险，同时还提高了对员工个人工资的保密程度。

6．工资分摊

工资是费用中人工费最主要的部分，还需要对工资费用进行工资总额的计提计算、分配及各种经费的计提，并编制转账会计凭证，供登账处理之用。

实战演练：1 月各工资类别工资分摊

应付工资总额等于工资项目“应发合计”，应付福利费、工会经费、职工教育经费也以此为计提基数。

工资费用分配的转账分录如表 6-8 所示。

表 6-8　工资费用分配的转账分录

单位：元

<table>
<tr><td colspan="2" rowspan="2">工资分摊
部门</td><td colspan="2">应付工资</td><td colspan="2">应付福利费（14%）</td><td colspan="3">工会经费（2%）、职工教育经费（1.5%.）</td></tr>
<tr><td>借方</td><td>贷方</td><td>借方</td><td>贷方</td><td>借方</td><td>贷方</td><td>贷方</td></tr>
<tr><td>企业管理部、财务部、人力资源部</td><td>企业管理人员</td><td>660 201</td><td>221 101</td><td>660 202</td><td>221 102</td><td rowspan="4">660 207</td><td rowspan="4">221 105</td><td rowspan="4">221 106</td></tr>
<tr><td>供销部</td><td>经营人员</td><td>660 101</td><td>221 101</td><td>660 102</td><td>221 102</td></tr>
<tr><td rowspan="2">生产部</td><td>车间管理人员</td><td>510 101</td><td>221 101</td><td>510 101</td><td>221 102</td></tr>
<tr><td>生产工人</td><td>500 102</td><td>221 101</td><td>500 102</td><td>221 102</td></tr>
</table>

工资分摊类型设置

1）打开工资类别“正式职工”，执行“业务处理”→“工资分摊”命令，打开“工资分摊”对话框。

2）单击“工资分摊设置”按钮，打开“分摊类型设置”对话框。

3）单击【增加】按钮，打开“分摊计提比例设置”对话框。

4）输入计提类型名称“应付工资”；单击“下一步”按钮，进入“分摊构成设置”界面。

5）按资料内容进行设置，设置完成后如图 6-21 所示。单击“完成”按钮返回“分摊类型设置”对话框，继续设置“应付福利费”、“工会经费”、“职工教育经费”等分摊计提项目。设置完毕后，单击“返回”按钮返回“工资分摊”对话框。

进行工资分摊

1）选择需要分摊的计提费用类型，确定分摊计提的月份“2013.01”。

2）选择核算部门“企业管理部”、“财务部”、“供销部”、“生产部”、“人力资源部”。

3）选中“明细到工资项目”复选框，如图 6-22 所示。

图 6-21　应付工资分摊设置

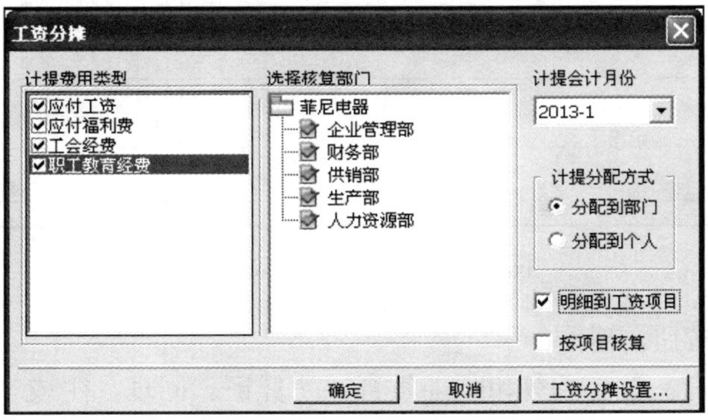

图 6-22　工资分摊选择

4）单击“确定”按钮，打开“应付工资一览表”。

5）选中“合并科目相同、辅助项相同的分录”复选框，如图 6-23 所示。单击“制单”按钮。

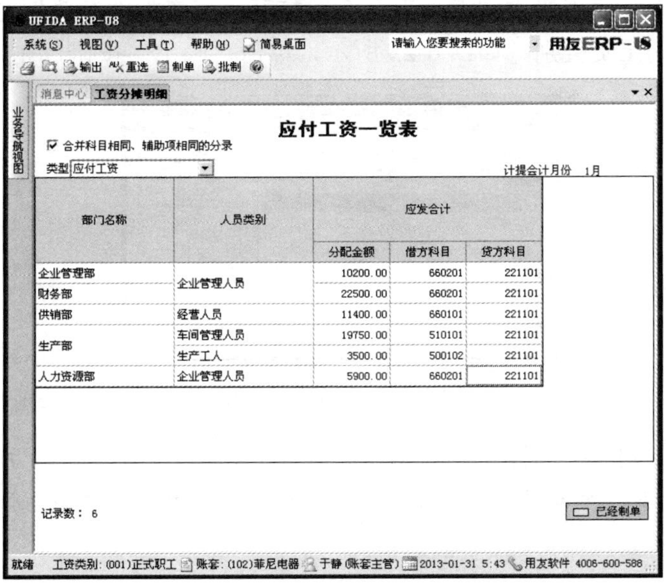

图 6-23　工资分摊

6）单击凭证左上角的“字”处，选择“转账凭证”选项，输入附单据数，单击“保存”按钮，凭证左上角出现“已生成”标志，代表该凭证已传递到总账，如图 6-24 所示。

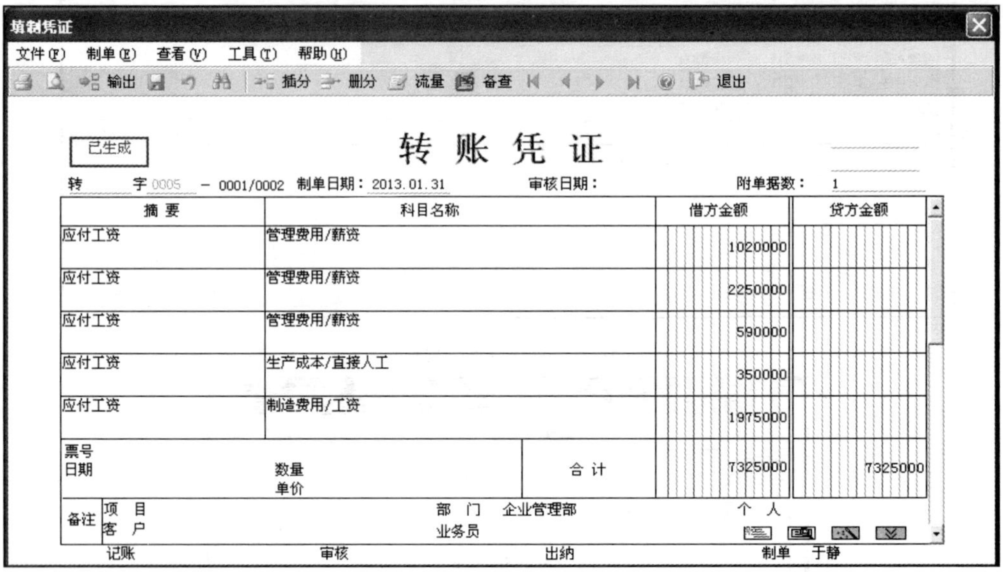

图 6-24　工资分摊生成凭证

7）单击“退出”按钮，返回。

8）生成应付福利费、工会经费和职工教育经费凭证。同理，生成“临时职工”的工资分摊凭证。

实战演练：工资类别汇总

1）执行“工资类别”→“关闭工资类别”命令。

2）执行“维护”→“工资类别汇总”命令，打开“工资类别汇总”对话框。

3）选择要汇总的工资类别，如图 6-25 所示，单击“确定”按钮，完成工资类别汇总。

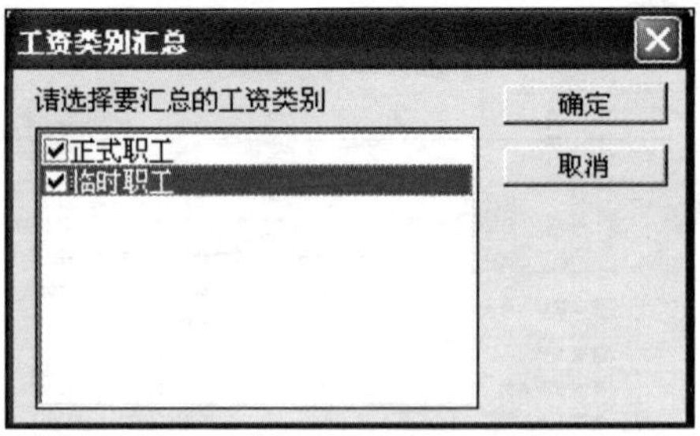

图 6-25　工资类别汇总

4）执行“工资类别”｜“打开工资类别”命令，打开“打开工资类别”对话框。

5）选择“998 汇总工资类别”选项，如图 6-26 所示，单击“确定”按钮，查看工资类别汇总后的各项数据。

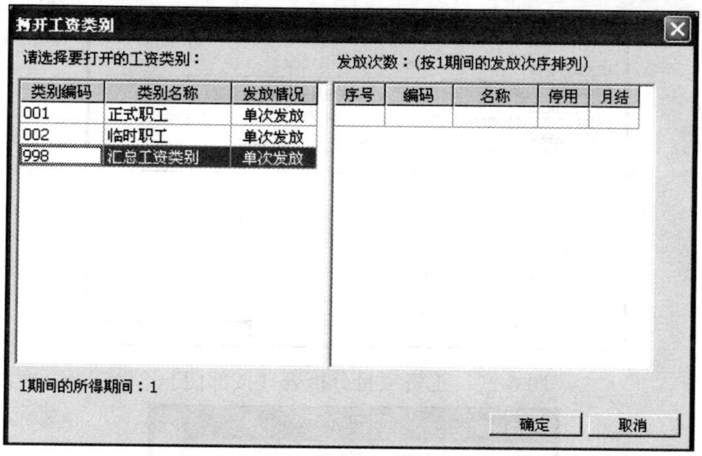

图 6-26 打开汇总工资类别

注意：

- 该功能必须在关闭所有工资类别时才可用。
- 所选工资类别中必须有汇总月份的工资数据。
- 如为第一次进行工资类别汇总，需在汇总工资类别中设置工资项目计算公式。如每次汇总的工资类别一致，则公式无须重新设置。如与上一次的所选择的工资类别不一致，则需重新设置计算公式。
- 汇总工资类别不能进行月末结算和年末结算。

7. 工资数据查询统计

工资数据处理结果最终通过工资报表的形式反映，工资系统提供了主要的工资报表，报表的格式由系统提供，如果对报表提供的固定格式不满意，可以通过“修改表”和“新建表”功能自行设计。

（1）工资表

工资表包括工资发放签名表、工资发放条、工资卡、部门工资汇总表、人员类别工资汇总表、条件汇总表、条件统计表、条件明细表、工资变动明细表、工资变动汇总表等由系统提供的原始表。主要用于本月工资发放和统计，工资表可以进行修改和重建。

（2）工资分析表

工资分析表以工资数据为基础，对部门、人员类别的工资数据进行分析和比较，产生各种分析表，供决策人员使用。

实战演练：按部门查看企业管理部正式职工的工资项目分析表

1）打开正式职工工资类别。

2）执行“统计分析”→“账表”→“工资分析表”命令，打开“工资分析表”对话框。

3）选择“工资项目分析表（按部门）”选项，如图 6-27 所示，单击“确定”按钮。

4）选择“企业管理部”选项，单击“确定”按钮。

5）单击“>>”按钮，选择所有项目，如图 6-28 所示，单击“确定”按钮，查看报表。

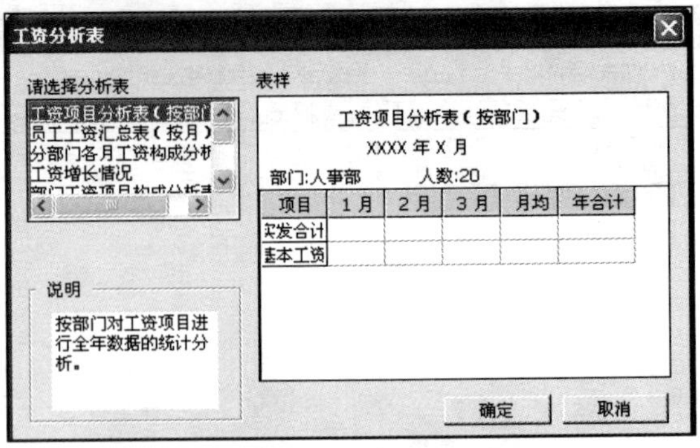

图 6-27　工资项目分析表（按部门）

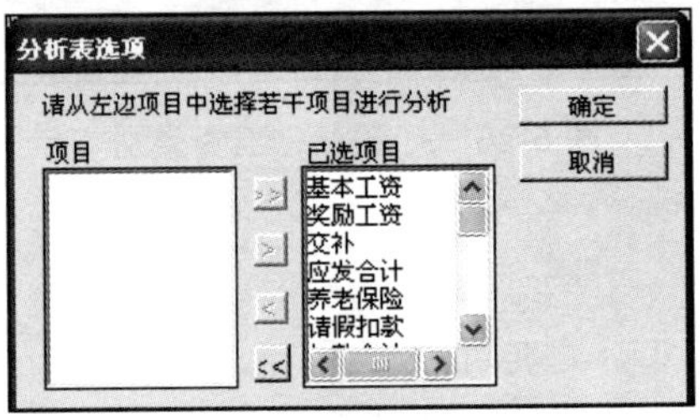

图 6-28　选择分析表项目

6.2.3　期末处理

1. 月末结转

月末处理是将当月数据经过处理后结转至下月。每月工资数据处理完毕后均可进行月末结转。由于在工资项目中，有的项目是变动的，即每月的数据均不相同，在每月工资处理时，均需将其数据清为 0，而后输入当月的数据，此类项目即为清零项目。

因月末处理功能只有主管人员才能使用，所以应以主管的身份登录系统。

月末结转只有在会计年度的 1～11 月进行，且只有在当月工资数据处理完毕后才可进行。若为处理多个工资类别，则应打开工资类别，分别进行月末结转。若本月工资数据未汇总，系统将不允许进行月末结转。进行期末处理后，当月数据将不允许变动。

2. 年末结转

年末结转是将工资数据经过处理后结转至下年。进行年末结转后，新年度账将自动建立。只有处理完所有工资类别的工资数据，对多工资类别，应关闭所有工资类别，然后在系统管理中选择“年度账”菜单，进行上年数据结转。其他操作与月末处理类似。

年末结转只有在当月工资数据处理完毕后才能进行。若当月工资数据未汇总，系统将不允许进行年末结转。进行年末结转后，本年各月数据将不允许变动。若用户跨月进行年末结转，系统将给予提示。年末处理功能只有主管人员才能使用。

实战演练：月末处理

1 月末对正式职工的请假扣款、请假天数和奖励工资清零。对临时职工的计件工资清零。

1）打开正式职工工资类别，执行“业务处理”→“月末处理”命令，打开“月末处理”对话框。单击“确定”按钮，系统提示“月末处理之后，本月工资将不许变动，继续月末处理吗？”，单击“是”按钮。

2）系统继续提示“是否选择清零项？”，单击“是”按钮，打开“选择清零项目”对话框。在“请选择清零项目”列表中选择“请假扣款”、“请假天数”和“奖励工资”选项，单击“>”按钮，将所选项目移动到右侧的列表中，如图 6-29 所示。

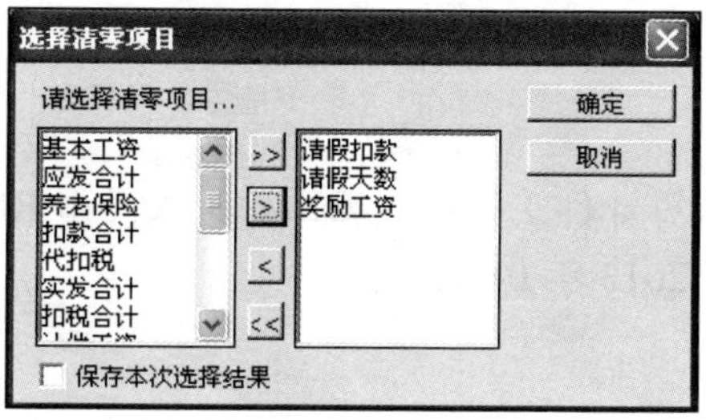

图 6-29　选择清零项

3）单击“确定”按钮，系统提示“月末处理完毕!”，单击“确定”按钮返回。

4）依此类推，完成“临时职工”工资类别月末处理。

注意：

- 月末结转只有在会计年度的 1～11 月进行。
- 若为处理多个工资类别，则应打开工资类别，分别进行月末结算。
- 若本月工资数据未汇总，系统将不允许进行月末结转。
- 进行期末处理后，当月数据将不再允许变动。
- 月末处理功能只有主管人员才能使用。

复习思考题

1．薪资管理系统的基本功能有哪些？
2．哪些情况需要使用多工资类别进行管理？
3．如何进行代扣个人所得税的处理？
4．如何进行银行代发工资的处理？
5．如何进行与工资相关的各项保险基金的处理？
6．如何进行计件工资处理？

实验七　工资管理

【实验目的】

掌握用友 ERP-U8 管理系统中有关工资管理的相关内容，掌握工资系统初始化、日常业务处理、工资分摊及月末处理的操作。

【实验内容】

1．工资管理系统初始设置。

2．工资管理系统日常业务处理。

3．工资分摊及月末处理。

4．工资系统数据查询。

【实验准备】

引入实验三账套数据。

【实验资料】

1．建立工资账套

工资类别个数：多个；核算计件工资；核算币种：人民币 RMB；要求代扣个人所得税；不进行扣零处理；启用日期：2013 年 01 月。

2．基础信息设置

（1）工资项目设置

工资项目设置如表 6-9 所示。

表 6-9　工资项目设置

项目名称	类　型	长　度	小数位数	增减项
基本工资	数字	8	2	增项
奖励工资	数字	8	2	增项
交补	数字	8	2	增项
应发合计	数字	10	2	增项
养老保险	数字	8	2	减项
请假扣款	数字	8	2	减项
代扣税	数字	10	2	减项
扣款合计	数字	10	2	减项
实发合计	数字	10	2	增项
请假天数	数字	8	2	其他

（2）人员档案

工资类别一：正式职工。

部门选择：所有部门。

工资项目：基本工资、奖励工资、交补、应发合计、请假扣款、扣款合计、实发合计、代扣税、请假天数。

计算公式，如表 6-10 所示。

表 6-10　计算公式

工资项目	定义公式
请假扣款	请假天数*50
养老保险	基本工资*0.08
交补	iff（人员类别=“企业管理人员”or 人员类别=“车间管理人员”，300，100）

人员档案，如表 6-11 所示。

表 6-11　人员档案（一）

人员编号	人员姓名	部门名称	人员类别	账号	中方人员	是否计税	核算计件工资
100	郝佳	企管办	企业管理人员	20130010100	是	是	否
001	贾涛	财务部	企业管理人员	20130010001	是	是	否
002	任志刚	财务部	企业管理人员	20130010002	是	是	否
003	姜小雨	财务部	企业管理人员	20130010003	是	是	否
004	侯爱华	财务部	企业管理人员	20130010004	是	是	否
005	徐乐	采购部	经营人员	20130010005	是	是	否
006	范广利	销售一部	经营人员	20130010006	是	是	否
007	孟斐	销售二部	经营人员	20130010007	是	是	否
008	康贝贝	生产部	车间工人	20130010008	是	是	否
009	李春	生产部	车间管理人员	20130010009	是	是	否

注：以上所有人员的代发银行均为工商银行中关村分理处。

工资类别二：临时人员。
部门选择：生产部。
工资项目：计件工资。
人员档案：如表 6-12 所示。

表 6-12　人员档案（二）

人员编号	人员姓名	部门名称	人员类别	账号	中方人员	是否计税	核算计件工资
021	马振东	生产部	生产工人	20130010021	是	是	是
022	杨建	生产部	生产工人	20130010022	是	是	是

（4）银行名称
工商银行中关村分理处；账号定长为 11。
（5）计件要素：工序
工序档案包括两项：01 组装；02 检验。
（6）计件工价设置
组装：30。
检验：18。
3．工资数据
（1）1 月初人员工资情况
正式人员工资情况如表 6-13 所示。

表 6-13　正式人员工资

单位：元

姓　　名	基 本 工 资	奖 励 工 资
郝佳	8 000	1 800
贾涛	5 000	1 500

续表

姓　　名	基 本 工 资	奖 励 工 资
任志刚	4 000	1 400
姜小雨	3 500	1 200
侯爱华	3 000	1 300
徐乐	5 500	1 450
宋广利	4 200	1 320
孟斐	4 800	1 280
康贝贝	3 500	1 300
李春	4 000	1 500

临时人员工资情况如表 6-14 所示。

表 6-14　临时人员工资

姓　　名	日　　期	组 装 工 时	检 验 工 时
马振东	2013-01-31	180	
杨建	2013-01-31		200

（2）1 月工资变动情况

1）考勤情况：任志刚请假 2 天；孟斐请假 1 天。

2）因需要，决定招聘李力（男，编号 011）到采购部担任经营人员，以补充力量，其基本工资为 3 000 元，无奖励工资，代发工资银行账号：20130010011。

3）因去年销售部推广产品业绩较好，每人增加奖励工资 2 000 元。

4．代扣个人所得税

个税免征额即扣税基数为 3 500 元。外籍人士个税减除费用为 4 800 元。

2012 年开始实行的 7 级超额累进个人所得税税率表如表 6-15 所示。

表 6-15　7 级超额累进个人所得税税率表

级　　数	全月应纳税所得额（税率资讯网提供）	税率/%	速算扣除数
1	不超过 1 500 元	3	0
2	超过 1 500 元至 4 500 元的部分	10	105
3	超过 4 500 元至 9 000 元的部分	20	555
4	超过 9 000 元至 35 000 元的部分	25	1 005
5	超过 35 000 元至 55 000 元的部分	30	2 755
6	超过 55 000 元至 80 000 元的部分	35	5 505
7	超过 80 000 元的部分	45	13 505

5．工资分摊

应付工资总额等于工资项目“应发合计”，应付福利费、工会经费、职工教育经费也以此为计提基数。

工资费用分配的转账分录如表 6-16 所示。

表 6-16　工资费用分配的转账分录

单位：元

工资分摊 部门		应付工资		应付福利费（14%）		工会经费（2%）、职工教育经费（1.5%）		
		借方	贷方	借方	贷方	借方	贷方	贷方
企管办、财务部	企业管理人员	660 201	221 101	660 202	221 102	660 207	221 103	221 104
采购部、销售一部、销售二部	经营人员	660 101	221 101	660 102	221 102			
生产部	车间管理人员	510 101	221 101	410 501	221 102			
	生产工人	500 102	221 101	410 102	221 102			

SEVEN

第 7 章
固定资产系统

本章学习目标

- 了解固定资产系统的主要功能、固定资产系统与 ERP 其他系统间的数据关系
- 熟悉固定资产系统的操作流程
- 理解固定资产初始化的工作内容
- 掌握利用固定资产系统进行企业固定资产日常管理的方法
- 掌握在固定资产系统中进行各种信息查询的方法

7.1 固定资产系统的工作原理

固定资产是企业资产的重要组成部分，固定资产管理是否完善、核算是否正确，不仅关系到企业资产的安全性，也影响到成本费用乃至利润计算的正确性。固定资产系统的主要任务是完成企业固定资产日常业务的核算和管理，生成固定资产卡片，按月反映固定资产的增减变动、原值变化及其他变化，按月计提折旧，生成折旧分配凭证，协助企业进行成本核算，同时输出一些同设备管理相关的报表和账簿。

7.1.1 固定资产子系统的主要功能

固定资产系统的主要功能包括初始化设置、日常业务处理、凭证处理、信息查询、期末处理等。

1. 初始化设置

固定资产系统的初始化过程中需完成对固定资产日常核算和管理所必需的各种系统参数和基本信息的设置，并输入固定资产系统的原始业务数据。初始设置主要包括核算单位的建立，

固定资产卡片项目、卡片样式、折旧方法、使用部门、使用状况、增减方式、资产类别等信息的设置，以及固定资产原始卡片的录入。

2. 日常业务处理

固定资产系统的日常业务处理主要是当固定资产发生资产增加、资产减少、原值变动、使用部门转移等变动情况时，更新固定资产卡片；并根据用户设定的折旧计算方法自动计算折旧生成折旧清单和折旧分配表。

3. 凭证处理

固定资产系统根据使用状况和部门对应折旧科目的设置来进行转账凭证的定义。转账凭证可以根据固定资产的业务处理自动生成。转账凭证经过确认后会自动传递到账务或成本等系统等待进一步处理。

4. 信息查询

固定资产管理系统输出的报表主要有固定资产卡片、固定资产增减变动表、固定资产分类统计表、固定资产折旧计算表、转账数据汇总表等有关账表。

5. 期末处理

固定资产管理子系统的期末处理主要包括对账和月末结账两部分。

7.1.2 固定资产系统与其他子系统的关系

固定资产系统与总账系统、成本系统和报表系统存在数据关联。

1. 固定资产系统与总账系统的关系

固定资产的日常变动数据和计提折旧的数据通过生成的转账凭证传递到总账系统。同时，固定资产系统可以与总账系统针对固定资产和累计折旧进行对账，保证固定资产明细与总账的一致性。

2. 固定资产系统与成本系统的关系

固定资产系统为成本系统提供其核算所需要的折旧费用数据，是成本核算的基础数据之一。

3. 固定资产系统与报表系统的关系

UFO 报表系统可以通过函数调用固定资产系统的核算数据编制相关报表。

7.1.3 固定资产系统的业务处理流程

固定资产系统的业务处理流程大致包括初始化和日常业务处理两部分。初始化主要完成系统参数和基础信息的设置，日常业务处理进行固定资产增减变动、计提折旧、凭证处理等工作。相关业务处理完成后输出固定资产账簿和统计分析报表，并进行月末结账。固定资产系统业务处理流程如图 7-1 所示。

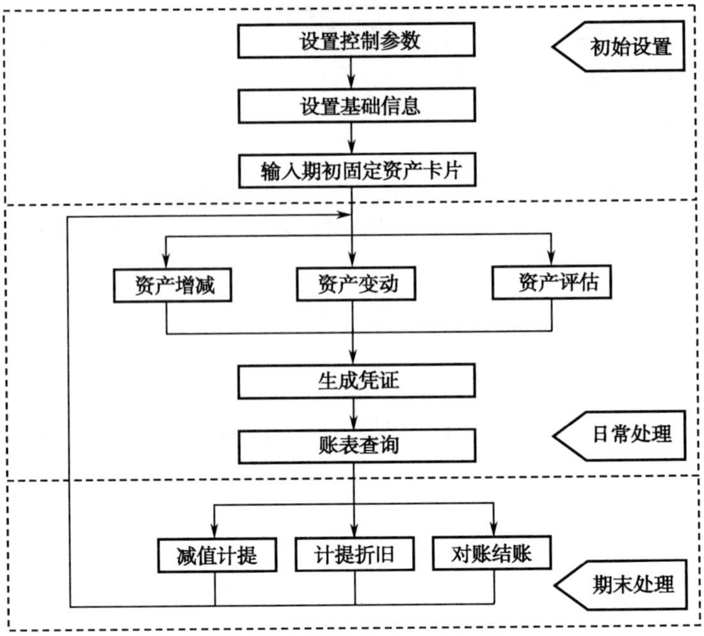

图 7-1　固定资产系统业务处理流程

7.2 固定资产系统初始化演练

固定资产初始化的主要内容包括建立固定资产账套、基础设置和录入原始卡片。

7.2.1 建立固定资产账套

建立固定资产账套是根据企业的具体情况，在已经建立的企业会计核算账套的基础上，设置企业进行固定资产核算的必须参数，包括关于固定资产折旧计算的一些约定及说明、启用月份、折旧信息、编码方式、账务接口等。

建账完成后，当需要对账套中的某些参数进行修改时，可以执行“设置”|“选项”命令，在“选项”对话框中修改；有些参数无法在“选项”对话框中修改但又必须改正，那么只能通过“重新初始化”功能实现，重新初始化将清空队该固定资产账套所做的一切操作。

实战演练：由账套主管建立固定资产账套并设置相关参数

本公司固定资产控制参数如表 7-1 所示。需要由账套主管建立固定资产账套。

表 7-1　固定资产控制参数

控 制 参 数	参 数 设 置
启用月份	2013.01
折旧信息	本账套计提折旧； 折旧方法：平均年限法； 折旧汇总分配周期：1 个月； 当（月初已计提月份=可使用月份-1）时，将剩余折旧全部提足

续表

控 制 参 数	参 数 设 置
编码方式	资产类别编码方式：2112； 固定资产编码方式： 按“类别编码+部门编码+序号”自动编码； 卡片序号长度为 3
财务接口	与账务系统进行对账； 对账科目： 固定资产对账科目：1601 固定资产； 累计折旧对账科目：1602 累计折旧
补充参数	业务发生后立即制单； 月末结账前一定要完成制单登账业务； 固定资产缺省入账科目：1601，累计折旧缺省入账科目：1602

1）由于已启用固定资产模块，可以直接以“于静”的身份进入企业应用平台，时间为 2013 年 1 月 1 日。

2）在“业务工作”模块中，选择“财务会计”|“固定资产”选项，系统提示“这是第一次打开此账套，还未进行过初始化，是否进行初始化？”，单击“是”按钮，打开“固定资产初始化向导”对话框。

3）在“固定资产初始化向导——约定与说明”对话框中，仔细阅读相关条款，点选“我同意”单选按钮。

4）单击“下一步”按钮，打开“固定资产初始化向导——启用月份”对话框，确认账套启用月份“2013.01”。

5）单击“下一步”按钮，打开“固定资产初始化向导——折旧信息”对话框。选中“本账套计提折旧”复选框；选择折旧方法“平均年限法（二）”，折旧分配周期“1 个月”；选中“当月初已计提月份=可使用月份-1）时，将剩余折旧全部提足（工作量法除外）”复选框，如图 7-2 所示。

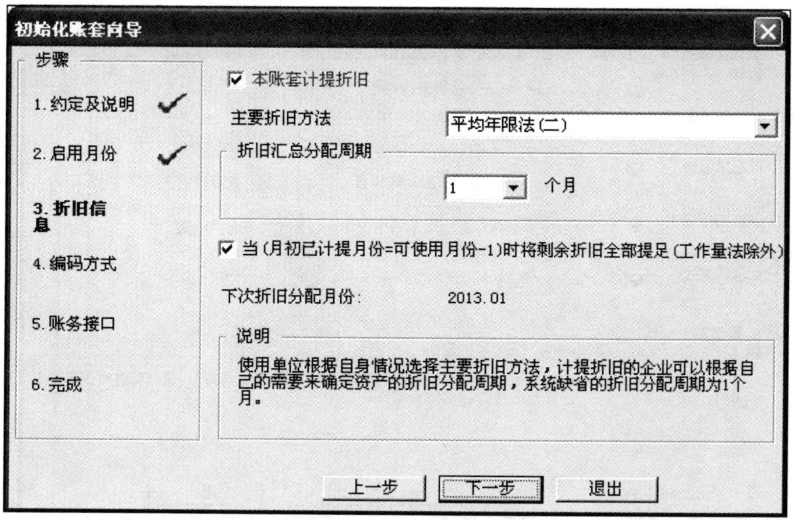

图 7-2　固定资产初始化——折旧信息

注意：

- 如果是行政事业单位，不选“本账套计提折旧”复选框，则账套内所有与折旧有关的功能屏蔽，该选项在初始化设置完成后不能修改。
- 虽然这里选择了某种折旧方法，但在设置资产类别或定义具体固定资产时可以更改设置。

6）单击“下一步”按钮，打开“固定资产初始化向导——编码方式”对话框。确定资产类别编码长度“2112”；点选“自动编号”单选按钮，选择固定资产编码方式“类别编号+部门编号+序号”，选择序号长度“3”，如图 7-3 所示。

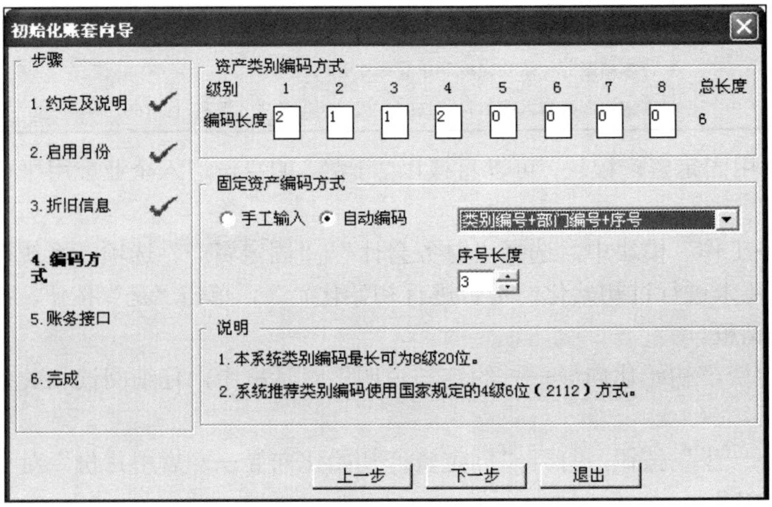

图 7-3 固定资产初始化——编码方式

7）单击“下一步”按钮，打开“固定资产初始化向导——财务接口”对话框。选中“与账务系统进行对账”复选框；选择固定资产的对账科目“1601，固定资产”，累计折旧的对账科目“1602，累计折旧”，如图 7-4 所示。

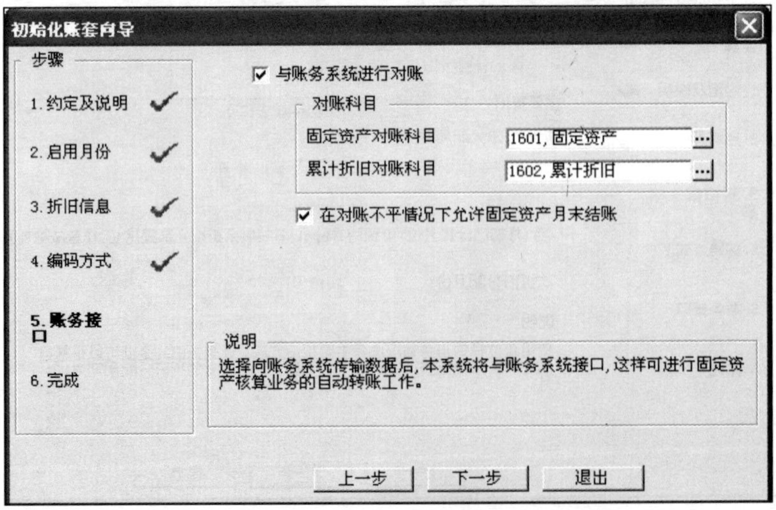

图 7-4 固定资产初始化——账务接口

8）单击“下一步”按钮，打开“固定资产初始化向导——完成”对话框。单击“完成”按钮，完成本账套的初始化，系统提示“是否确定所设置的信息完全正确并保存对新账套的所有设置”。

9）单击“是”按钮，系统提示“已成功初始化本固定资产账套！”，单击“确定”按钮。

注意：

- 初始化设置完成后，有些参数不能修改，所以要慎重。
- 如果发现参数有错，必须改正，只能通过固定资产系统“维护”→“重新初始化账套”命令实现，该操作将清空对该子账套所做的一切工作。

补充参数设置

1）执行“设置”→“选项”命令，打开“选项”对话框。

2）单击“编辑”按钮，选择“与账务系统接口”选项卡。选中“业务发生后立即制单”、“月末结账前一定要完成制单登账业务”复选框；选择缺省入账科目“1601，固定资产”、“1602，累计折旧”，如图7-5所示，单击“确定”按钮。

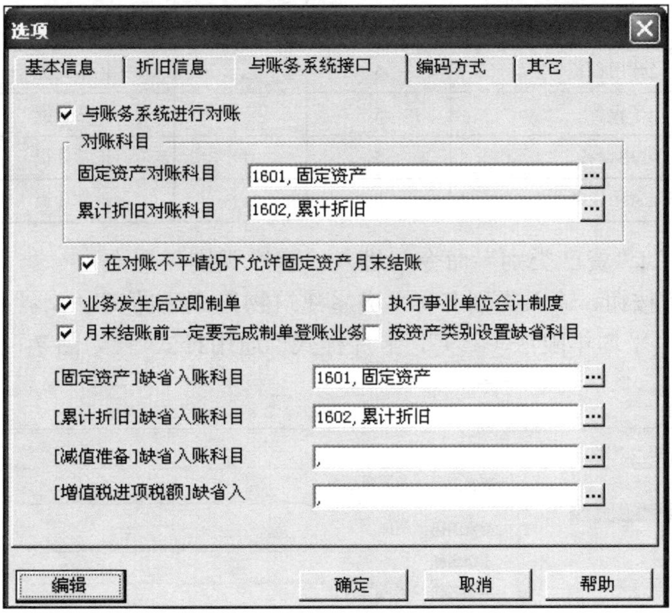

图7-5 选项

7.2.2 基础信息设置

固定资产系统的基础信息设置包括以下各项。

1. 资产类别设置

固定资产种类繁多，规格不一，为强化固定资产管理，及时准确地进行固定资产核算，需建立科学的资产分类核算体系，为固定资产的核算和管理提供依据。目前，我国固定资产管理使用的是国家技术监督局1994年1月24日批准发布的国家标准GB/T 14885—1994《固定资产分类与代码》，其中规定的类别编码最多可以设置 4 级，编码总长度是 6 位即（2112）。参照此标准，企业可以根据自身的特点和要求，设定较为合理的资产分类方法。

实战演练：建立本公司固定资产类别

本公司固定资产类别如表 7-2 所示。

表 7-2　固定资产类别

编码	类 别 名 称	净残值率/%	单位	计 提 属 性	卡片样式
01	房屋建筑物	5		正常计提	通用样式
011	经营用设备	5		正常计提	通用样式
012	非经营用设备	5		正常计提	通用样式
02	运输设备	5		正常计提	通用样式
021	经营用设备	5		正常计提	通用样式
022	非经营用设备	5		正常计提	通用样式
03	生产设备	5		正常计提	通用样式
031	经营用设备	5		正常计提	通用样式
032	非经营用设备	5		正常计提	通用样式
04	电子设备	5		正常计提	通用样式
041	经营用设备	5	台	正常计提	通用样式
042	非经营用设备	5	台	正常计提	通用样式

1）执行“设置”|“资产类别”命令，进入“资产类别”界面。

2）单击“增加”按钮，输入类别名称“房屋建筑物”，净残值率“5%”；选择计提属性“正常计提”，折旧方法“平均年限法（二）”，卡片样式“通用样式”，如图 7-6 所示，单击“保存”按钮。

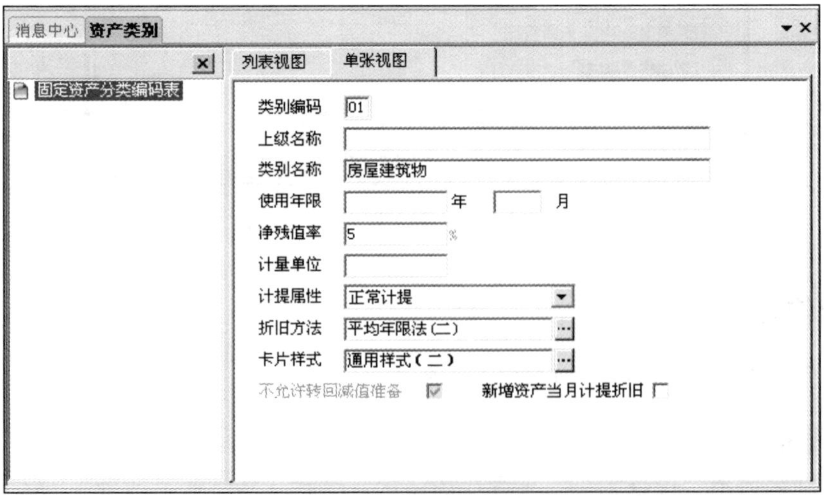

图 7-6　设置资产类别

3）同理，完成其他资产类别的设置。

注意：

- 资产类别编码不能重复，同一级的类别名称不能相同。
- 类别编码、名称、计提属性、卡片样式不能为空。
- 已使用过的类别不能设置新下级。

2．部门对应折旧科目设置

固定资产计提折旧后，需将折旧费用分配到相应的成本或费用中去，根据不同企业的情况可以按照部门或类别进行汇总。固定资产折旧费用的分配去向和其所属部门密切相关，如果给每个部门设定对应折旧科目，则属于该部门的固定资产在计提折旧时，折旧费用将对应分配到其所属的部门。

实战演练：建立部门对应折旧科目

本公司部门及对应折旧科目如表 7-3 所示。

表 7-3　部门及对应折旧科目

部　　门	对应折旧科目
企业管理部、财务部、人力资源部	660206　管理费用/折旧费
供销部	660106　销售费用/折旧费
生产部	510102　制造费用/折旧费

1）执行“设置”|“部门对应折旧科目”命令，进入“部门对应折旧科目”界面。
2）选择部门“企业管理部”，单击“修改”按钮。
3）选择折旧科目“660206”，如图 7-7 所示，单击“保存”按钮。

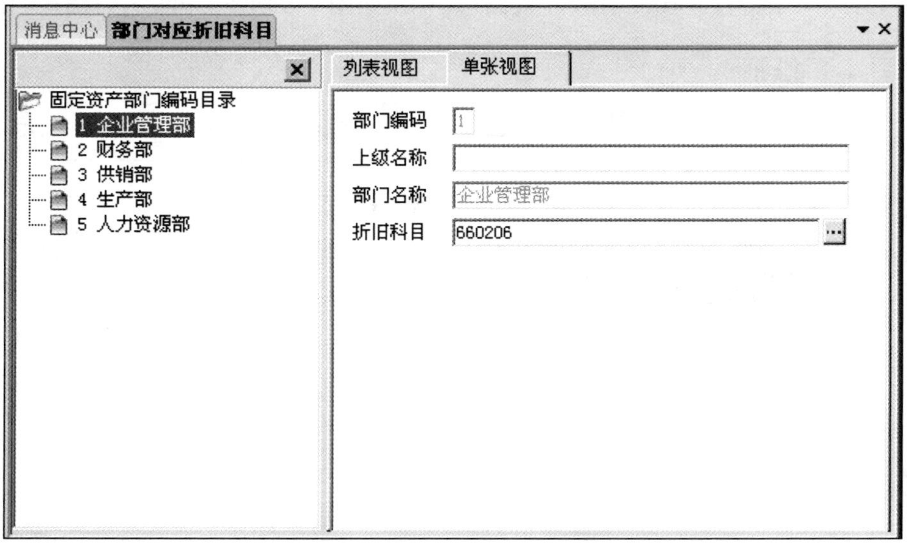

图 7-7　设置部门对应折旧科目

4）同理，完成其他部门折旧科目的设置。

注意：

如果一个部门包含多个子部门，且对应的折旧科目相同，可以将折旧科目设置在上一级部门，保存后，单击“刷新”按钮，其下属部门自动继承。

3. 增减方式设置

固定资产增减方式设置即资产增加的来源和减少的去向。增减方式包括增加方式和减少方式两大类。增加方式主要包括直接购买、投资者投入、捐赠、盘盈、在建工程转入、融资租入。减少方式主要包括出售、盘亏、投资转出、捐赠转出、报废、毁损、融资租出。增减方式可根据用户的需要自行增加。在增减方式的设置中还可以定义不同增减方式的对应入账科目，配合固定资产和累计折旧的入账科目使用，当发生相应的固定资产增减变动时可以快速生成转账凭证，减少手工输入数据的业务量。

实战演练：设置增减方式对应入账科目

本公司固定资产增减方式对应折旧科目如表 7-4 所示。

表 7-4 固定资产增减方式对应折旧科目

增 加 方 式	折 旧 科 目
直接购入	10020101，中行存款/人民币户
减少方式	
毁损	1606，固定资产清理

1）执行“设置”→“增减方式”命令，进入“增减方式”界面。
2）在左侧列表中，选择增加方式“直接购入”，单击“修改”按钮。
3）输入对应入账科目“10020101，人民币户”，如图 7-8 所示，单击“保存”按钮。

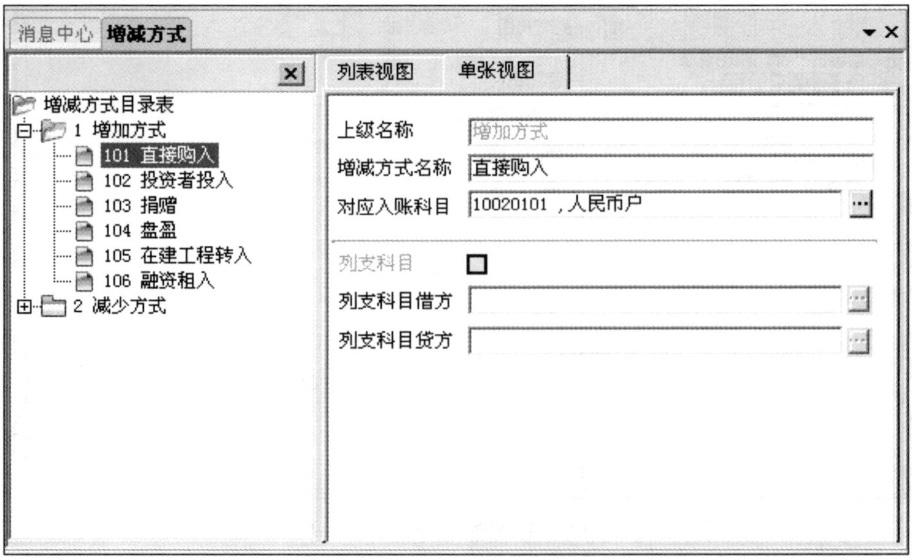

图 7-8 设置增减方式

4）同理，输入减少方式“毁损”的对应入账科目“1606，固定资产清理”。

注意：

当固定资产发生增减变动时，系统生成凭证时会默认采用这些科目。

4．使用状况设置

固定资产的使用状况一般分为使用中、未使用和不需用三大类，不同的使用状况决定了固定资产计提折旧与否。因此，正确定义固定资产的使用状况是准确计算累计折旧，进行资产数据统计分析，提高固定资产管理水平的重要依据。

5．折旧方法设置

固定资产折旧的计算是固定资产系统的重要功能，固定资产折旧的计提由系统根据用户选择的折旧方法自动计算得出，因此折旧方法的定义是计算资产折旧的重要基础。根据财务制度的规定，企业固定资产的折旧方法为平均年限法、工作量法、双倍余额递减法、年限总和法。企业可根据国家规定和自身条件选择采用其中的一种，如果系统中预置的折旧方法不能满足企业管理与核算的需要，用户也可以定义新的折旧方法与相应的计算公式。

由于计算机系统基本不必考虑处理能力的问题，因此在向计算机系统过渡时只需根据企业细化会计核算的需要在会计制度允许的范围内选择折旧计算方法即可。一般来说，选用单台折旧方法核算固定资产折旧更合适。

6．卡片项目和卡片样式设置

固定资产卡片是固定资产系统中重要的管理工具，固定资产卡片文件是重要的数据文件。固定资产文件中包含的数据项目形成一个卡片项目，卡片项目也是固定资产卡片上用来记录固定资产资料的栏目，如原值、资产名称、所属部门、使用年限、折旧方法等是卡片上最基本的项目。固定资产系统提供的卡片上常用的项目称为系统项目，但这些项目不一定能满足所有单位的需求。为了增加固定资产系统的通用性，一般都系统为用户留下足够的增减卡片项目的余地，在初始设置中由用户定义的项目称为自定义项目。系统项目和自定义项目一起构成固定资产卡片的全部内容。

固定资产卡片样式指卡片的外观，即卡片的格式和卡片上包含的项目及项目的位置。不同资产核算管理的内容与重点各不相同，因此，卡片样式也可能不同。系统提供缺省的卡片样式一般能够满足企业日常管理的要求，用户可以在此基础上略做调整，形成新卡片模板，也可以自由定义新卡片样式。

7.2.3 期初数据录入

固定资产系统的初始数据是指系统投入使用前企业现存固定资产的全部有关数据，主要是固定资产原始卡片的有关数据。固定资产原始卡片是固定资产系统处理的起点。因此，准确录入原始卡片内容是保证历史资料的连续性、正确进行固定资产核算的基本要求。为了保证所输入原始卡片的数据准确无误，应该在开始输入前对固定资产进行全面的清查盘点，做到账实相符。

传统方式下，固定资产是按卡片进行管理的。固定资产卡片的原值合计应与总账系统固定资产科目余额数据相符；卡片已提折旧的合计应与总账系统累计折旧账户的余额相符。

实战演练：期初数据录入

本公司期初固业资产如表 7-5 所示。

表 7-5　期初固定资产

固定资产名称	类别编号	所在部门	增加方式	使用年限/月	开始使用日期	原值/元	累计折旧/元	对应折旧科目名称
办公楼	012	企业管理部	直接购入	360	2010-4-1	5 000 000.00	409 027.77	管理费用/折旧费
厂房	011	生产部	直接购入	360	2010-4-1	2 600 000.00	212 694.44	制造费用/折旧费
帕萨特轿车	022	企业管理部	直接购入	120	2010-4-1	240 000.00	58 900.00	管理费用/折旧费
皮卡（五十铃）	021	供销部	直接购入	120	2010-4-1	120 000.00	29 450.00	销售费用/折旧费
切割机	031	生产部	直接购入	120	2010-4-1	100 000.00	24 541.67	制造费用/折旧费
冲床	031	生产部	直接购入	120	2010-4-1	120 000.00	29 450.00	制造费用/折旧费
卷边机	031	生产部	直接购入	120	2010-4-1	150 000.00	36 812.50	制造费用/折旧费
焊接机	031	生产部	直接购入	120	2010-4-1	100 000.00	24 541.67	制造费用/折旧费
组装流水线	031	生产部	直接购入	120	2010-4-1	500 000.00	122 708.33	制造费用/折旧费
打印一体机	042	财务部	直接购入	60	2010-4-1	15 000.00	7 362.50	管理费用/折旧费
台式电脑	042	财务部	直接购入	60	2010-4-1	5 000.00	2 454.17	管理费用/折旧费
台式电脑	041	生产部	直接购入	60	2010-4-1	5 000.00	2 454.17	制造费用/折旧费

注：净残值率均为 5%，使用状况均为“在用”，折旧方法均采用平均年限法（二）。

1）执行“卡片”→“录入原始卡片”命令，打开“资产类别参照”对话框。

2）选择固定资产类别“012 非经营用设备”，单击“确定”按钮，进入“固定资产卡片”界面。

3）输入固定资产名称“办公楼”；双击部门名称，系统提示“单个”还是“多个”部门使用，选择“单个”，再选择“企业管理部”，双击“增加方式”选择“直接购入”，双击“使用状况”选择“在用”；输入开始使用日期“2010-04-01”；输入原值“5000000”，累计折旧“409027.77”；输入可使用年限“360”；其他信息自动算出，如图 7-9 所示。

4）单击“保存”按钮，系统提示“数据成功保存！”，单击“确定”按钮。

5）同理，完成其他固定资产卡片的录入。

6）全部原始卡片录入完成后，可以执行“处理”|“对账”命令将目前固定资产系统明细与总账系统进行对账，以确保固定资产明细账与总账相符。

注意：

- 卡片编号：系统根据初始化时定义的编码方案自动设定，不能修改，如果删除一张卡片，又不是最后一张时，系统将保留空号。
- 已计提月份：系统将根据开始使用日期自动算出，但可以修改，请将使用期间停用等不计提折旧的月份扣除。
- 月折旧率、月折旧额：与计算折旧有关的项目录入后，系统会按照录入的内容自动算出并显示在相应项目内，可与手工计算的值比较，核对是否有错误。

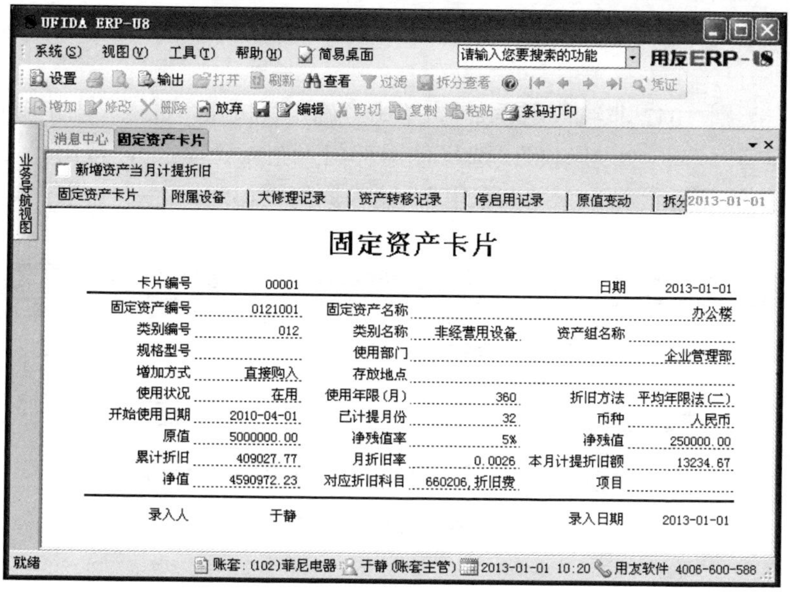

图 7-9　原始卡片录入

7.3　日常业务处理演练

固定资产系统的日常业务处理主要完成固定资产的核算和管理工作。包括固定资产卡片管理、固定资产增减处理、变动处理、折旧处理、资产评估处理、凭证处理、账表查询和期末处理等内容。

7.3.1　固定资产卡片管理

卡片是记录固定资产相关资料的载体。无论固定资产增加、减少还是变动都要通过固定资产卡片进行管理。卡片管理包括卡片修改、卡片删除、卡片查询及打印等。

7.3.2　固定资产增减处理

当企业由于各种原因而增加或减少其固定资产时，就需要进行相应的处理，根据固定资产增减变动记录更新固定资产卡片文件，以保证折旧计算的正确性。

1. 固定资产的增加

企业通过购买或其他方式取得固定资产时要进行固定资产增加的处理，填制新的固定资产卡片。一方面要求对新增固定资产按经济用途或其他标准分类，并确定其原始价值；另一方面，要求办理交接手续，填制和审核有关凭证，作为固定资产核算的依据。

实战演练：新增固定资产

1 月 22 日，企业管理部购买投影仪一台，价值为 18 500 元，净残值率为 5%，预计使用年限为 5 年。

1）以业务日期进入企业应用平台，执行“卡片”|“资产增加”命令，进入“固定资产类别档案”窗口。

2）选择资产类别“042 非经营用设备”，单击“确定”按钮，进入“固定资产卡片”界面。

3）输入固定资产名称“投影仪”；选择使用部门“企业管理部”，双击“增加方式”选择“直接购入”，双击“使用状况”选择“在用”；输入原值“18500”，可使用年限“60”，开始使用日期“2013-01-22”，如图 7-10 所示。

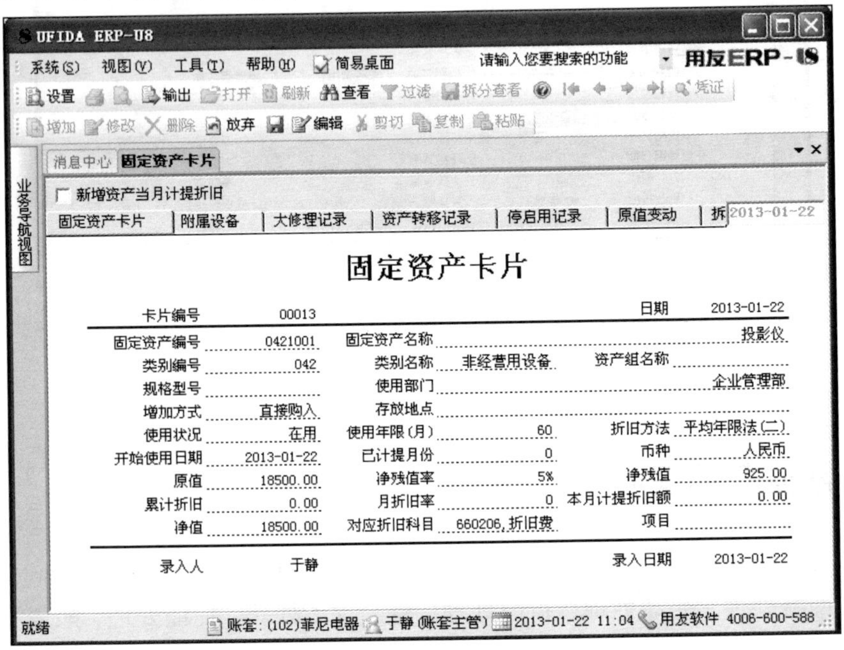

图 7-10　新增资产

4）单击“保存”按钮，打开“填制凭证”对话框。

5）选择凭证类型“付款凭证”，修改制单日期、附件数，单击“保存”按钮，生成凭证如图 7-11 所示。

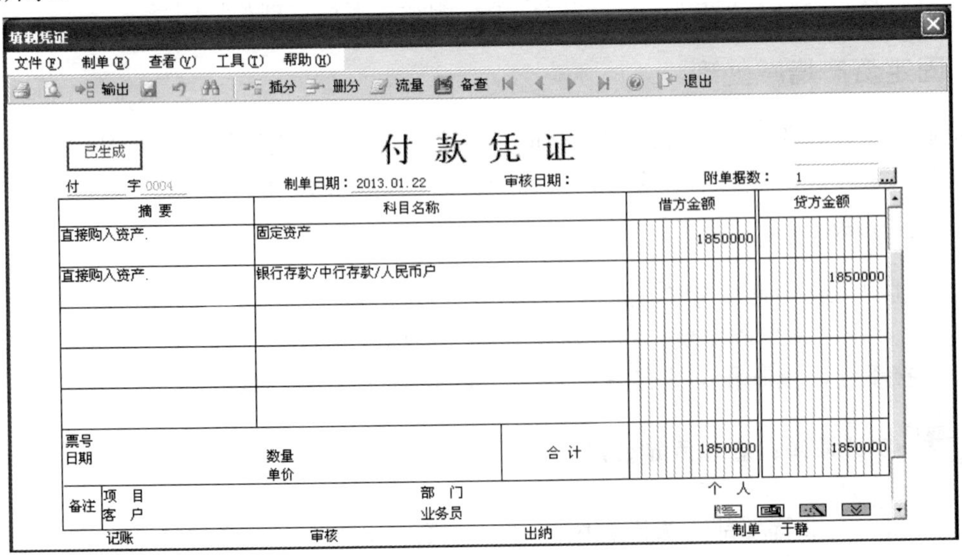

图 7-11　新增资产生成凭证

注意：

- 固定资产原值一定要输入卡片录入月月初的价值，否则会出现计算错误。
- 新卡片第一个月不提折旧，累计折旧为空或 0。
- 卡片输入完后，也可以不立即制单，月末可以批量制单。

2．固定资产的减少

固定资产的减少是指资产在使用过程中，由于毁损、出售、盘亏等各种原因而被淘汰。此时需进行固定资产减少的处理，输入固定资产减少记录，说明减少的固定资产、减少方式、减少原因等。资产减少信息经过确认后，系统搜索出相应的固定资产卡片，更新卡片文件数据，以反映固定资产减少的相关情况。

只有当账套开始计提折旧后，才可以使用资产减少功能，否则，资产减少只能通过删除卡片来完成。

实战演练：资产减少

1 月 31 日，计提折旧后，生产部毁损台式机一台。（请在计提折旧后，再进行此项实战）

1）执行“卡片”→“资产减少”命令，进入“资产减少”窗口。

2）选择卡片编号“00012”，单击“增加”按钮。

3）选择减少方式“毁损”，单击“确定”按钮，打开“填制凭证”对话框。

4）选择凭证类型“转账凭证”，修改其他项目，单击“保存”按钮，如图 7-12 所示。

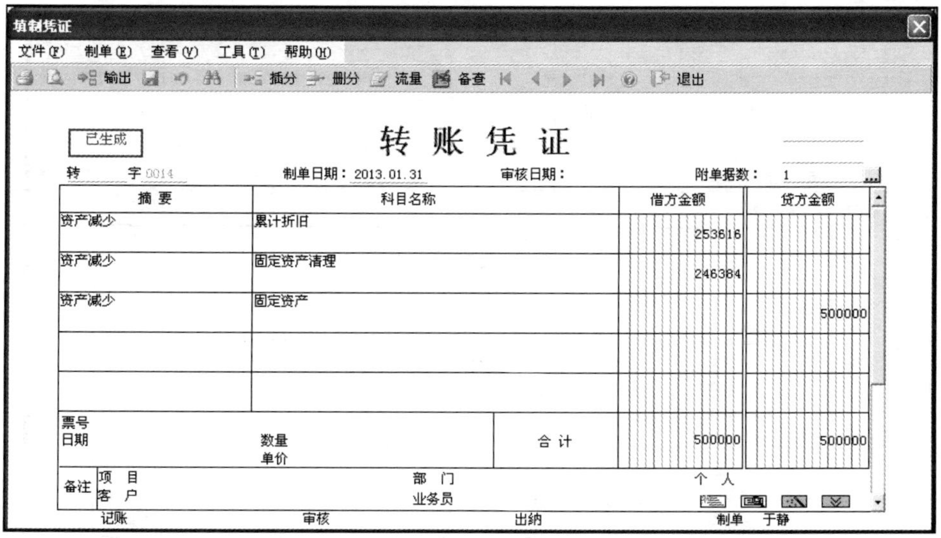

图 7-12　资产减少凭证

注意：

- 本账套需要进行计提折旧后，才能减少资产。
- 如果要减少的资产较少或没有共同点，则通过输入资产编号或卡片号，单击“增加”按钮，将资产添加到资产减少表中。

- 如果要减少的资产较多并且有共同点，则通过单击“条件”按钮，输入一些查询条件，将符合该条件的资产挑选出来进行批量减少操作。

7.3.3 固定资产变动处理

固定资产日常使用中出现原值变动、部门转移、使用状况变动、使用年限调整、折旧方法调整、净残值（率）调整、工作总量调整、累计折旧调整、资产类别调整等情况时，需通过变动单进行处理。变动单是指在资产在使用过程中由于固定资产卡片上某些项目调整而编制的原始凭证。

1. 原值变动

资产在使用过程中，其原值增减有 5 种情况：根据国家规定对固定资产重新估价；增加补充设备或改良设备；将固定资产的一部分拆除；根据实际价值调整原来的暂估价值；发现原记录固定资产价值有误的。原值变动包括原值增加和原值减少两部分。

实战演练：原值增加

1 月 26 日，企业管理部轿车添置新配件 15 000 元，以现金支票支付，票号为 XJGD001。

1）以业务日期，执行“卡片”→“变动单”→“原值增加”命令，进入“固定资产变动单”界面。

2）输入卡片编号“00003”，输入增加金额“15000”，输入变动原因“增加配件”，如图 7-13 所示。

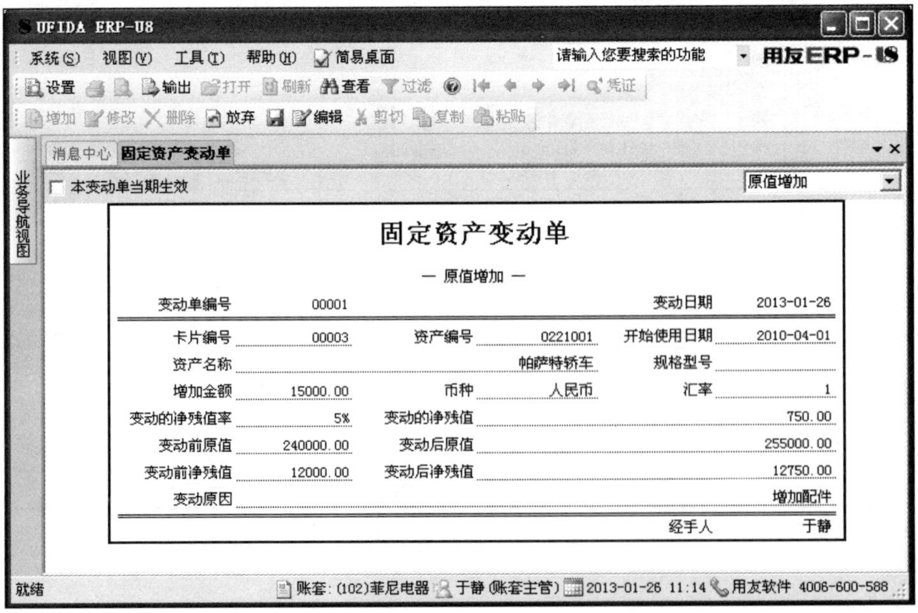

图 7-13　固定资产变动单

3）单击“保存”按钮，打开“填制凭证”对话框。

4）选择凭证类型“付款凭证”，填写修改其他项目，单击“保存”按钮。

注意：

- 资产变动主要包括原值变动、部门转移、使用状况变动、使用年限调整、折旧方法调整、净残值（率）调整、工作总量调整、累计折旧调整、资产类别调整等。系统对已做出变动的资产，要求输入相应的变动单来记录资产调整结果。
- 变动单不能修改，只有当月可删除重做，所以请仔细检查后再保存。
- 必须保证变动后的净值大于变动后的净残值。

2. 部门转移

资产在使用过程中，因内部调配而发生的部门变动应及时处理，否则将影响部门的折旧计算。

实战演练：部门转移

1 月 30 日，财务部打印一体机转给企业管理部。

1）以业务日期进入企业应用平台，执行“卡片”→“变动单”→“部门转移”命令，进入“固定资产变动单”界面。

2）输入卡片编号“00010”；双击“变动后部门”选择“企业管理部”；输入变动原因“调拨”，如图 7-14 所示。

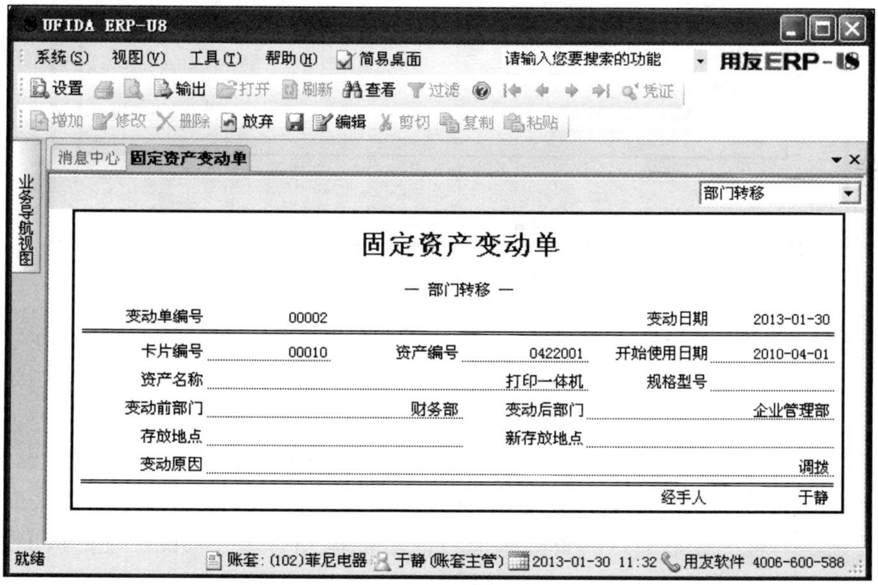

图 7-14　部门移转

3）单击“保存”按钮，系统提示“数据成功保存！部门已改变，请检查资产对应折旧科目是否正确！”，单击“确定”按钮。

3. 使用状况调整

资产使用状况分为在用、未使用、不需用等。资产在使用过程中，可能会因为某种原因，使得资产的使用状况发生变化，这种变化会影响到设备折旧的计算，因此应及时调整。

4．使用年限调整

资产在使用过程中，资产的使用年限可能会由于资产的重估、大修等原因而调整。进行使用年限调整的资产在调整的当月就按调整后的使用年限计提折旧。

实战演练：部门转移

1 月 31 日，将供销部皮卡车的使用年限由 10 年调整为 8 年。

1）以业务日期进入企业应用平台，执行“卡片”→“变动单”→“使用年限调整”命令，进入“固定资产变动单”界面。

2）选择卡片编号为“00004”的卡片，系统显示该资产的相关信息。

3）输入变动后使用年限“96”，变动原因“使用年限调整，如图 7-15 所示。

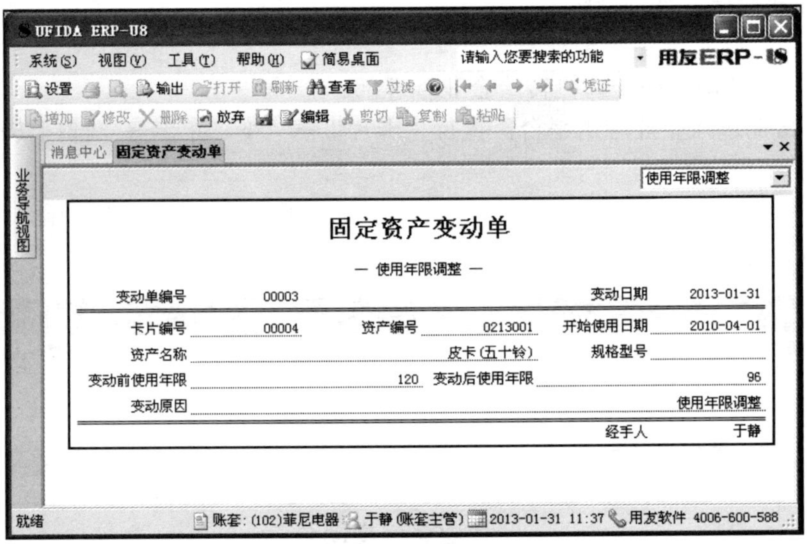

图 7-15　使用年限调整

4）单击“保存”按钮。系统提示“数据保存成功。”，单击“确定”按钮退出。

5．资产折旧方法的调整

一般来说，资产折旧方法一年之内很少改变，如有特殊情况确需调整改变的也必须遵循一定的原则。例如，所属类别是“总提折旧”的资产调整后的折旧方法不能是“不提折旧”；相应地，所属类别是“总不提折旧”的资产折旧方法不能调整。一般来说，进行折旧方法调整的资产调整的当月就按调整后的折旧方法计提折旧。

本月录入的卡片和本月增加的资产，不允许进行变动处理。

7.3.4　折旧处理

折旧处理是固定资产系统的基本处理功能之一，主要包括折旧的计提与分配。

1．折旧计提

根据固定资产卡片中的基本资料，系统自动计算折旧，自动生成折旧分配表，根据折旧分配表编制转账凭证，将本期折旧费用登记入账。

2．折旧分配

计提折旧工作完成后进行折旧分配形成折旧费用，生成折旧清单。固定资产的使用部门不同其折旧费用分配的去向也不同，折旧费用与资产使用部门间的对应关系主要是通过部门对应折旧科目来实现的。系统根据折旧清单及部门对应折旧科目生成折旧分配表，而折旧分配表是将累计折旧分配到成本与费用中，以及编制转账凭证将折旧数据传递到总账系统的重要依据。

3．进行折旧处理需注意的问题

在固定资产系统中进行折旧处理时一般应注意以下几点。

如果在一个期间内多次计提折旧，每次计提折旧后，只是将计提的折旧累加到月初的累计折旧上，不会重复累计。计提折旧后又对账套进行了影响折旧计算功分配的操作，必须重新计提折旧，以保证折旧计算的正确性。

如果上一次计提的折旧已经制单但尚未记账，必须删除该凭证；如果已经记账，必须冲销该凭证重新计提折旧。如果自定义的折旧方法月折旧率或月折旧额出现负数，系统会自动中止计提。

折旧分配表有部门折旧分配表和类别折旧分配表两种类型。部门折旧分配表中的部门可以不等同于使用部门，使用部门必须是明细部门而部门折旧分配表中的部门指汇总时使用的部门，因此要在计提折旧后分配折旧费用时做出选择。

当企业中有固定资产按工作量法计提折旧时，在计提折旧之前，需输入该固定资产当期的工作量，为系统提供计算累计折旧所需要的信息。

实战演练：计提 1 月固定资产折旧

1）执行“处理”→“计提本月折旧”命令，系统提示“是否要查看折旧清单？”，单击“否”按钮。系统继续提示“本操作将计提本月折旧，并花费一定时间，是否要继续？”，单击“是”按钮，

2）系统计提折旧完成后打开“折旧分配表”对话框，单击“凭证”按钮，打开“填制凭证”对话框，选择凭证类型“转账凭证”，修改其他项目，单击“保存”按钮，计提折旧凭证如图 7-16 所示。

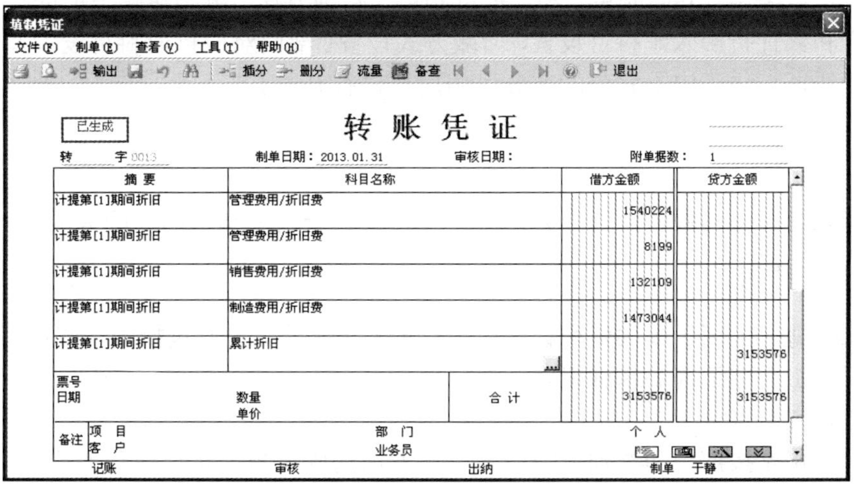

图 7-16　计提折旧凭证

注意：

- 如果上次计提折旧已通过记账凭证把数据传递到账务系统，则必须删除该凭证才能重新计提折旧。
- 计提折旧后又对账套进行了影响折旧计算或分配的操作，必须重新计提折旧，否则系统不允许结账。

7.3.5 资产评估处理

随着市场经济的发展，企业在经营活动中，根据业务需要或国家要求需要对部分资产或全部资产进行评估和重估，而其中固定资产评估是资产评估很重要的部分。固定资产系统中固定资产评估处理的主要功能有将评估机构的评估数据手工录入或定义公式录入系统、根据国家要求手工录入评估结果或根据定义的评估公式生成评估结果，以及评估单的管理。

进行资产评估处理的主要步骤包括以下几个。

1）对需要评估的项目进行选择。可以进行评估的内容包括固定资产的原值、累计折旧、使用年限等，每一次进行评估时可以根据评估的要求进行选择。

2）对需要进行评估的资产进行选择。资产评估的目的各有不同，因此每次评估涉及的资产也不尽相同，可根据需要进行选择。

3）制作评估单。选择评估项目和评估资产后，录入评估结果，系统生成评估单，给出被评估资产评估前与评估后的数据。

4）制作转账凭证。当评估后资产原值和累计折旧与评估前数据不等时，需通过转账凭证将变动数据传递到总账系统。

7.3.6 凭证处理

固定资产管理系统的凭证处理功能主要是根据固定资产各项业务数据自动生成转账凭证传递到总账系统进行后续处理。一般来说，当固定资产发生资产增加、资产减少、原值变动、累计折旧调整、资产评估（涉及原值和累计折旧时）、计提折旧等业务时就要编制转账凭证。

编制凭证可以采用“立即制单”和“批量制单”两种方法。编制转账凭证的过程中系统会根据固定资产和累计折旧入账科目设置、增减方式设置、部门对应折旧科目设置及业务数据来自动生成转账凭证，凭证中不完整的部分可由用户进行补充。

7.3.7 账表查询

固定资产系统提供的报表可以分为账簿、统计表、分析表和折旧表四大类。

1. 固定资产账簿

固定资产账簿一般用于提供资产管理所需要的基本信息，主要包括固定资产总账、固定资产明细账、固定资产登记簿等基础报表。

（1）固定资产总账

固定资产总账是按部门和类别反映在一个年度内的固定资产价值变化的账页。

（2）单项固定资产明细账

单项固定资产明细账是反映单个资产在查询期间发生的所有业务，包括在该期间的资产增加或资产减少情况。

（3）固定资产登记簿

固定资产登记簿可按资产所属类别或所属部门显示一定期间范围内发生的所有业务，包括资产增加、资产减少、原值变动、部门转移等信息。

（4）（部门、类别）明细账

（部门、类别）明细账是反映某一类别或部门的固定资产在查询期间内发生的所有业务，包括资产增加、资产减少、原值变动、使用状况变化、部门转移、计提折旧等信息。

2．固定资产统计分析表

固定资产统计分析表用于从资产的构成情况、分布情况、使用状况等角度提供统计分析数据，为管理人员进行决策提供信息。固定资产统计分析表主要包括固定资产部门构成分析表、固定资产使用状况分析表、固定资产价值结构分析表、固定资产类别构成分析表等报表。

（1）固定资产部门构成分析表

固定资产部门构成分析表是企业内资产在各使用部门之间的分布情况的分析统计。

（2）固定资产使用状况分析表

固定资产使用状况分析表是对企业内所有资产的使用状况所做的分析汇总，使管理者了解资产的总体使用情况，尽快将未使用的资产投入使用，及时处理不需用的资产，提高资产的利用率和发挥应有的效能。

（3）固定资产价值结构分析表

固定资产价值结构分析表是对企业内各类资产的期末原值和净值、累计折旧净值率数据的分析汇总，使管理者了解资产计提折旧的程度和剩余价值的大小。

（4）固定资产类别构成分析表

固定资产类别构成分析表是对企业资产的类别分别进行分析的报表。

3．固定资产统计表

固定资产统计表用于提供各种统计信息，主要包括评估汇总表、固定资产统计表、盘盈盘亏报告表、固定资产原值统计表等报表。

（1）评估汇总表

评估汇总表统计结果为查询日期某使用部门内各类资产评估后价值的变动情况汇总。

（2）评估变动表

资产评估变动表是列示所有资产评估变动数据的统计表。

（3）固定资产统计表

固定资产统计表是按部门或类别统计该部门或类别的资产的价值、数量、折旧、新旧程度等指标的统计表。

（4）逾龄资产统计表

逾龄资产统计表就是统计指定会计期间内已经超过折旧年限的逾龄资产状况的统计表。

（5）役龄资产统计表

役龄资产统计表就是统计指定会计期间内在折旧年限内正常使用的资产状况的统计表。

（6）盘盈盘亏报告表

盘盈盘亏报告表反映企业以盘盈方式增加的资产和以盘亏、毁损方式减少的资产情况。因盘盈、盘亏、毁损属于非正常方式，通过该统计表，可以看出企业对资产的管理情况。

（7）固定资产原值统计表

固定资产原值统计表是按使用部门和类别交叉汇总显示资产的原值、累计折旧、净值的统计表，便于管理者掌握资产的分布情况。

4．固定资产折旧表

固定资产折旧表用于提供与固定资产折旧相关的明细信息与汇总信息，主要包括部门折旧计算汇总表、固定资产折旧清单表、折旧计算明细表、固定资产及累计折旧表等报表。

（1）部门折旧计算汇总表

部门折旧计算汇总表反映该账套内各使用部门计提折旧的情况，包括计提原值和计算的折旧额信息。

（2）固定资产折旧清单表

固定资产折旧清单表用于显示按资产明细列示的折旧数据及累计折旧数据信息，可以根据部门、资产类别提供固定资产的明细折旧数据。

（3）折旧计算明细表

折旧计算明细表是按类别设立的，反映资产按类别计算折旧的情况，包括上月计提情况、上月原值变动和本月计提情况。

（4）固定资产及累计折旧表

固定资产及累计折旧表是按期编制的反映各类固定资产的原值、累计折旧和本年累计折旧变动的相关明细情况。

实战演练：查看部门折旧计提汇总表

1）执行“账表”|“我的账表”命令，进入“固定资产报表”界面。

2）选择“折旧表”|“（部门）折旧计提汇总表”选项。

3）单击“打开”按钮，打开“条件-［（部门）折旧计提汇总表］”对话框。

4）选择期间“2013.01”，汇总级次“1-2”，单击“确定”按钮。

7.3.8 固定资产系统期末处理

固定资产期末处理主要包括对账和结账两项工作内容。

1．对账

对账是将固定资产系统中记录的固定资产和累计折旧数额与总账系统中固定资产和累计折旧科目的数值核对，验证是否一致，寻找可能产生差异的原因。对账任何时候都可以进行，系统在执行月末结账时自动进行自动，给出对账结果，并根据初始化中是否设置“在对账不平情况下允许固定资产月末结账”判断是否允许结账。

实战演练：进行固定资产对账

由财务部将本月产生的凭证审核记账后，再由账套主管“于静”进行本月的固定资产对账工作。

1）执行“处理”|“对账”命令，系统显示与财务对账结果，如图 7-17 所示。

2）单击“确定”按钮。

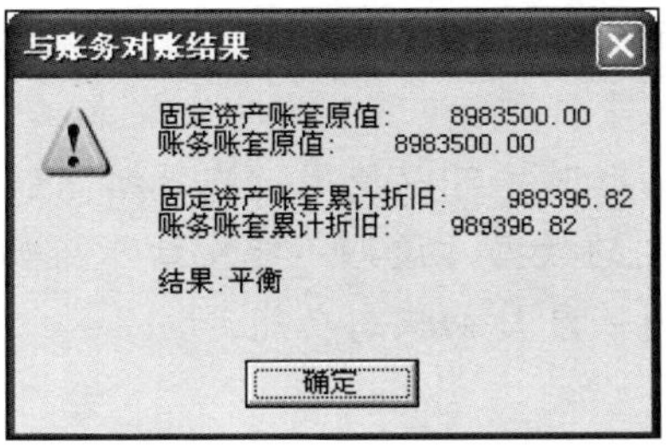

图 7-17　与账务对账结果

注意：

- 只有总账系统记账完毕，固定资产系统期末才能和总账进行对账工作。
- 对账平衡，开始月末结账。
- 如果在初始设置时，选择了“与账务系统对账”功能，对账的操作不限制执行时间，任何时候都可以进行对账。
- 若在财务接口中选中“在对账不平情况下允许固定资产月末结账”复选框，则可以直接进行月末结账。

2. 月末结转

固定资产系统完成当月全部业务后，便可以进行月末结账，以便将当月数据结转至下月。月末结账后当月数据不允许再进行改动。月末结账后如果发现有本月未处理的业务活需要修改的事项，可以通过系统提供的“恢复月末结算前状态”功能进行反结账。

实战演练：进行月末结账及取消月末结账

月末结账

1）执行“处理”|“月末结账”命令，打开“月末结账”对话框。

2）单击“开始结账”按钮，系统自动检查与账务系统的对账结果，单击“确定”按钮，系统提示“月末结账成功完成！”。

3）单击“确定”按钮。

注意：

- 本会计期间做完月末结账工作后，所有数据资料将不能再进行修改。
- 本会计期间不做完月末结账工作，系统将不允许处理下一个会计期间的数据。
- 月末结账前一定要进行数据备份，否则数据一旦丢失，将造成无法挽回的后果。

取消结账

1）执行“处理”|“恢复月末结账前状态”命令，系统提示“是否继续？”。
2）单击“是”按钮，系统提示“成功恢复月末结账前状态！”。
3）单击“确定”按钮。

注意：
- 假如在结账后发现结账前操作有误，必须修改结账前的数据，则可以使用“恢复结账前状态”功能，又称“反结账”，即将数据恢复到月末结账前状态，结账时所做的所有工作都被无痕迹删除。
- 在总账系统未进行月末结账时才可以使用“恢复结账前状态”功能。
- 一旦成本系统提取了某期的数据，该期不能反结账。如果当前的账套已经做了年末处理，那么就不允许再使用恢复月初状态功能。

7.3.9 数据维护

1. 数据接口管理

数据接口管理提供了卡片导入的功能，可以将企业使用固定资产系统之前已有的固定资产卡片自动导入到系统中，减少手工卡片录入的工作量，提高效率。

2. 重新初始化账套

系统在运行过程中发现账簿错误太多，无法通过“恢复结账前状态”功能纠正时，可以利用“重新初始化账套”功能将该账套内容全部清空，然后重新开始建立账套。

复习思考题

1. 固定资产系统的主要功能包括哪些？
2. 如何建立固定资产账套？
3. 固定资产管理的基本原则是什么？
4. 固定资产日常业务处理主要包括哪些内容？
5. 固定资产变动包括哪些类型？
6. 固定资产折旧计提有哪些注意事项？
7. 固定资产期末处理有哪些工作？
8. 固定资产系统中哪些业务可以生成凭证传给总账？

实验八 固定资产管理

【实验目的】

掌握用友 ERP-U8 管理软件中有关固定资产管理的相关内容，掌握固定资产系统初始化、日常业务处理、月末处理的操作。

【实验内容】

1．固定资产系统参数设置、原始卡片录入。

2．日常业务：资产增减、资产变动、资产评估、生成凭证、账表查询。

3．月末处理：计提减值准备、计提折旧、对账和结账。

【实验准备】

引入实验三账套数据。

【实验资料】

1．初始设置

（1）控制参数

控制参数如表 7-6 所示。

表 7-6　控制参数

控制参数	参数设置
约定与说明	我同意
启用月份	2013.01
折旧信息	本账套计提折旧； 折旧方法：平均年限法； 折旧汇总分配周期：1 个月； 当（月初已计提月份=可使用月份-1）时，将剩余折旧全部提足
编码方式	资产类别编码方式：2112； 固定资产编码方式： 按“类别编码+部门编码+序号”自动编码； 卡片序号长度为 3
财务接口	与账务系统进行对账； 对账科目： 固定资产对账科目：1601 固定资产； 累计折旧对账科目：1602 累计折旧
补充参数	业务发生后立即制单； 月末结账前一定要完成制单登账业务； 固定资产缺省入账科目：1601，累计折旧缺省入账科目：1602

（2）资产类别

资产类别如表 7-7 所示。

表 7-7　资产类别

编码	类别名称	净残值率	单位	计提属性	卡片样式
01	交通运输设备	4		正常计提	通用样式
011	经营用设备	4		正常计提	通用样式
012	非经营用设备	4		正常计提	通用样式
02	电子设备及其他通信设备	4		正常计提	通用样式
021	经营用设备	4	台	正常计提	通用样式
022	非经营用设备	4	台	正常计提	通用样式

（3）部门及对应折旧科目

部门及对应折旧科目如表 7-8 所示。

表 7-8　部门及对应折旧科目

部　　门	对应折旧科目
企管办、财务部、采购部	管理费用/折旧费
销售部	营业费用/折旧费
生产部	制造费用/折旧费

（4）增减方式的对应入账科目

增减方式的对应入账科目如表 7-9 所示。

表 7-9　增减方式的对应入账科目

增减方式目录	对应入账科目
增加方式	
直接购入	10020101，中行存款/人民币户
减少方式	
毁损	1606，固定资产清理

（5）原始卡片

原始卡片如表 7-10 所示。

表 7-10　原始卡片

固定资产名称	类别编号	所在部门	增加方式	使用年限/月	开始使用日期	原值	累计折旧/元	对应折旧科目名称
轿车	012	企管办	直接购入	72	2008.10.1	315 000	210 000	管理费用/折旧费
多功能一体机	012	企管办	直接购入	72	2010.3.1	2 000	1 056	管理费用/折旧费
笔记本电脑	022	企管办	直接购入	60	2009.12.1	15 000	8 640	管理费用/折旧费
传真机	022	企管办	直接购入	60	2012.4.1	699	89.47	管理费用/折旧费
台式机	021	生产部	直接购入	60	2010.12.1	4 800	1 843.2	制造费用/折旧费
台式机	021	生产部	直接购入	60	2010.12.1	4 800	1 843.2	制造费用/折旧费
合计						342 299	223 471.87	

注：净残值率均为 4%，使用状况均为“在用”，折旧方法均采用平均年限法（二）。

2．日常及期末业务

1）1 月 21 日，企管办购买投影仪一台，价值为 8 500 元，净残值率为 4%，预计使用年限为5年。

2）1月23日，将企管办使用的轿车的使用年限由6年调整为8年。

3）1月31日，计提本月折旧费用。

4）1月31日，生产部毁损台式机一台。

3．下月业务

1）2月16日，总经理办公室的轿车添置新配件10 000元。

2）2月27日，总经理办公室的传真机转移到采购部。

3）2月28日，经核查对2009年购入的笔记本电脑计提1 000元的减值准备。

EIGHT

第 8 章 应收款系统

本章学习目标

- 了解应收款系统的主要功能、应收款系统与 ERP 其他系统间的数据关系
- 熟悉应收款系统的操作流程
- 理解应收款初始化的工作内容
- 掌握进行应收及收款业务处理的方法
- 掌握在应收款系统中进行各种信息查询的方法

8.1 应收款系统的工作原理

在实际的经营活动中，企业与其他单位和个人发生的应收账款是非常频繁的，收款工作量比较大，拖欠款情况也时有发生。因此对应收账款的管理是一项相当繁杂的工作。应收款系统主要用于核算和管理客户往来款项，即管理企业在日常经营过程中所产生的各种应收款数据信息，及时收回欠款。对于应收款的核算与管理既可以深入到各种产品、各个地区、各个部门和各业务员，又可以从不同的角度对应收款项进行分析、决策，使购销业务系统和财务系统有机地联系起来。

通常情况下，系统根据对客户应收款项核算和管理的程度不同，提供了两种应用方法。

1. 在应收款系统核算客户往来款项

如果在销售业务中应收款核算与管理内容比较复杂，需要追踪每一笔业务的应收款、收款等情况，或者需要将应收款核算具体到产品一级，那么可以选择该方法。在这种方法下，所有的客户往来凭证全部由应收款系统生成，其他系统不再生成这类凭证，并由应收款系统实现对应收账款的核算和管理。其主要功能包括以下几个。

1）根据输入的单据或由销售子系统传递过来的单据，记录应收款项的形成。包括由于商

品交易和非商品交易所形成的所有应收项目。

2）处理应收项目的收款及转账业务。

3）对应收票据进行记录和管理。

4）在应收项目的处理过程中生成凭证，并向账务子系统进行传递。

5）对外币业务及汇兑损益进行处理，并向账务子系统进行传递。

6）根据所提供的条件，提供各种查询及统计分析。

2．在账务子系统核算客户往来款项

如果销售业务及应收账款业务并不十分复杂，或者现销业务很多，则可以选择在账务子系统通过辅助核算完成对客户往来核算的管理。该方法侧重于对客户的往来款项进行查询和分析。其主要功能包括以下几个。

1）若同时使用销售管理子系统，可接收销售子系统的发票，并对其进行制单处理；在制单前需要预先进行科目设置。

2）客户往来业务在总账系统生成凭证后，可以在应收款系统进行查询。

8.1.1　应收款系统的主要功能

应收款系统的功能主要包括初始化设置、日常处理、信息查询和期末处理。

1．初始化设置

系统初始化包括系统参数设置、基础信息设置和期初数据录入。

2．日常处理

日常处理是对应收款项业务的处理工作，主要包括应收单据处理、收款单据处理、票据管理、转账处理和坏账处理等内容。

（1）应收单据处理

应收单据包括销售发票和其他应收单，是确认应收账款的主要依据。应收单据处理主要包括单据录入和单据审核。

（2）收款单据处理

收款单据主要指收款单。收款单据处理包括收款单据的录入、审核和和核销。单据核销的主要作用是解决收回客户款项核销该客户应收款的处理，建立收款与应收款的核销记录，监督应收款及时核销，加强往来款项的管理。

（3）票据管理

票据管理主要是对银行承兑汇票和商业承兑汇票进行管理。票据管理可以提供票据登记簿，记录票据的利息、贴现、背书、结算和转出等信息。

（4）转账处理

转账处理是在日常业务处理中经常发生的应收冲应付、应收冲应收、预收冲应收，以及红票对冲的业务处理。

（5）坏账处理

坏账处理是指计提应收坏账准备的处理、坏账发生后的处理、坏账收回后的处理等。其主要作用是自动计提应收款的坏账准备，当坏账发生时即可进行坏账核销，当被核销坏账又收回

时，即可进行相应处理。

3．信息查询

信息查询是用户在进行各种查询结果的基础上所进行的各项分析。一般查询包括单据查询、凭证查询及账款查询等。统计分析包括欠款分析、账龄分析、综合分析及收款预测分析等，便于用户及时发现问题，加强对往来款项动态的监督管理。

4．期末处理

期末处理指用户在月末进行的结算汇兑损益及月末结账工作。如果企业有外币往来，在月末需要计算外币单据的汇兑损益并对其进行相应的处理。如果当月业务已全部处理完毕，就需要执行月末结账处理，只有月末结账后，才可以开始下月工作。月末处理主要包括进行汇兑损益结算和月末结账。

8.1.2 应收款系统的操作流程

应收款系统的操作流程如图 8-1 所示。

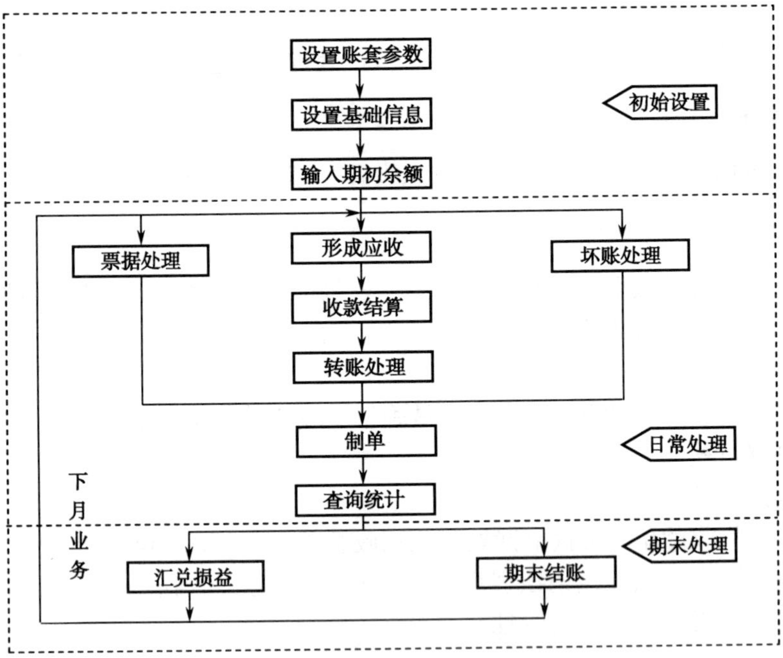

图 8-1 应收款系统的操作流程

8.1.3 应收款系统与其他子系统的主要关系

对客户应收款项核算和管理的程度不同，其系统功能、接口、操作流程等均不相同。在此以在应收款系统核算客户往来款项为例，介绍应收款系统与其他子系统的主要关系，如图 8-2 所示。

应收款系统与系统管理共享基础数据。

销售管理为应收款系统提供已审核的销售发票、销售调拨单及代垫费用单，在此生成凭证，并对发票进行收款结算处理。应收款系统为销售管理系统提供销售发票、销售调拨单的收款结算情况及代垫费用的核销情况。

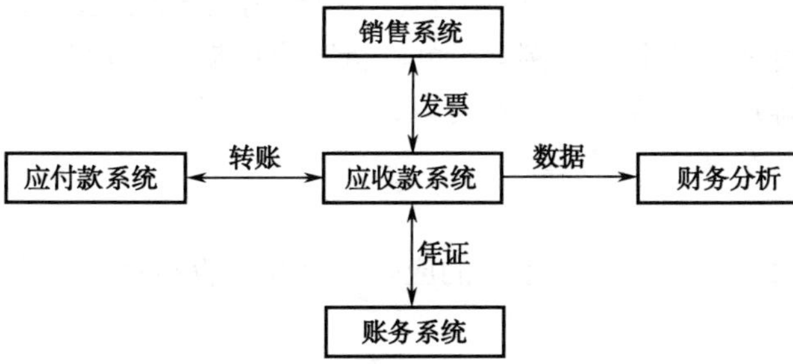

图 8-2　应收款系统与其他子系统的主要关系

应收款系统向总账系统传递凭证，并能够查询其所生成的凭证。

应收款系统和应付款系统之间可以进行转账处理，如应收冲应付。

8.2　应收款系统初始化演练

在正式启用应收款系统之前，应该对核算企业现有的数据资料进行整理以便能够及时、顺利、准确地运用应收款系统。

8.2.1　应收款系统的参数设置

会计信息化软件为了提高适应范围，各子系统都会提供相应的系统参数，企业在实施会计信息系统初始化过程中，必须对各子系统提供的系统参数做出选择，以适应自身核算和控制管理的特点和要求。应收款系统提供的主要参数通常有以下几个方面。

1．确定应收账款核销方式

在选择确定应收账款核销方式时，可按余额、单据或存货 3 种方式进行账款核销。其具体含义如下。

如果采用按余额核销方式，系统将根据选定的单据，按单据的到期日从前向后排序，然后从时间最早的单据开始核销。

如果采用按单据核销方式，系统将满足条件的未结算单据全部列出，由用户选择要结算的单据，根据所选择的单据进行核销。

如果采用按存货核销方式，系统将满足条件的未结算单据按存货列出，由用户选择要结算的存货，根据所选择的存货进行核销。

选择不同的核销方式，将影响到账龄分析的精确性。一般而言，选择按单据核销或按存货核销能够进行更精确的账龄分析。

2．选择设置控制科目的依据

控制科目是指在应收款系统中所有带有客户往来辅助核算的科目，如应收账款、预收账款等。有 3 种设置控制科目的依据，分别是按客户分类、按客户、按地区分类。各项依据的具体含义如下。

（1）按客户分类设置

客户分类是指根据一定的属性将企业的往来客户分为若干大类。针对不同的客户进行分类，设置不同的应收科目和预收科目。例如，可以将客户根据该客户与企业发生业务往来的时间分为长期客户、中期客户和短期客户；也可以根据客户的信用情况将客户分为优质客户、良性客户、一般客户和信用较差的客户等。

（2）按客户设置

按客户设置可以为每一种客户设置不同的应收科目和预收科目。采用这种设置方式可满足特殊客户的需要。

（3）按地区分类设置

如果客户涉及多个地区，可按地区分类设置，即针对不同的地区分类设置不同的应收科目和预收科目。例如，将客户分为华东、华北、东北等地区，则可以在不同的地区分类下设置科目。

3．选择设置存货销售科目的依据

存货销售科目设置一般有按存货分类设置和按存货设置两种方式。各项依据的具体含义如下。

（1）按存货分类设置

存货分类是指根据存货的属性对存货所划分的大类，在设置存货销售科目时，可针对存货分类设置不同的科目。例如，将存货分为原材料、燃料及动力、半成品及库存商品等大类，根据存货分类来设置不同的科目。

（2）按存货设置

当存货种类不多时，可以直接针对不同的存货设置不同的科目。

4．选择制单的方式

在选择制单方式时，有 3 种制单方式分别是明细到客户、明细到单据和汇总制单 3 种方式。各种方式的具体含义如下。

（1）明细到客户

明细到客户是指将一个客户的多笔业务合并生成一张凭证时，如果核算多笔业务的控制科目相同，系统将自动将其合并成一条分录。这种方式的目的是在总账系统中能够查看到每一个客户的详细信息。

（2）明细到单据

明细到单据是指将一个客户的多笔业务合并生成一张凭证时，系统会将每一笔业务形成一条分录。这种方式的目的是在总账系统中能查看到每个客户的每笔业务的详细情况。

（3）汇总制单

汇总制单是指将多个客户的多笔业务合并生成一张凭证时，如果核算多笔业务的控制科目相同，系统自动将其合并成一条分录。这种方式的目的是精简总账系统中的数据，但在总账系统中只能查看到该科目的一个总的发生额。

5．选择预收款的核销方式

在选择预收款核销方式时，有两种核销方式分别是按单据核销和按余额核销。

如果按单据核销，应根据所选择的单据，对预收款一笔一笔地进行核销。

如果按余额核销，即按预收款收到的时间从前往后进行核销。

选择不同的核销方式，将影响到账龄分析的精确性。一般而言，选择按单据核销能够进行更精确的账龄分析。

6．选择计算汇兑损益的方式

有两种计算汇兑损益的方式分别是采用外币余额结清时计算和月末计算。

采用外币余额结清时计算是指只有当某种外币余额结清时才计算汇兑损益，否则不计算汇兑损益。在计算汇兑损益时，可显示外币余额为零且本币余额不为零的外币单据。

采用月末计算是指在每个月末计算汇兑损益。在计算汇兑损益时，可显示所有外币余额不为零或者本币余额不为零的外币单据。

7．选择坏账处理方式

在选择坏账处理方式时，主要有两种坏账处理的方式，分别是备抵法和直接转销法。

备抵法包括应收账款余额百分比法、销售余额百分比法和账龄分析法 3 种方法。

由于直接转销法不符合会计的权责发生制及收入与费用相配比原则，因此容易造成会计信息的失真。

8．选择核算代垫费用的单据类型

根据初始设置中“单据类型设置”，应收单的类型若分为多种时，可进行选择核算代垫费用单的单据类型的设置。若应收单不进行分类，则无须设置。

9．选择是否显示现金折扣或输入发票的提示信息

企业为了鼓励客户在信用期间内提前付款通常采用现金折扣政策，选择显示现金折扣及输入发票显示提示信息时，系统会在“单据结算”中显示“可享受折扣”和“本次折扣”，并计算可享受的折扣，显示发票提示信息，如该客户的信用额度余额，以及最后的交易情况。

如果选择不显示现金折扣及输入发票提示信息，则系统既不计算也不显示现金折扣和发票信息。

实战演练：引入期初余额账套，由账套主管进行应收账款初始设置

本公司应收账款控制参数如表 8-1 所示。

表 8-1　应收账款控制参数

控 制 参 数	参 数 设 置
坏账处理方式	应收余额百分比法
自动计算现金折扣	√

1）引入期初余额账套，恢复数据，并由账套主管进入企业应用平台，在“应收款管理”中执行“设置”|“选项”命令，打开“账套参数设置”对话框。

2）单击“编辑”按钮，按资料进行控制参数设置，如图 8-3 所示。

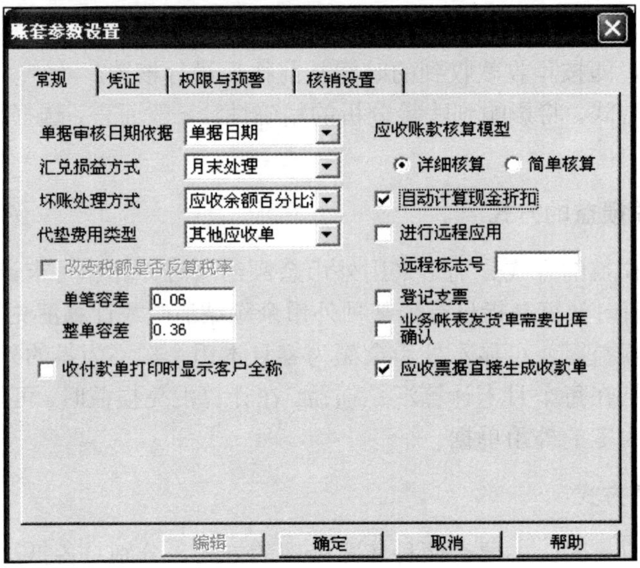

图 8-3　账套参数设置

3）单击“确定”按钮。

注意：

- 应收款核销方式一经确定，不允许调整。
- 如果当年已计提过坏账准备，则坏账处理方式不允许修改，只能在下一年度修改。
- 参数修改后，需重新注册才能生效。

8.2.2　应收款系统的基础档案设置

与应收款系统相关的基础档案包括客户分类、客户档案、地区分类、存货分类、存货档案、部门档案、职员档案、外币及汇率、结算方式、付款条件、单据设计等。这些基础档案统一在企业应用平台中设置，应收款系统共享。

实战演练：设置本公司开户银行信息

编码：001。
银行账号：110632014502。
账户名称：菲尼电器有限责任公司。
开户银行：中国银行昌平分理处。
开户日期：2003 年 1 月 1 日。
联行号：01。
机构号：01。
币种：人民币。

1）在企业应用平台“基础设置”模块中，执行“基础档案”→“收付结算”→“本单位开户银行”命令，进入“本单位开户银行”窗口。

2）单击“增加”按钮，打开“增加本单位开户银行”对话框。

3）按资料输入单位组信息，完成后如图 8-4 所示，保存后退出。

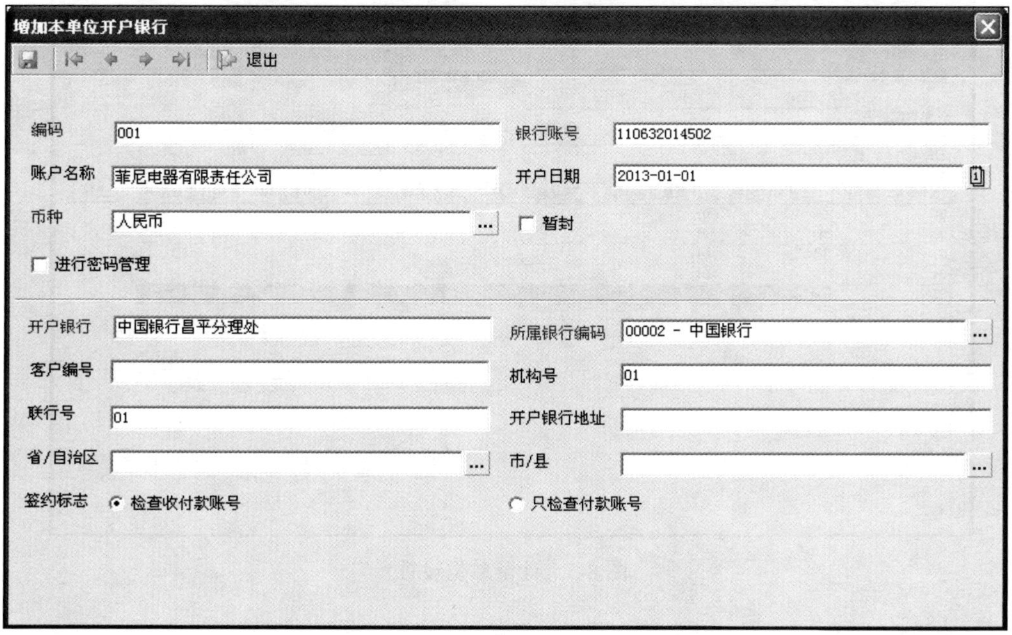

图 8-4　本单位开户银行设置

实战演练：设置计量单位组及计量单位

本公司计量单位组及计量单位如表 8-2 和表 8-3 所示。

表 8-2　计量单位组

计量单位组编号	计量单位组名称	计量单位组类别
01	无换算关系	无换算率

表 8-3　计量单位

计量单位编号	计量单位名称	所属计量单位组名称
01	张	无换算关系
02	个	无换算关系
03	把	无换算关系
04	件	无换算关系
05	公里	无换算关系

1）在企业应用平台“基础设置”模块中，执行“基础档案”→“存货”→“计量单位”命令，进入“计量单位—计量单位组”窗口。

2）单击“分组”按钮，打开“计量单位组”对话框。

3）单击“增加”按钮，按资料输入单位组信息并保存。

4）选择单位组“无换算关系”，单击“单位”按钮，打开“计量单位”对话框，按资料输入单位信息，完成后如图 8-5 所示。

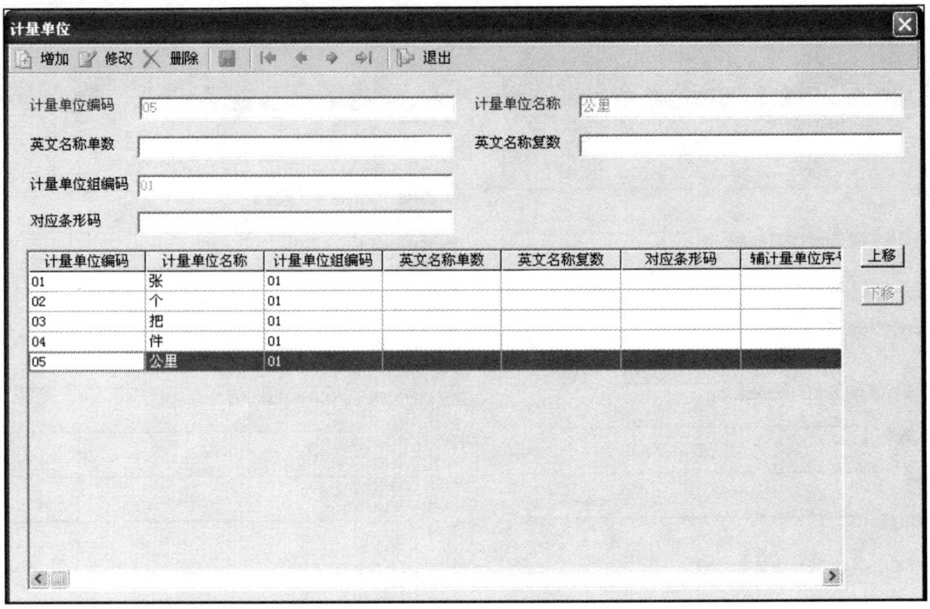

图 8-5　计量单位设置

实战演练：设置存货分类和存货档案

本公司存货分类及存货档案如表 8-4 和表 8-5 所示。

表 8-4　存货分类

存货类别编码	存货类别名称
1	原材料
2	产成品
3	应税劳务

表 8-5　存货档案

存货编码	存货名称	计量单位	所属分类	税率/%	存货属性	参考成本/元	参考售价/元
1001	轻巧型壶体	个	1	17	自制、生产耗用	55.00	
1002	豪华型壶体	个	1	17	自制、生产耗用	110.00	
1003	201 不锈钢板材	张	1	17	外购、生产耗用	128.00	
1004	304 不锈钢板材	张	1	17	外购、生产耗用	198.00	
1005	底座	件	1	17	外购、生产耗用	35.00	
1006	国产温控器	件	1	17	外购、生产耗用	20.00	
1007	进口温控器	件	1	17	外购、生产耗用	40.00	
1008	轻巧型手柄	件	1	17	外购、生产耗用	5.00	
1009	豪华型手柄	件	1	17	外购、生产耗用	10.00	
1010	轻巧型加热底盘	个	1	17	外购、生产耗用	12.00	
1011	豪华型加热底盘	个	1	17	外购、生产耗用	18.00	

续表

存货编码	存货名称	计量单位	所属分类	税率/%	存货属性	参考成本/元	参考售价/元
2001	轻巧型电热水壶	把	2	17	自制、内销、外销	90.00	150.00
2002	豪华型电热水壶	把	2	17	自制、内销、外销	145.00	238.00
3001	运费	公里	3	7	内销、外购、应税劳务		

1）执行“基础档案”→“存货”→“存货分类”命令，进入“存货分类”窗口。

2）按资料进行存货分类设置。

3）执行“基础档案”→“存货”→“存货档案”命令，进入“存货档案”窗口。

4）选择存货分类“1 原材料”，单击“增加”按钮，打开“增加存货档案”对话框。

5）选择“基本”选项卡，按资料输入存货档案，如图 8-6 所示。

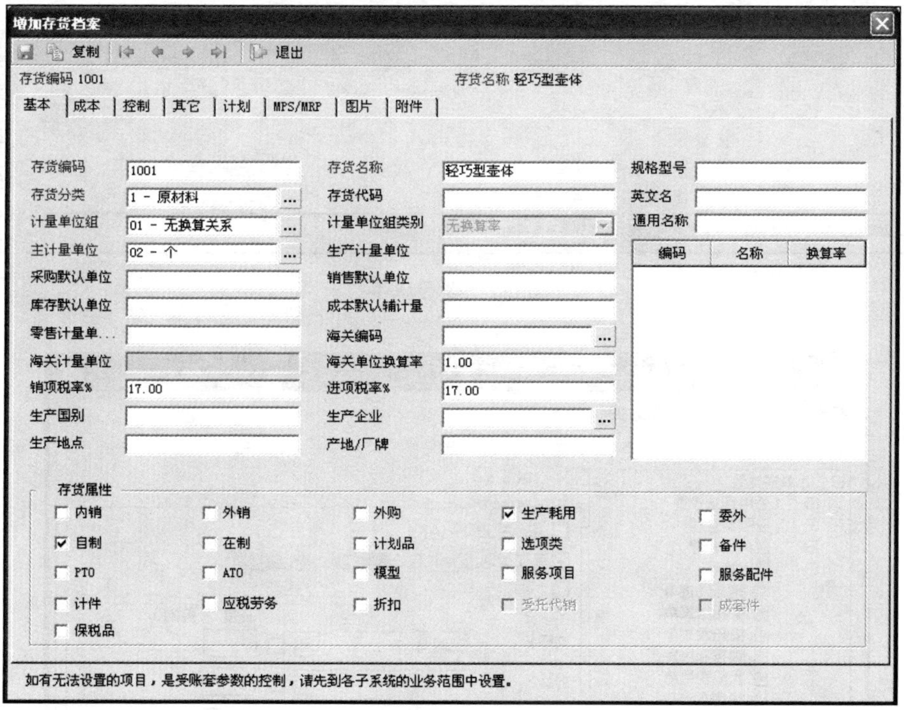

图 8-6　存货档案

6）选择“成本”选项卡，输入参考成本，如图 8-7 所示。保存后，输入其他存货档案。

实战演练：单据设计

将本公司“销售普通发票”、“销售专用发票”的单据编号设置为“手工改动，重号时自动重取”。

1）执行“单据设置”→“单据编号设置”命令，打开“单据编号设置-［销售专用发票］”对话框。

2）从左侧列表中选择单据类型，单击“修改”按钮，选中“手工改动，重号时自动重取”复选框，如图 8-8 所示。单击“保存”按钮。

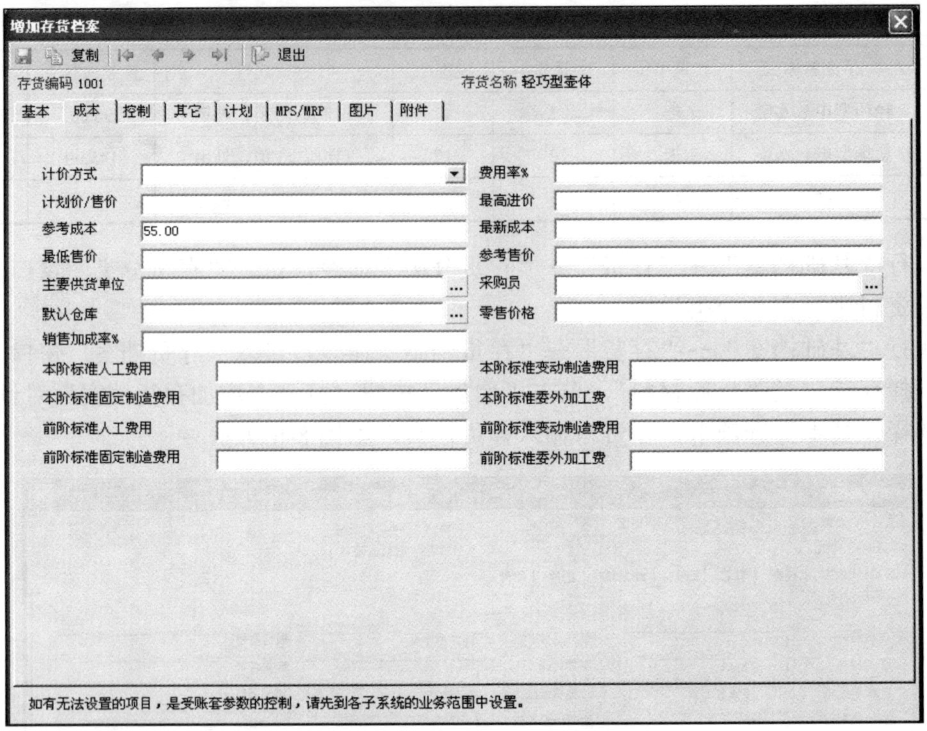

图 8-7　参考成本

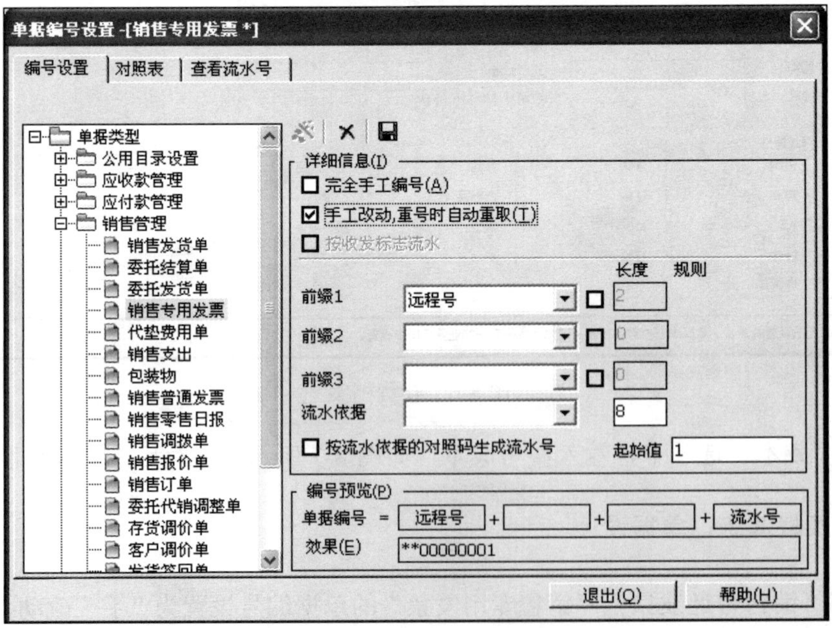

图 8-8　单据编号设置

8.2.3　应收款系统的业务处理核算规则设置

应收款系统是连接销售业务与总账系统的通道。如果企业应收款业务类型比较固定，生成的凭证类型也较固定，为了简化凭证生成操作，可将各业务类型凭证中的常用科目预先设置好。业务处理核算规则设置，一般包括以下几方面的内容。

1．凭证科目的设置

（1）基本科目设置

基本科目是指在核算应收款项时经常用到的科目，可以作为常用科目设置，而且科目必须是末级科目。核算应收款项时经常用到的科目包括应收账款、预收账款、销售收入、应交税金——销项税额、销售退回等基本科目。除上述基本科目外，银行承兑科目、商业承兑科目、现金折扣科目、票据利息科目、票据费用科目、汇兑损益科目、币种兑换差异科目和坏账准备科目等都可以作为企业核算某类业务的基本科目。

（2）控制科目的设置

在核算客户的赊销欠款时，如果针对不同的客户（客户分类、地区分类）分别设置不同的应收账款科目和预收账款科目，可以先在账套参数中选择设置的依据，即选择是针对不同的客户设置，还是针对不同的客户分类设置，或者是按不同的地区分类设置，然后依次对往来单位按客户、客户分类或地区分类的编码、名称、应收科目和预收科目等内容进行设置。

如果某个往来单位核算应收账款或预收账款的科目与常用科目设置中的一样，则可以不设置，否则，应进行设置。科目必须是有客户往来辅助核算的末级最明细科目。

（3）产品科目的设置

如果针对不同的存货（存货分类）分别设置不同的销售收入科目、应交增值税销项税额科目和销售退回科目，则也应先在账套参数中选择设置的依据，即选择是针对不同的存货设置，还是针对不同的存货分类设置，然后按存货的分类编码、名称、销售收入科目、应交增值税销项税额科目和销售退回科目进行存货销售科目的设置。

如果某个存货（存货分类）的科目与常用科目设置中的一样，则可以不设置，否则，应进行设置。

（4）结算方式科目的设置

不仅可以设置常用的科目，还可以为每种结算方式设置一个默认的科目，以便在应收账款核销时，直接按不同的结算方式生成相应的账务处理中所对应的会计科目。

实战演练：设置基本科目与结算方式科目

相关资料如表 8-6 所示。

表 8-6 相关资料

科 目 类 别	设 置 方 式
基本科目设置	应收科目（本币）：1122 预收科目（本币）：2203 销售收入科目：6001 税金科目：22210105
结算方式科目设置	结算方式：现金结算；币种：人民币；科目：1001 结算方式：现金支票；币种：人民币；科目：10020101 结算方式：转账支票；币种：人民币；科目：10020101

1）在“应收款管理”中，执行“设置”→“初始设置”，进入“初始设置”界面。

2）在“基本科目设置”中，按表 8-6 进行设置，完成后如图 8-9 所示。

图 8-9 初始设置

3）选择“结算方式科目设置”选项，按表 8-6 进行设置，完成后如图 8-10 所示。

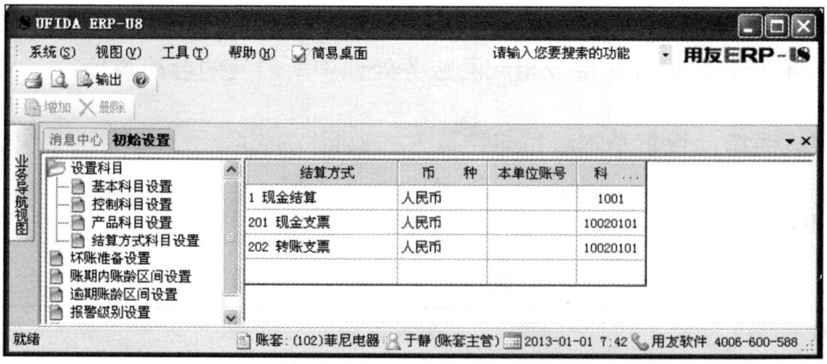

图 8-10 结算方式科目设置

注意：

因为所有客户的应收科目和预收科目与基本科目一致，所以不必再单独设置控制科目。

2．坏账准备设置

坏账准备设置是指对坏账准备期初余额、坏账准备科目、对方科目及提取比率进行设置。

在第一次使用系统时，应直接输入期初余额。在以后年度使用系统时，坏账准备的期初余额由系统自动生成且不能进行修改。坏账提取比率可分别按销售收入百分比法和应收账款余额百分比法，直接输入计提的百分比。按账龄百分比法提取，可直接输入各账龄期间计提的百分比。

实战演练：设置坏账准备

本公司坏账准备设置如表 8-7 所示。

表 8-7　坏账准备

控 制 参 数	参 数 设 置
提取比例	0.5%
坏账准备期初余额/元	4 000
坏账准备科目	1231
对方科目	660207

1）在“初始设置”界面中的“坏账准备设置”中，按表 8-7 进行设置，完成后如图 8-11 所示。

2）单击“确定”按钮保存。

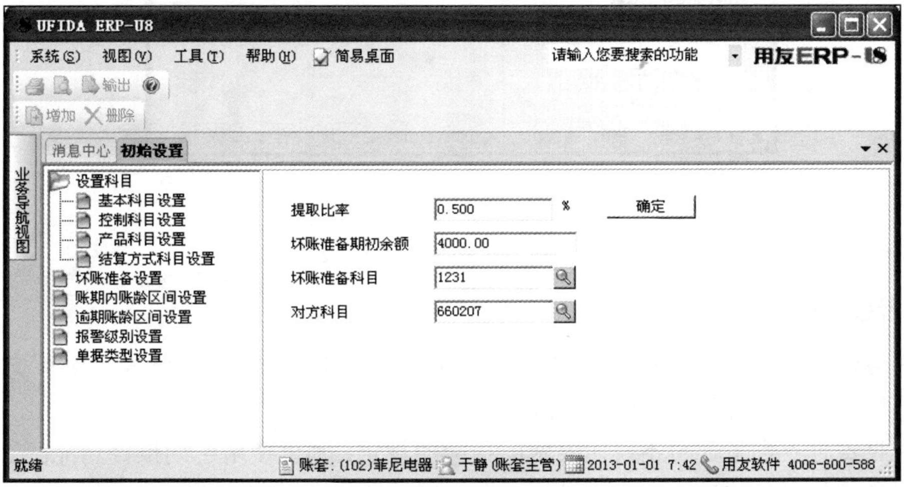

图 8-11　坏账准备设置

3．账龄区间的设置

为了对应收账款进行账龄分析，需设置账龄区间。在进行账龄区间的设置时，账龄区间总天数和起始天数直接输入，系统根据输入的总天数自动生成相应的区间。

实战演练：设置账龄区间

本公司账期内账龄区间及逾期账龄区间如表 8-8 所示。

表 8-8　账期内账龄区间及逾期账龄区间

序　号	起 止 天 数	总 天 数
01	1～30	30
02	31～60	60
03	61～90	90
04	91 以上	

1）在“初始设置”界面中的“账期内账龄区间设置”中，按表 8-8 进行设置，完成后如图 8-12 所示。

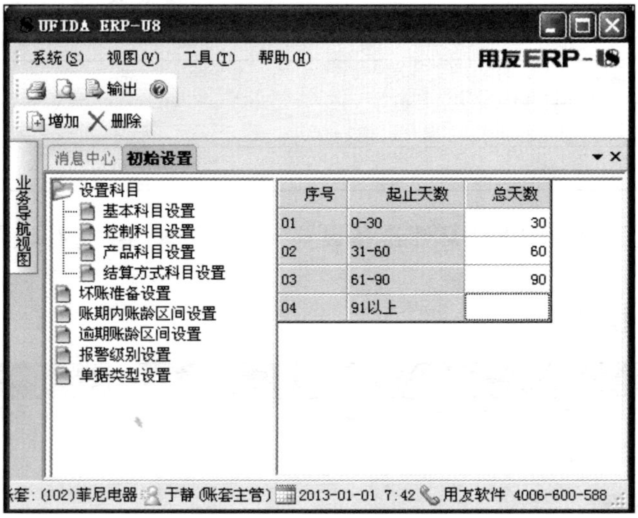

图 8-12　账期内账龄设置

2）选择“逾期账期区间设置”选项，按表 8-8 进行设置。

4．报警级别的设置

通过对报警级别设置，系统将按照往来单位欠款余额与其授信额度的比例分为不同的类型，以便于掌握各个往来单位的信用情况。

如果企业要对应收账款的还款期限做出相应的规定，则可使用超期报警功能。在使用此功能时，系统将自动列出到当天为止超过规定期限的应收账款清单，从而使企业可以及时催款，避免不必要的经济损失。这一信息可按往来单位分类，也可按分管人员进行分类。

在进行报警级别设置时，直接输入级别名称和各区间的比率。其中，级别名称可以采编号或者其他形式，但名称最好能够上下对应。

5．单据类型设置

单据的类型可分为发票和应收单两大类型。如果同时使用销售系统，则发票的类型包括增值税专用发票、普通发票、销售调拨单和销售日报等。如果单独使用应收款系统，则发票的类型不包括后面两种。

应收单是记录销售业务之外的应收款情况的单据，可划分不同的类型，以区分应收货款之外的其他应收款。例如，可以将应收单分为应收代垫费用款、应收利息款、应收罚款、其他应收款等。应收单的对应科目可自由定义。

8.2.4　应收款系统的期初数据录入

在第一次使用系统时，当建立完成往来客户档案登记后，为了能使计算机顺利完成清理核销工作，必须把手工方式下尚未结清的客户往来款项输入计算机中。只有当往来期初数据准确输入后，才能正确地进行往来账的各种统计和分析。当进入第二年度时，系统会自动将上年度未全部结清的单据转成为下一年度的期初余额。

在应收款系统中，往来款余额是按单据形式录入的。例如，应收账款余额通过发票录入，预收账款余额通过收款单录入。输入完成后，要与总账系统中相应的客户往来账户余额核对，以检查输入的往来未达账与相应往来科目余额是否相等。

实战演练：录入期初余额

应收账款合计 407 600 元，往来明细如表 8-9 所示。

表 8-9　往来明细

开票日期	客户	销售部门	货物名称	数量/把	含税单价/元	价税合计/元	发票号
2012-10-20	唯品	供销部	豪华型电热水壶	1 200	198	237 600	FP121020
2012-11-16	鲁阳	供销部	轻巧型电热水壶	800	115	92 000	FP121116
2012-12-22	银泰	供销部	轻巧型电热水壶	650	120	78 000	FP121222

1）在应收款管理系统中，执行“设置”|“期初余额”命令，打开“期初余额-查询”对话框。

2）单击“确定”按钮，进入“期初余额明细表”窗口。

3）单击“增加”按钮，打开“单据类别”对话框。

4）选择单据名称“销售发票”，单据类型“销售专用发票”。

5）单击“确定”按钮，进入“期初销售发票”界面。

6）单击“增加”按钮，输入开票日期“2012-10-20”，发票号“FP121020”，客户名称“唯品”，其他信息自动带出。

7）选择货物名称“豪华型电热水壶”；输入数量“1200”，含税单价“198”，金额自动算出，如图 8-13 所示，单击“保存”按钮。

8）同理，输入其他增值税专用发票。输入完成后，在“期初余额”界面中，查看应收系统与总账系统的期初余额是否平衡。单击“对账”按钮，进入“期初对账”界面，如图 8-14 所示。

注意：

- 输入期初销售发票时，要确定科目，以方便与总账系统的应收账款对账。
- 应收系统与总账系统的期初余额的差额应为零，即两个系统的客户往来科目的期初余额应完全一致。

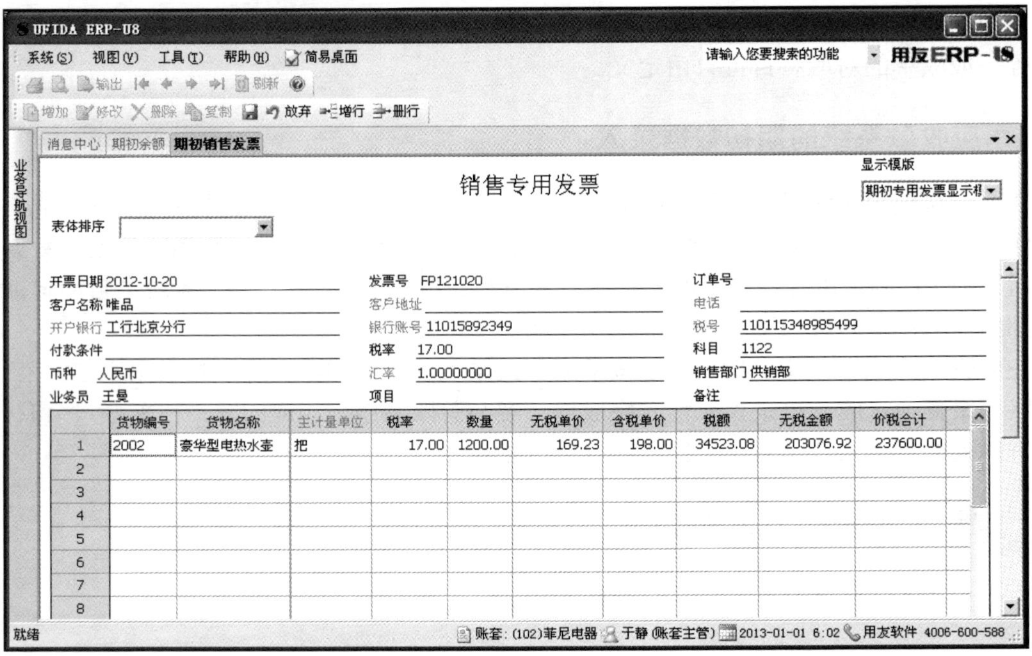

图 8-13　录入期初余额

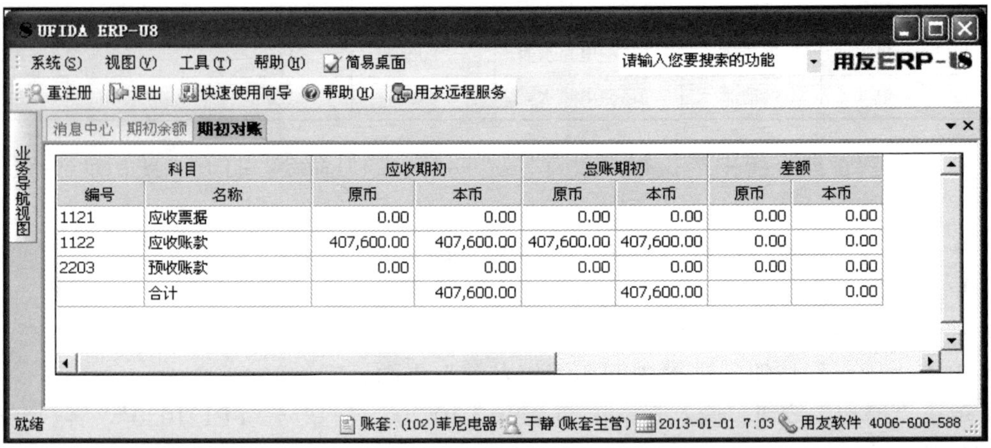

图 8-14　期初对账

8.3 日常业务处理演练

初始化工作完成后就可以在新系统下进行业务处理了，这就是所说的日常业务处理。应收款子系统日常业务处理主要包括应收单据处理、收款单据处理、票据管理、转账处理、坏账处理和制单等内容。

8.3.1 应收单据处理

应收单据处理指用户进行单据输入和单据管理的工作。应收单据处理是应收款系统处理的起点，在应收单据处理中可以输入销售业务中的各类发票及销售业务之外的应收单据。通过单据输入，单据管理可查阅各种应收业务单据，完成应收业务管理的日常工作。其基本操作流程是单据输入—单据审核—单据制证—单据查询。

1．单据输入

单据输入是对未收款项的单据进行输入，输入时先用代码输入客户名称，与客户相关内容由系统自动显示。然后进行货物名称、数量和金额等内容的输入。

在进行单据输入之前，首先应确定单据名称、单据类型及方向，然后根据业务内容输入有关信息。

2．单据审核

单据审核是在单据保存后对单据正确性进一步审核确认。单据输入后必须经过审核才能参与结算。审核人和制单人可以是同一个人。单据被审核后，将从单据处理功能中消失，但可以通过单据查询功能查看此单据的详细资料。

3．单据制证

单据制证可在单据审核后由系统自动编制凭证，也可以集中处理。在应收款系统中生成的凭证将由系统自动传送到账务系统中，并由有关人员进行审核和记账等账务处理工作。

4．单据查询

单据查询是对未审核单据的查询。通过“单据查询”功能可以查看全部单据。

实战演练：实际业务操作（一）——增加应收款

1）3 日，供销部售给唯品公司豪华型电热水壶 100 台，含税单价为 200 元，开出增值税普通发票（PTFP000001），货已发出，同时代垫运费 50 元。（业务 1）

2）3 日，供销部售给鲁阳公司轻巧型电热水壶 2 000 台，含税单价为 116 元，开出增值税专用发票（ZYFP000001）。货已发出。（业务 2）

输入并审核普通发票（业务 1）

1）以业务日期进入系统，执行“应收单据处理”|“应收单据录入”命令，打开“单据类别”对话框。

2）选择单据名称“销售发票”，单据类型“销售普通发票”。

3）单击“确定”按钮，进入“销售普通发票”界面。

4）单击“增加”按钮，输入发票号“PTFP000001”，输入开票日期“2013-01-03”，双击“销售类型”参照按钮，编辑销售类型，选择“批发”选项。出库类别也需要编辑，如表 8-10 所示。

表 8-10　销售类型和出库类别

销售类型编码	销售类型名称	出库类别	是否默认值	出库类别编码	出库类别	出库类别名称	是否默认值
1	批发	销售出库	是	1	收	采购入库	是
2	零售	销售出库	否	2	发	销售出库	否

5）选择客户名称“唯品公司”。选择货物名称“豪华型电热水壶”；输入数量“100”，含税单价“200”，金额自动算出，单击“保存”按钮。

6）单击“审核”按钮，系统提示“是否立即制单？”。

7）单击“否”按钮，暂不生成凭证，单击“退出”按钮。

注意：

- 如果应收款系统与销售系统集成使用，销售发票在销售系统中录入并审核。应收款系统可对这些销售发票进行查询、核销、制单等操作。
- 如果没有使用销售系统，则在应收款系统中录入并审核销售发票，以形成应收款，并对这些发票进行查询、核销、制单等操作。

输入并审核其他应收单（业务 1）

1）执行“应收单据处理”→“应收单据录入”命令，打开“单据类别”对话框。

2）选择单据名称“应收单”，单据类型“其他应收单”，单击“确定”按钮，进入“其他应收单”界面。

3）输入单据日期“2013-01-03”，客户名称“唯品公司”，金额“50”，摘要“代垫运费”。

4）选择对应科目“10020101”，单击“保存”按钮。

5）单击“审核”按钮，系统提示“是否立即制单？”。

6）单击“否”按钮，暂不生成凭证，单击“退出”按钮。

注意：

- 已审核和生成凭证的应收单不能修改删除。若要修改和删除，必须取消相应的操作。
- 应收款系统与销售系统集成使用时，需对由销售系统中代垫费用单所形成的应收单进行审核。

输入并审核专用发票（业务 2）

1）执行“应收单据处理”→“应收单据录入”命令，打开“单据类别”对话框。

2）选择单据名称“销售发票”，单据类型“销售专用发票”，单击“确定”按钮，进入“销售专用发票”界面。

3）输入发票号“ZYFP000001”，开票日期“2013-01-03”，客户名称“鲁阳公司”。

4）选择货物名称“轻巧型电热水壶”；输入数量“2000”，含税单价“116”，金额自动算出。单击“保存”按钮。

5）单击“审核”按钮，系统提示“是否立即制单？”。

6）单击“否”按钮，暂不生成凭证，单击“退出”按钮。

8.3.2 收款单据处理

收款单处理是对已收到款项的单据进行输入，并进一步核销的过程。在单据结算功能中，输入收款单、付款单，并对发票及应收单进行核销，形成预收款并核销预收款，处理代付款。

应收款系统的收款单用来记录企业所收到的客户款项，款项性质包括应收款、预收款、其他费用等。其中应收款、预收款性质的收款单将与发票、应收单、付款单进行核销处理。

应收款系统的付款单用来记录发生销售退货时，企业开具的退付给客户的款项。该付款单可与应收、预收性质的收款单、红字应收单、红字发票进行核销处理。

1. 输入结算单据

输入结算单据是对已交来应收款项的单据进行输入，由系统自动进行结算。在根据已收到应收款项的单据进行输入时，首先必须输入客户的名称。在进行相应操作时，系统会自动显示相关客户的信息。其次必须输入结算科目、金额和相关部门、业务员名称等内容。

单据输入完毕后，由系统自动生成相关内容。如果输入是新的结算方式，则应先在“结算方式”中增加新的结算方式。如果要输入另一客户的收款单，则需重新选择客户的名称。

2. 单据核销

单据核销是对往来已达账做删除处理的过程，表示本笔业务已经结清。即确定收款单与原始发票之间的对应关系后，进行机内自动冲销的过程。单据核销的作用是解决收回客商款项核销该客商应收款的处理，建立收款与应收款的核销记录，监督应收款及时核销，加强往来款项的管理。明确核销关系后，可以进行精确的账龄分析，更好地管理应收账款。

如果结算金额与上期余额相等，则销账后余额为零，如果结算金额比上期余额小，则其余额为销账后的余额。单据核销可以由计算机自动进行核销，也可以由手工进行核销。

由于计算机处理采用建立往来辅助账进行往来业务的管理，为了避免辅助账过于庞大而影响计算机运行速度，对于已核销的业务应进行删除。删除工作通常在年底结账时进行。

当会计人员准备核销往来账时，应在确认往来已达账后，才能进行核销处理，删除已达账。为了防止操作不当误删记录，会计信息系统软件中一般都会设计有放弃核销或核销前做两清标记功能，如有的财务软件中设置有往来账两清功能。即在已达账项上打上已结清标记，待核实后才执行核销功能，经删除后的数据不能恢复；有的财务软件则设置了放弃核销功能，一旦发现操作失误，可通过此功能把被删除掉的数据恢复。

实战演练：实际业务操作（二）——收款结算

1）8 日，收到鲁阳公司交来转账支票一张，金额为 232 000 元，票号为 ZZ0001，用于支付本月 3 日货款。（业务 3）

2）8 日，收到银泰公司交来转账支票两张，一张金额为 80 000 元，票号为 ZZ0002，用于归还前欠货款 78 000 元，剩余款转为预收账款。一张金额为 20 000 元，票号为 ZZ0003，作为购买“轻巧型电热水壶”的预付款。（业务 4）

输入一张收款单并完全核销应收款（业务 3）

1）以业务日期进入系统，执行“收款单据处理”→“收款单据录入”命令，进入“收付款单录入”界面。

2）单击“增加”按钮。

3）输入日期“2013-01-08”，选择客户“鲁阳公司”，结算方式“转账支票”，金额“232000”，票据号“ZZ0001”，摘要“付前欠货款”，单击“保存”按钮，如图 8-15 所示。

4）单击“审核”按钮，系统提示“是否立即制单？”。

5）单击“否”按钮，暂不生成凭证。

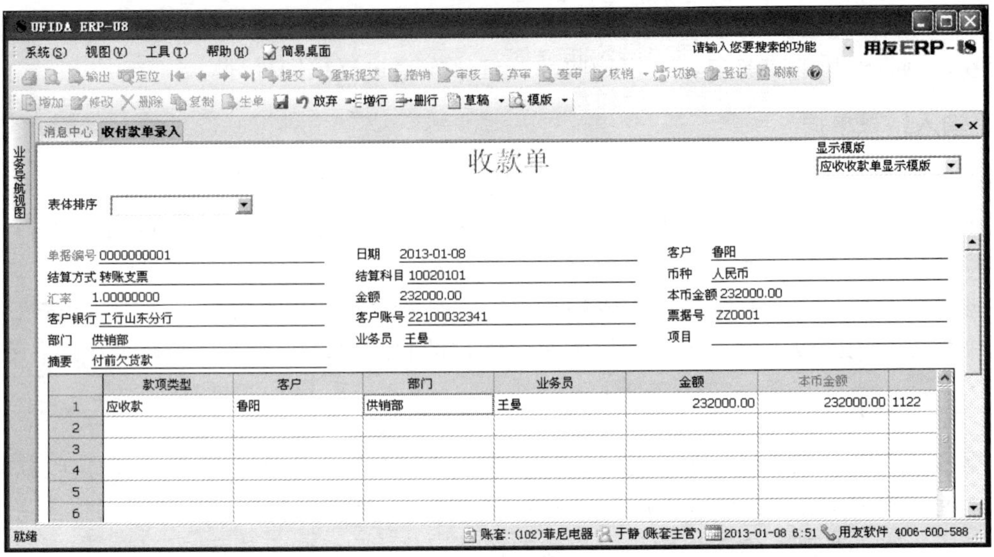

图 8-15 收款单

6）单击“核销”按钮，在 1 月 3 日的发票中输入本次结算金额“232000”，如图 8-16 所示。

7）单击“保存”按钮。

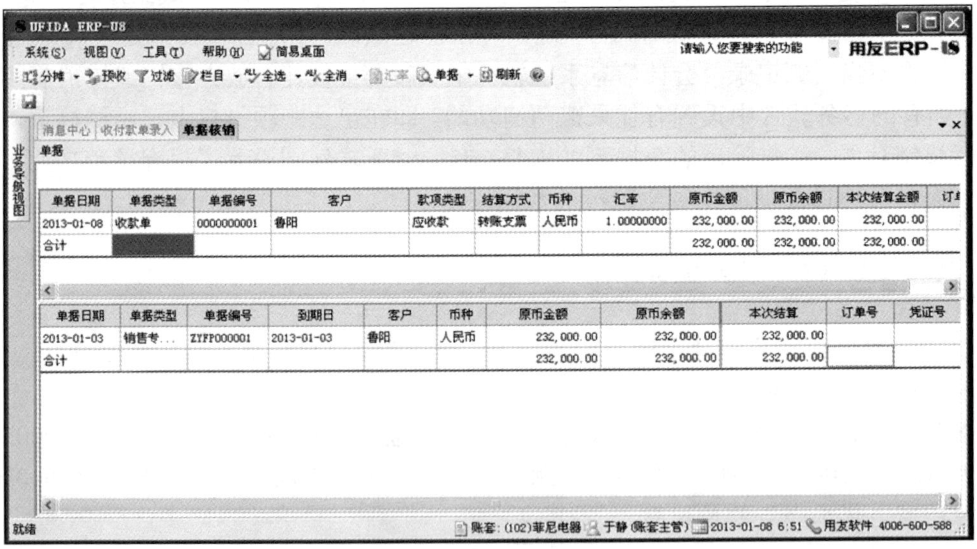

图 8-16 单据核销

注意：

- 录入收款单内容时，结算方式、结算科目及金额不能为空。
- 系统自动生成的结算单号不能进行修改。
- 已核销的收款单不允许修改和删除。

输入一张收款单，部分核销应收款，部分形成预收账款（业务 4）

1）在“收付款单录入”界面，单击“增加”按钮。

2）输入日期“2013-01-08”，选择客户“银泰”，结算方式“转账支票”，金额“80000”，票号“ZZ0002”，摘要“付前欠货款、预付部分货款”。

3）在表体记录中，第 1 记录行选择款项类型为“应收款”，金额为“78000”；第 2 记录行选择款项类型为“预收款”，金额为“2000”，如图 8-17 所示，单击“保存”按钮。

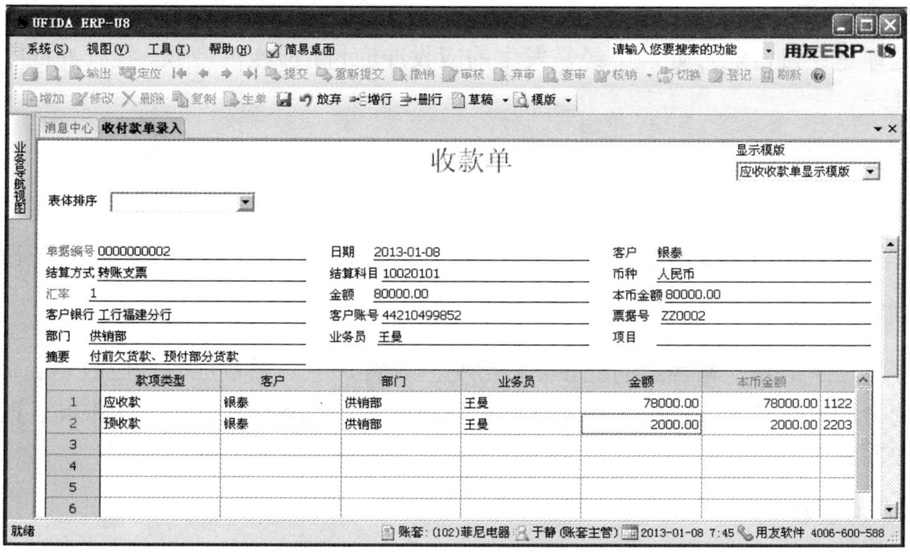

图 8-17　一笔收款用于不同用途

4）单击“审核”按钮，系统提示“是否立即制单？”，单击“否”按钮，暂不生成凭证。

5）单击“核销”按钮，在结算单中，输入专用发票本次结算“78000”，收款单本次结算“78000”，单击“保存”按钮。

输入一张收款单全部形成预收款（业务 5）

1）在“收付款单录入”界面，单击“增加”按钮。

2）表头项目：选择客户“银泰”，输入日期“2013-01-08”，结算方式“转账支票”，金额“20000”，票据号“ZZ0003”，摘要“预收货款”。表体项目：款项类型“预收款”。

3）单击“保存”按钮。单击“审核”按钮，系统提示“是否立即制单？”。

4）单击“否”按钮，暂不生成凭证，单击“退出”按钮。

注意：

- 全部款项形成预收款的收款单可在“结算单查询”功能中查看。
- 以后可在“预收冲应收”及“核销”等操作中使用此笔预收款。

8.3.3　票据管理

可以在票据管理中对银行承兑汇票和商业承兑汇票进行管理，包括记录票据详细信息、记录票据处理情况。如果要进行票据登记簿管理，必须将应收票据科目设置成带有客户往来辅助核算的科目。

当用户收到银行承兑汇票或商业承兑汇票时，应将该汇票在应收款系统的票据管理中录入。系统会自动根据票据生成一张收款单，用户可以对收款单进行查询，并可以与应收单据进行核销勾对，冲减客户应收账款。在票据管理中，用户还可以对该票据进行计息、贴现、转出、结算、背书等处理。

8.3.4 转账处理

转账处理是在日常业务处理中经常发生的应收冲应付、应收冲应收、预收冲应收及红票对冲的业务处理。

1．应收冲应付

应收冲应付是指用某客户的应收账款冲抵某供应商的应付款项。系统通过应收冲应付功能将应收款业务在客户和供应商之间进行转账，实现应收业务的调整，解决应收债权与应付债务的冲抵。

2．应收冲应收

应收冲应收是指将一家客户的应收款转到另一家客户中。通过应收冲应收功能可将应收款业务在客商之间进行转入、转出，实现应收业务的调整，解决应收款业务在不同客商之间入错户或合并户问题。

3．预收冲应收

预收冲应收是指处理客户的预收款和该客户应收欠款的转账核销业务。即某一个客户有预收款时，可用该客户的一笔预收款冲其一笔应收款。

4．红票对冲

红票对冲可实现某客户的红字应收单与其蓝字应收单、收款单与付款单中间进行冲抵。例如，当发生退票时，用红字发票对冲蓝字发票。红票对冲通常可以分为系统自动冲销和手工冲销两种处理方式。自动冲销可同时对多个客户依据红票对冲规则进行红票对冲，提高红票对冲的效率。手工冲销对一个客户进行红票对冲，可自行选择红票对冲的单据，提高红票对冲的灵活性。

实战演练：实际业务操作（三）——转账处理

1）17 日，将本月唯品公司购买“豪华型电热水壶”的应收款 20 000 元转给银泰公司。

2）17 日，用银泰公司交来的 20 000 元订金冲抵其应收款项 18 000 元。

应收冲应收（业务 6）

1）以业务日期进入系统，执行“转账”→“应收冲应收”命令，打开“应收冲应收”对话框。

2）输入日期“2013-01-17”；选择转出户唯品公司，转入户银泰公司。

3）单击“过滤”按钮。系统列出转出户唯品公司的未核销的应收款。

4）在“销售普通发票”的“并账金额”处输入“20000”，如图 8-18 所示。

5）单击“确定”按钮，系统提示“是否立即制单？”，单击“否”按钮，暂不生成凭证。

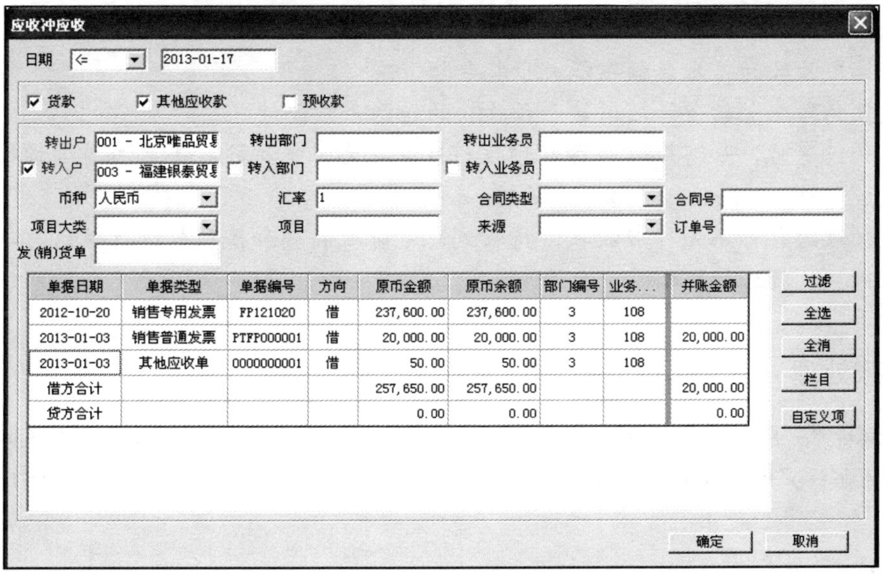

图 8-18 应收冲应收

预收冲应收（业务 7）

1）执行“转账”|“预收冲应收”命令，打开“预收冲应收”对话框。

2）输入日期“2013-01-17”。

3）在“预收款”选项卡中，选择客户银泰公司。单击“过滤”按钮，系统列出该客户的预收款，在第二行输入转账金额“20000”，如图 8-19 所示。

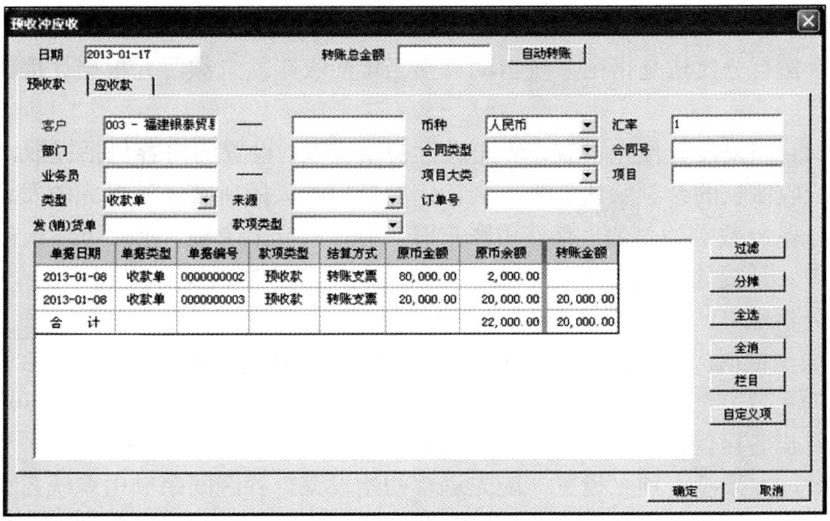

图 8-19 预收冲应收

4）选择“应收款”选项卡，单击“过滤”按钮，系统列出该客户的应收款，输入转账金额“20000”。

5）单击“确定”按钮，系统提示“是否立即制单？”。

6）单击“否”按钮，暂不生成凭证。

注意：

- 每一笔应收款的转账金额不能大于其余额。
- 应收款的转账金额合计应该等于预收款的转账金额合计。
- 在初始设置时，如将应收科目和预收科目设置为同一科目，将无法通过预收冲应收功能生成凭证。
- 此笔预收款也可不先冲应收款，待收到此笔货款的剩余款项并进行核销时，再同时使用此笔预收款进行核销。

8.3.5 坏账处理

所谓“坏账”，是指购货方因某种原因不能付款，造成货款不能收回的信用风险。坏账处理就是对“坏账”采取的措施，主要包括计提坏账准备、坏账发生、坏账收回、生成输出催款单等。

1．计提坏账准备

计提坏账准备的方法主要有销售收入百分比法、应收账款余额百分比法和账龄分析法。

（1）销售收入百分比法

销售收入百分比法是指由系统自动算出当年销售收入总额，并根据计提比率计算出本次计提金额。

初次计提时，如果没有预先设置，则应先进行初始设置。设置的内容包括提取比率、坏账准备期初余额。销售总额的默认值为本会计年度发票总额，企业可以根据实际情况进行修改，但计提比率不能在此修改，只能在初始设置中改变。

（2）应收账款余额百分比法

应收账款余额百分比法是指由系统自动算出当年应收账款余额，并根据计提比率计算出本次计提金额。

初次计提时，如果没有预先设置，应先进行初始设置。设置的内容包括提取比率及坏账准备期初余额。应收账款的余额默认值为本会计年度最后一天的所有未结算完的发票和应收单据余额之和减去预收款数额的差值。有外币账户时，用其本位币余额。企业可以根据实际情况对默认值进行修改。计提比率在此不能修改，只能在初始设置中改变计提比率。

（3）账龄分析法

账龄分析法是根据应收账款入账时间的长短来估计坏账损失的方法。它是企业加强应收账款回收与管理的重要方法之一。一般来说，账款拖欠的时间越长，发生坏账的可能性就越大。

系统自动算出各区间应收账款余额，并根据计提比率计算出本次计提金额。

初次计提时，如果没有预先设置，应先进行初始设置。各区间余额由系统自动生成（由本会计年度最后一天的所有未结算完的发票和应收单据余额之和减去预收款数额的差值），企业也可以根据实际情况对其进行修改。但计提比率在此不能修改，只能在初始设置中改变计提比率。

2．坏账发生

发生坏账损失业务时，一般需输入以下内容：客户名称、日期（指发生坏账日期，该日期应大于已经记账的日期，小于当前业务日期）、业务员（指业务员编号或业务员名称），以及部门（指部门编号或部门名称，如果不输入部门，表示选择所有的部门）等。

3．坏账收回

处理坏账收回业务时，一般需输入以下内容：客户名称、收回坏账日期（如果不输入日期，系统默认为当前业务日期。输入的日期应大于已经记账日期，小于当前业务日期）、收回的金额、业务员编号或名称、部门编号或名称、选择所需要的币种、结算单号（系统将调出该客户所有未经过处理的并且金额等于收回金额的收款单，可选择该次收回业务所形成的收款单）。

4．生成输出催款单

催款单是对客户或对本单位职工的欠款催还的管理方式。催款单用于设置有辅助核算的应收账款和其他应收款的科目中。

根据不同的行业催款单预制的格式不同，其内容主要包括两个部分：系统预置的文字性的叙述和由系统自动取数生成的应收账款或其他应收款对账单。通常可以对其内容进行修改编辑，在修改退出时，系统会自动保存本月所做的最后一次修改。

催款单打印输出时，可以打印所有客户的应收账款或所有职员的其他应收款（备用金）情况，也可以有选择地打印某一个客户或某一位职员的催款单。催款单中还可以按条件显示所有的账款和未核销的账款金额。

实战演练：实际业务操作（四）——坏账处理

1）17 日，确认本月 3 日为唯品公司代垫运费 50 元，作为坏账处理。（业务 8）

2）17 日，计提坏账准备。（业务 9）

发生坏账（业务 8）

1）执行“坏账处理”→“坏账发生”命令，打开“坏账发生”对话框。

2）选择客户唯品公司；输入日期“2013-01-17”；选择币种“人民币”。

3）单击“确定”按钮，进入“发生坏账损失”界面，系统列出该客户所有未核销的应收单据。

4）在“本次发生坏账金额”处输入“50”，单击“OK 确认”按钮。

5）系统提示“是否立即制单？”，单击“否”按钮，暂不生成凭证，单击“退出”按钮。

计提坏账准备（业务 9）

1）以业务日期进入系统，执行“坏账处理”→“计提坏账准备”命令，进入“应收账款百分比法”界面。

2）系统根据应收账款余额、坏账准备余额、坏账准备初始设置情况自动算出本次计提金额，如图 8-20 所示。

3）单击“OK 确认”按钮，系统提示“是否立即制单？”。

4）单击“否”按钮，暂不生成凭证。

注意：

如果坏账准备已计提成功，本年度将不能再次计提坏账准备。

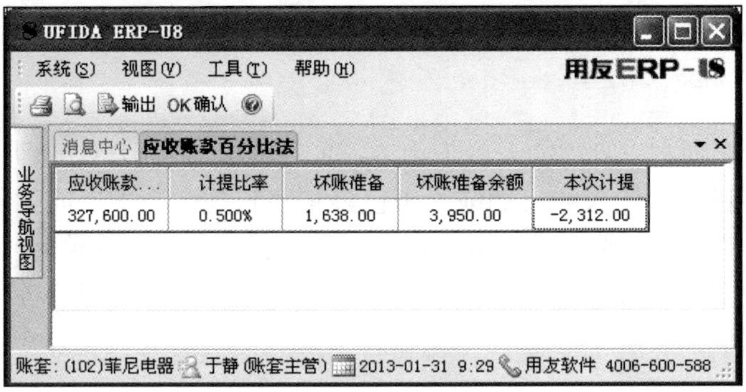

图 8-20　计提坏账准备

8.3.6　制单处理

使用制单功能进行批处理制单，可以快速地、成批地生成凭证。制单类型包括应收单据制单、结算单制单、坏账制单、转账制单、汇兑损益制单等。企业可根据实际情况选取需要制单的类型。

实战演练：实际业务操作（五）——制单处理

对所有单据进行制单处理。

立即制单

在单据进行完相应的操作后，系统会提示“是否立即制单？”，单击“是”按钮，便可立即生成一张凭证，修改后，单击“保存”按钮，此凭证可传递到总账系统。

批量制单

1）执行“制单处理”命令，打开“制单查询”对话框。
2）选中“发票制单”复选框，单击“确定”按钮，进入“制单”界面。
3）选择凭证类别“转账凭证”，单击“全选”按钮，如图 8-21 所示。

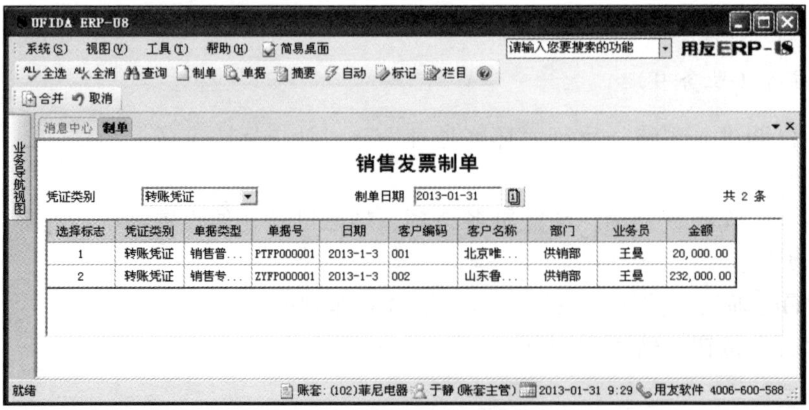

图 8-21　销售发票制单

4）单击“制单”按钮，打开“填制凭证”对话框。因为“主营业务收入科目”已设置为项目核算，因此需要补充录入项目“豪华型电热水壶”。

5）单击“保存”按钮，凭证左上方出现“已生成”字样，表明此凭证已传递至总账，如图 8-22 所示。

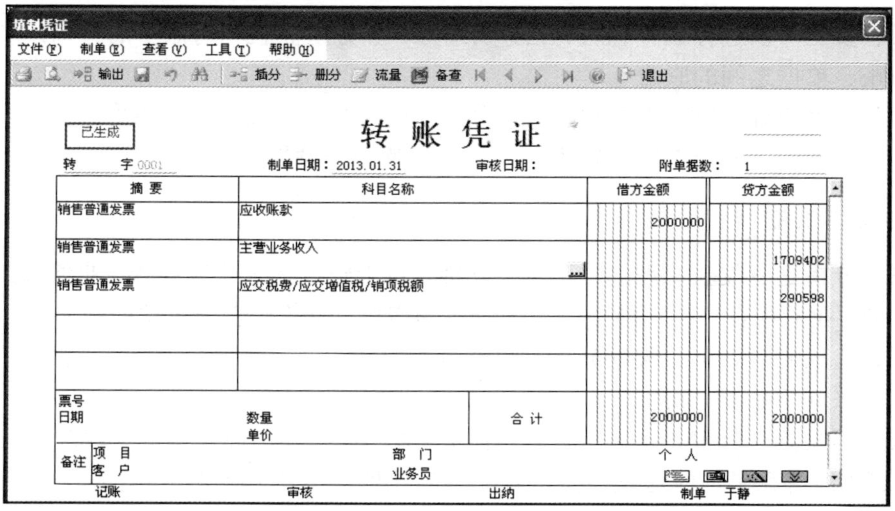

图 8-22　销售发票制单生成凭证

6）单击“上张”、“下张”按钮，保存其他需保存的凭证。

7）完成应收单制单、收付款单制单、转账制单、并账制单、坏账处理制单。

注意：

- 执行生成凭证的操作员，必须在总账系统拥有制单的权限。
- 制单日期应大于等于所选的单据的最大日期，但小于当前业务日期。同时，制单日期应满足总账系统中制单序时的要求。

8.3.7　信息查询

应收款系统的一般查询主要包括单据查询、凭证查询及账款查询等。用户在进行各种查询结果的基础上可以进行各项统计分析。统计分析包括欠款分析、账龄分析、综合分析及收款预测分析等。通过统计分析，可以按用户定义的账龄区间，进行一定期间内应收账款账龄分析，收款账龄分析、往来账龄分析，了解各个客户应收款的周转天数、周转率，了解各个账龄区间内应收款、收款及往来情况，及时发现问题，加强对往来款项的动态管理。

1．单据查询

单据的查询包括发票、应收单、结算单和凭证的查询。可以查询已经审核的各类型应收单据的收款、结余情况；也可以查询结算单的使用情况；还可以查询本系统所生成的凭证，并且对其修改、删除、冲销等。

（1）凭证查询

通过凭证查询可以查看、修改、删除、冲销应收款系统传递到账务系统中的凭证。同时还可查询凭证对应的原始单据。

（2）单据查询

单据查询包括对发票、应收单及结算单的查询。可以查询已经审核的各类型应收单据的收款情况、结余情况；也可以查询结算单的使用情况。

2．业务账表查询

业务账表查询可以进行业务总账、业务明细账、业务余额表和对账单的查询，并可以实现总账、明细账、单据之间的联查。

通过业务账表查询可以查看客户、客户分类、地区分类、部门、业务员、客户总公司、主管业务员、主管部门在一定期间所发生的应收、收款及余额情况。

3．业务账表分析

业务账表分析是应收款管理的一项重要功能，对于资金往来比较频繁、业务量大、金额也比较大的企业，业务账表分析功能更能满足企业的需要。业务账表分析功能主要包括应收账款的账龄分析、收款账龄分析、欠款分析、收款预测等。

（1）应收账款的账龄分析

应收账款的账龄分析主要是分析客户、存货、业务员、部门或单据的应收款余额的账龄区间分布，计算出各种账龄应收账款占总应收账款的比例，以帮助财务人员了解分析收账款的资金占用情况，便于企业及时催收款项，同时还可以设置不同的账龄区间进行分析。既可以进行应收款的账龄分析，也可以进行预收款的账龄分析。

（2）收款账龄分析

收款账龄分析主要分析客户、产品、单据的收款账龄。

（3）欠款分析

欠款分析提供多对象分析，可以分析截止到某一日期，客户、部门或业务员的欠款构成、欠款数额、信用额度的使用情况、报警级别和最后业务信息。

（4）收款预测

收款预测可以预测将来的某一段日期范围内，客户、部门或业务员等对象的收款情况，而且提供比较全面的预测对象、显示格式。

实战演练：实际业务操作（六）——查询统计

1）查询发票。

2）应收款账龄分析。

查询发票

1）执行“单据查询”→“发票查询”命令，打开“发票查询”对话框。

2）单击“确定”按钮，进入“单据查询结果列表”界面，如图 8-23 所示，单击“退出”按钮。

应收款账龄分析

1）执行“账表管理”→“统计分析”→“应收账龄分析”命令，打开“过滤条件选择——应收账龄分析”对话框。

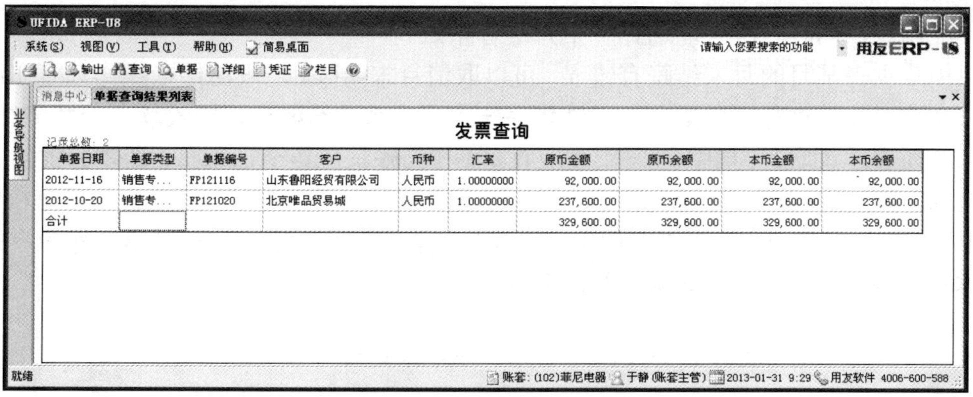

图 8-23　发票查询

2）单击“过滤”按钮，进入“应收账龄分析”界面，如图 8-24 所示，单击“退出”按钮。

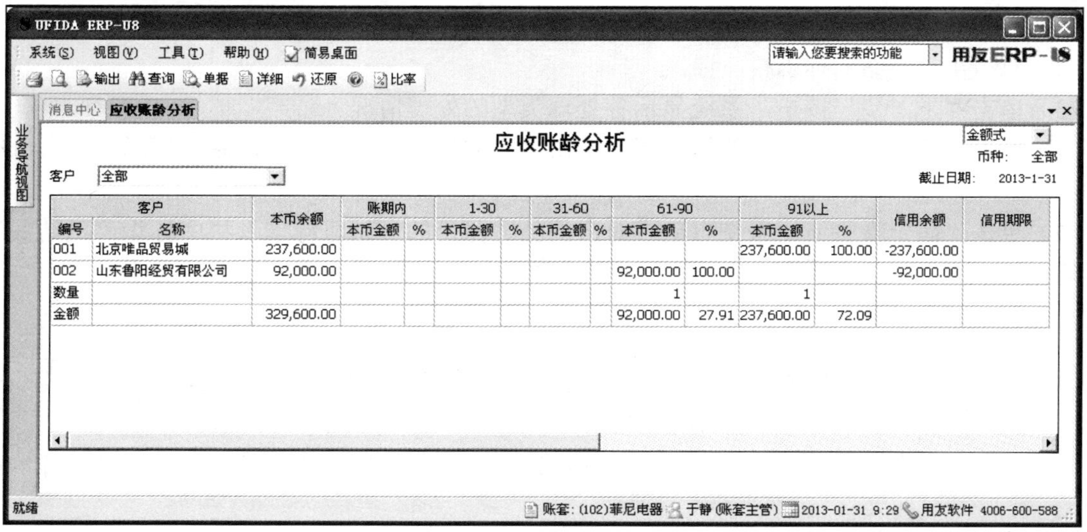

图 8-24　应收账龄分析

8.3.8　应收款系统期末处理

企业在期末主要应完成计算汇兑损益和月末结账两项业务处理工作。

1．汇兑损益

如果客户往来有外币核算，且在应收款系统中核算客户往来款项，则在月末需要计算外币单据的汇兑损益并进行相应的处理。在计算汇兑损益之前，应首先在系统初始设置中选择汇兑损益的处理方法。通常系统会提供两种汇兑损益的处理方法：月末计算汇兑损益和单据结清时计算汇兑损益。

2．月末结账

如果确认本月的各项业务处理已经结束，可以选择执行月末结账功能。结账后本月不能再进行单据、票据、转账等任何业务的增加、删除、修改等处理。另外，如果上个月没有结账，则本月不能结账，同时一次只能选择一个月进行结账。

如果用户觉得某月的月末结账有错误，可以取消月末结账。但取消结账操作只有在该月账务系统未结账时才能进行。如果启用了销售系统，销售系统结账后，应收款系统才能结账。

结账时还应注意本月的单据（发票和应收单）在结账前应该全部审核；若本月的结算单还有未核销的，不能结账；如果结账期间是本年度最后一个期间，则本年度进行的所有核销、坏账、转账等处理必须制单，否则不能向下一个年度结转，而且对于本年度外币余额为零的单据必须将本币余额结转为零，即必须执行汇兑损益。

实战演练：实际业务操作（七）——期末处理

进行期末处理。

结账

1）执行“期末处理”→“月末结账”命令，打开“月末处理”对话框。

2）双击 1 月的结账标志栏。

3）单击“下一步”按钮，系统显示各处理类型的处理情况。

4）在处理情况都是“是”的情况下，单击“完成”按钮，结账后，系统提示“1 月份结账成功”。

5）单击“确定”按钮，系统自动在对应的结账月份的“结账标志”栏中标识“已结账”字样。

注意：

- 本月的单据在结账前应该全部审核；本月的结算单在结账前应全部核销。
- 应收款系统结账后，总账系统才能结账。
- 应收款系统与销售系统集成使用，应在销售系统结账后，才能对应收款系统进行结账处理。

取消结账

1）执行“期末处理”→“取消月结”命令，打开“取消结账”对话框。

2）选择月份“1 月　已结账”。

3）单击“确定”按钮，系统提示“取消结账成功”。

4）单击“确定”按钮，当月结账标志即被取消。

注意：

如果当月总账系统已经结账，则应收款系统不能取消结账。

复习思考题

1．应收款系统的主要功能有哪些？

2．说明应收款系统与其他子系统的主要关系。

3．应收款系统初始化时各项参数的意义是什么？
4．应收单据包括哪些？
5．结算单指的是什么？
6．如何利用应收款系统进行客户信用和应收款的管理？
7．如何进行坏账处理？
8．企业只启用总账管理应收和同时启用总账和应收款管理应收有何不同？

实验九　应收款管理

【实验目的】

掌握用友 ERP-U8 管理软件中有关应收款管理的相关内容，掌握应收款管理系统初始化、日常业务处理及月末处理的操作，理解应收款在总账核算与在应收款管理系统核算的区别。

【实验内容】

1．初始化：设置账套参数、初始设置。
2．日常处理：形成应收、收款结算、转账处理、坏账处理、制单、查询统计。
3．期末处理：月末结账。

【实验准备】

引入实验三账套数据。以账套主管的身份启用应收款系统。

【实验资料】

1．初始设置

（1）控制参数

控制参数如表 8-11 所示。

表 8-11　控制参数

控 制 参 数	参 数 设 置
坏账处理方式	应收余额百分比法
自动计算现金折扣	√

（2）科目设置

科目设置如表 8-12 所示。

表 8-12　科目设置

科 目 类 别	设 置 方 式
基本科目设置	应收科目（本币）：1122 预收科目（本币）：2203 销售收入科目：6001 应交增值税科目：22210102
结算方式科目设置	结算方式：现金结算；币种：人民币；科目：1001 结算方式：现金支票；币种：人民币；科目：10020101 结算方式：转账支票；币种：人民币；科目：10020101

（3）坏账准备设置

坏账准备设置如表 8-13 所示。

表 8-13　坏账准备设置

控 制 参 数	参 数 设 置
提取比例/%	0.5
坏账准备期初余额/元	10 000
坏账准备科目	1231
对方科目	660207

（4）账期内账龄区间及逾期账龄区间

账期内账龄区间及逾期账龄区间如表 8-14 所示。

表 8-14　账期内账龄区间及逾期账龄区间

序　　号	起 止 天 数	总　天　数
01	1～30	30
02	31～60	60
03	61～90	90
04	91 以上	

（5）计量单位组及计量单位

计量单位组及计量单位如表 8-15 和表 8-16 所示。

表 8-15　计量单位组

计量单位组编号	计量单位组名称	计量单位组类别
01	无换算关系	无换算率

表 8-16　计量单位

计量单位编号	计量单位名称	所属计量单位组名称
01	盒	无换算关系
02	个	无换算关系
03	套	无换算关系
04	台	无换算关系
05	公里	无换算关系

（6）存货分类

存货分类如表 8-17 所示。

表 8-17　存货分类

存货类别编码	存货类别名称
1	原材料
2	产成品
3	应税劳务

（7）存货档案

存货档案如表 8-18 所示。

表 8-18　存货档案

存货编码	存货名称	计量单位	所属分类	税率/%	存货属性	参考成本/元	参考售价
1001	CPU 芯片	盒	1	17	外购、生产耗用	1 260.00	
1002	硬盘	盒	1	17	内销、外购、生产耗用	380.00	
1003	鼠标	个	1	17	内销、外购、生产耗用	98.00	
2001	台式机	台	2	17	内销、外购、自制	3 000.00	
2002	笔记本	台	2	17	内销、外购	4 000.00	
2003	激光打印机	台	2	17	内销、外购	1 380.00	
2004	杀毒软件	套	2	17	内销、外购	50.00	
3001	运费	公里	3	7	内销、外购、应税劳务		

（8）本单位开户银行信息

编码：001。

开户银行：工商银行中关村分理处。

银行账号：110001134608。

（9）单据设计

设置销售发票单据编号为“手工改动，重号时自动重取”。

（10）期初余额

会计科目：1122 应收账款。余额：借 75 780 元。

普通发票如表 8-19 所示。

表 8-19　普通发票

开票日期	客户	销售部门	货物名称	数量	含税单价/元	价税合计/元	发票号
2012-10-25	新京城市学院	销售一部	笔记本	15	4 800	72 000	00212254

增值税发票如表 8-20 所示。

表 8-20　增值税发票

开票日期	客户	销售部门	货物名称	数量/个	含税单价/元	价税合计/元	发票号
2012-11-10	致远科技有限公司	销售一部	鼠标	30	125	3 750	10432823

其他应收单如表 8-21 所示。

表 8-21　其他应收单

开票日期	客户	销售部门	金额	摘要
2012-11-10	致远科技有限公司	销售一部	30	代垫运费

2．1 月发生经济业务

1）2 日，销售一部售给新京城市学院激光打印机 10 台，单价为 1 800 元，开出普通发票，货已发出，同时代垫运费 100 元。

2）4 日，销售二部售给思睿公司杀毒软件 50 套，含税单价为 68 元，开出增值税发票。货已发出。

3）5 日，收到思睿公司交来转账支票一张，金额为 3 400 元，票号为 ZZ001，用于付本月 4 日货款。

4）7 日，收到致远公司交来转账支票一张，金额 10 000 元，票号为 ZZ002，用以归还前欠货款及代垫运费 3780 元，剩余款转为预收账款。

5）9 日，思睿公司交来转账支票一张，金额为 20 000 元，票号为 ZZ003，作为预购笔记本的定金。

6）10 日，将本月新京城市学院购买激光打印机的应收款 18 000 元转给思睿公司。

7）11 日，用思睿公司交来的 20 000 元订金冲抵其应收款项 18 000。

8）17 日，确认本月 2 日为新京城市学院代垫运费 100 元，作为坏账处理。

9）31 日，计提坏账准备。